DE

LA RÉSOLUTION

POUR INEXÉCUTION DES CHARGES.

JULES LEVEILLÉ

(THÈSE DE DOCTORAT.)

LA RÉSOLUTION

POUR INEXÉCUTION DES CHARGES.

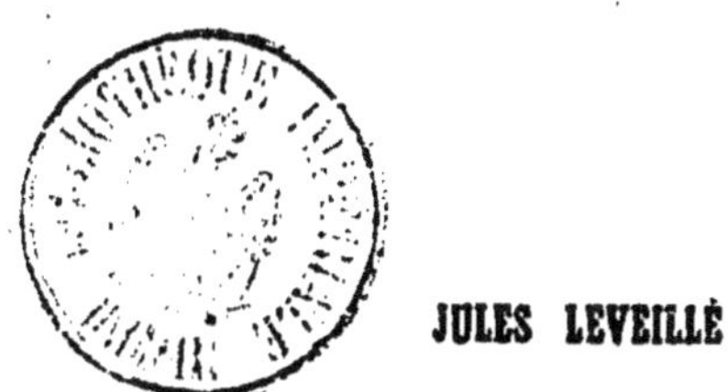

JULES LEVEILLÉ

(THÈSE DE DOCTORAT.)

1858

DROIT ROMAIN.

TITRE PRÉLIMINAIRE.

CHAPITRE I.

NOTION THÉORIQUE DE LA CONDITION RÉSOLUTOIRE. — CAUSES HISTORIQUES QUI, EN FAUSSANT LA THÉORIE DE LA CONDITION, ONT CRÉÉ LA CONDITION RÉSOLUTOIRE. — FORMULE DES TROIS THÉORIES SUCCESSIVEMENT PRÉSENTÉES SUR LA CONDITION RÉSOLUTOIRE. — LEUR CRITIQUE.

1. — J'étudie la condition résolutoire qui résulte, en droit romain, pour les acquéreurs d'un droit réel et d'un droit personnel, de l'inexécution des charges qui leur sont imposées.

Il est donc nécessaire que j'indique tout d'abord ce que l'on doit entendre en général par condition résolutoire.

2. — § I. J'établirai dans le cours de ce travail que trois théories ont été successivement présentées dans le but de définir le droit résoluble, et que, conservant la même formule grammaticale (*pura quæ sub conditions resolvitur*), elles sont arrivées à des conséquences différentes.

Suivant une première théorie, lorsque le droit est résoluble, 1° il y a *translation* du droit; 2° avec une rétrocession possible dont la nécessité montre qu'il y a véritablement eu tout d'abord translation entière du droit lui-même.

Suivant une seconde théorie, 1° le droit est *transféré;* 2° mais si la résolution s'accomplit, la translation n'a été faite qu'à temps.

Suivant une troisième théorie, 1° il y a bien encore *translation* du droit; 2° mais si la résolution s'accomplit, la translation n'a jamais été faite.

3. — § II. En quoi ces trois théories se ressemblent-elles?

Elles affirment toutes qu'il y a eu *translation actuelle* du droit. Cette translation est la base de la condition résolutoire (*pura qu ...*), et c'est là ce qui, pour elles, la distingue essentiellement de la condition suspensive.

4. — Or, cette affirmation est inexacte; elle ne peut se justifier. La translation immédiate du droit violerait l'intention des parties ou de l'aliénateur ' et je le démontre.

La condition naît de la volonté exprimée dans un contrat, dans un testament, ou supposée par la loi. Elle affecte dans sa substance la transmission, la disposition même du droit à laquelle elle s'applique. Elle la subordonne à une éventualité qui, en se réalisant ou en ne se réalisant pas, entraine des résultats inverses, mais d'avance prévus et acceptés. De sorte que, s'il est vrai de dire que l'intention des parties pose les conditions, il n'est pas inexact d'ajouter que l'évènement des conditions, je ne dirai pas crée, mais détermine, déclare l'intention précise des parties.

Je m'explique. Supposons que je dise : j'aliène à votre profit la maison A; mais l'aliénation tombera si tel navire revient d'Asie. Cette manifestation de ma volonté ne comprend-elle pas implici-

---

' Au début de cette démonstration, il faut bien établir les faits pour que tout malentendu soit impossible. Primus vend à Secundus un champ purement et simplement, mais convient que si tel navire revient d'Asie le champ sera restitué. Les parties ont-elles clairement et énergiquement manifesté leur volonté en ce sens, cette volonté devra être exécutée : il y aura la 1° vente pure et simple, 2° promesse de revente sous condition suspensive; en un mot, deux opérations successives mais profondément distinctes. La première vente aura pleinement existé; et quand il s'agira d'accomplir la revente, *le sort du premier contrat ne sera plus en jeu.* L'aliénation actuelle du droit a bien certainement lieu dans ce cas; mais il ne s'agit pas là d'une condition résolutoire; je le répète : dans l'espèce, il y a vente pure et simple avec revente sous condition suspensive.

Si au contraire les parties veulent faire non pas deux opérations successives distinctes, mais une opération unique qui, — et c'est en cela qu'elle est conditionnelle, — peut-être tiendra et peut-être ne tiendra pas; si, en un mot, il s'agit, non pas d'une aliénation conditionnelle réalisable par l'acquéreur à la suite d'une aliénation pure et simple réalisée à son profit, mais d'un anéantissement conditionnel de la première aliénation; *si le sort du contrat primitif est lui-même en jeu,* il s'agit là d'un droit affecté par une condition résolutoire, et je nie que dans ce cas il y ait transmission actuelle d'un droit pur et simple, *pura qua.....*

tement l'affirmation de deux volontés exclusives l'une de l'autre :
1° j'aliène *hic et nunc* si le navire ne revient pas; 2° je n'aliène
pas *hic et nunc* si le navire revient. * Mais quelle sera entre ces
deux décisions celle qui sera exécutée? Je l'ignore moi-même.
C'est la manière dont opérera la condition qui fixera à mes
propres yeux ce que j'aurai voulu. Le navire ne revient-il pas?
J'ai voulu aliéner et j'ai aliéné. Le navire revient-il? Je n'ai pas
voulu aliéner et n'ai pas aliéné.

La condition est donc un fait incertain, et par conséquent futur
et possible, dont le disposant accepte l'accomplissement ou la dé-
faillance comme un signe qui lui révélera à laquelle de deux
alternatives contraires, également comprises dans sa volonté primitive, il doit s'arrêter.

Toutefois, tant que la condition ne se sera pas accomplie ou
n'aura p. fait d. faut, on ne saura laquelle des deux alternatives
triomphera, et s'il y aura eu ou non *ab initio*, volonté d'aliéner,
et en fait aliénation. Peut-être l'aliénateur est-il dès à présent,
bien que tous et lui-même l'ignorent, dépouillé du droit qu'affectait la condition; peut-être, au contraire, en est-il et en restera-
t-il toujours nanti. Nous avons donc deux personnes incertaines
d'avoir ou de n'avoir pas le droit auquel toutes deux prétendent.
Il faut cependant, puisqu'il y a impossibilité qu'elles en usent
toutes deux simultanément, que l'administration, que l'exercice
du droit, tant que dure cette incertitude, soit dévolu à l'une ou
à l'autre. La convention des parties ou la volonté du disposant
déterminera si l'administrateur intérimaire sera l'aliénateur ou
l'acquéreur. Mais quoi qu'on décide sur ce point très-accessoire
de l'administration intérimaire, la qualité de l'administrateur conférée à l'un ou à l'autre n'aura jamais pour conséquence d'amener en ses mains le droit lui-même. La question de fond, celle
qui est relative à la disposition du droit, reste entière. Pour nous,
la condition (et il n'y a qu'une espèce de condition) a pour unique
effet de laisser les parties dans l'incertitude sur le point de savoir
quel est *hic et nunc* le titulaire du droit. Seulement en fait, et

---

* La langue, plus correcte ici que le droit, ne traduit-elle pas très-exactement la convention des parties en employant deux fois le temps présent : j'aliène, si....., je n'aliène pas, si.....?

pendant l'*interim*, l'une ou l'autre des parties administre. Mais ce point n'est qu'un détail, et l'établissement d'une distinction entre les conditions, à raison de cette nuance dans la position des faits, est une superfluité.

5. — Les jurisconsultes ne pensent pas ainsi : ils prétendent que l'administrateur intérimaire du droit en a encore la jouissance; et alors, suivant que l'administration du droit est concédée à l'aliénateur ou à l'acquéreur, ils disent que le droit lui-même est affecté dans le premier cas d'une condition suspensive, dans le second cas d'une condition résolutoire. La première suspendrait la naissance du droit, la seconde son extinction.

Or, en prenant spécialement l'hypothèse de ce qu'on appelle la condition résolutoire, est-il vrai que l'acquéreur, avant que l'inaccomplissement de la condition résolutoire le lui ait incontestablement donné, ait le droit lui-même? Qu'a dit l'aliénateur à celui qui peut-être est acquéreur *ab initio*, mais peut-être aussi ne l'est pas? Quant à l'administration intérimaire, je la transmets immédiatement; quant au droit, je l'aliène si tel navire ne revient pas; je ne l'aliène pas si tel navire revient. Vous avez aliéné quand même, lui disent les jurisconsultes; seulement, vous reprendrez par un moyen ou par un autre votre droit, si le navire revient; mais vous vous en étiez dessaisi. N'est-ce pas là dépasser l'intention du disposant?

6. — Quelle est maintenant la cause qui a pu provoquer de la part des jurisconsultes romains, logiciens d'ordinaire si exacts, l'admission d'un principe aussi erroné? La condition est une modalité qui restreint le droit lui-même, suivant les jurisconsultes, dans sa naissance (condition suspensive) ou dans sa durée (condition résolutoire). Or, la restriction du droit quant à sa naissance n'était pas toujours possible à Rome, notamment lorsque l'aliénation se faisait au moyen de la mancipation; et la mancipation, si elle ne fut pas dans l'origine un mode général de translation des droits, duquel on aurait, à une époque de très-peu antérieure aux Douze Tables, pour ainsi dire déduit la tradition, fut du moins le mode translatif des objets les plus précieux pour les Romains primitifs. C'était donc surtout dans l'aliénation des *res mancipi* que l'utilité des conditions suspensives, restrictives d'un

dessaisissement absolu de la part de l'aliénateur, se fût produite si précisément la condition suspensive n'avait été incompatible avec la mancipation, *actus legitimus* (1). On s'explique donc pourquoi la condition dite résolutoire ne put se produire sous la forme de la condition suspensive, seule forme rationnelle de la condition, et comment on en vint, aliénant le droit quand même, *pura quæ......*, à violer l'intention des parties.

7. — Je crois avoir établi que dans la condition dite résolutoire il ne devait pas y avoir translation actuelle du droit; et que cette idée de translation immédiate du droit, à laquelle avaient cédé les trois théories que j'examine, tenait non à un motif rationnel, mais à une cause purement historique et romaine, à la solennité du mode primitivement employé.

Toutes ces doctrines se rapprochent donc en un vice commun; elles prêtent à la condition dite résolutoire une base inexacte; et si la base est inexacte, les systèmes peuvent-ils être bons?

8. — § III. En quoi ces trois théories diffèrent-elles l'une de l'autre?

Je les reprends successivement, et je me place à l'instant où la résolution est accomplie.

9. — Première théorie. (Sabiniens et Proculéiens). Le droit a été transféré à l'acquéreur; celui-ci est obligé de le *rétrocéder*. Ainsi, après une première mutation, que je nie, de l'aliénateur à l'acquéreur, une seconde mutation en sens inverse, que je conteste également.

Première conséquence. Les droits réels consentis par l'acquéreur sont maintenus.

Deuxième conséquence. Les droits réels qu'a pu consentir *antea* l'aliénateur sont effacés.

Et la volonté du disposant! Et la convention formelle des parties! L'aliénateur n'avait pas songé à se dessaisir : les jurisconsultes le dépouillent, *pura quæ......*; et si l'acquéreur transmet à un tiers le droit dont il a été nanti, le premier aliénateur ne peut suivre aux mains du détenteur l'objet de son droit primitif. Il n'a plus contre l'acquéreur qu'un recours trop souvent stérile en dommages-intérêts.

Ce sont là les conséquences rigoureuses du principe de la translation.

Mais n'eût-on pas pu, même en admettant la translation immédiate du droit, restreindre directement la. durée de ce droit? Non, on se heurtait là à un autre écueil. Le droit, une fois aliéné, ne peut être limité par le temps, et c'est une règle de la législation romaine que les droits sont perpétuels de leur essence. Il fallut donc, pour ne pas mentir trop ouvertement à la volonté des parties et ne pas rendre absolument immuable le droit qu'elles avaient créé mobile, user de clauses accessoires. Les jurisconsultes romains exigèrent que l'*accipiens* s'obligeât dans la mancipation à retransférer le droit perpétuel qu'il recevait, pour le cas où le fait prévu comme résolutoire viendrait à s'accomplir.

10. — Deuxième théorie. (Scævola, Marcellus, Ulpien). S'il y a résolution, la *translation* n'a été que *temporaire*.

Première conséquence. Les droits réels conférés par l'acquéreur intérimaire tombent (2). L'acquéreur, titulaire légitime d'un droit transmis, mais transmis *quasi ad tempus incertum*, n'a pu conférer des droits plus solides et d'une durée plus longue que les siens. La chute des droits réels consentis par l'acquéreur avant la résolution s'explique donc, sans qu'il soit besoin d'admettre que la résolution efface rétroactivement le titre de l'acquéreur, c'est-à-dire à partir du jour de son acquisition.

Deuxième conséquence. Les droits réels émanant de l'aliénateur et par lui consentis avant la résolution ne sont pas validés. Il n'était pas alors titulaire du droit et n'en pouvait disposer.

Ce qui distingue cette théorie des autres, c'est qu'elle nie la perpétuité des droits, et en tire des déductions qui ont au moins le mérite de la logique.

11. — Troisième théorie (Paul). Au cas de résolution, il faut supposer que la *translation n'a jamais eu lieu.*

Première conséquence. Les droits réels conférés par l'acquéreur intérimaire tombent. Il n'a jamais pu disposer d'un droit qu'il se trouve n'avoir jamais eu. Mais je rappelle que la seconde théorie explique une solution identique par un autre principe.

Deuxième conséquence. Les droits réels consentis avant la résolution par l'aliénateur sont maintenus. Celui-ci était alors, *in rei veritate*, titulaire du droit.

Ainsi, ce qui prouve la rétroactivité de la résolution, ce n'est pas, comme on l'écrit partout, la chute des droits réels émanant de l'acquéreur, mais le maintien des droits réels émanant de l'aliénateur, et par lui conférés avant la résolution.

12. — Cette théorie ne se préoccupe pas des deux obstacles qui ont longtemps arrêté la condition résolutoire; elle les tourne. — Il se peut que le droit, une fois transmis, soit perpétuel....., mais le droit n'a pas été transmis. Il se peut que la solennité des modes translatifs soit indispensable..., mais la translation n'a pas eu lieu.

13. — Elle eût mieux fait de poser franchement le problème des conditions. Elle arrivait à une époque où les idées, qui avaient entravé la marche de la condition dite résolutoire, avaient à peu près disparu : la perpétuité des droits était niée, la solennité des modes translatifs singulièrement amoindri Elle manqua de hardiesse, et dans sa timidité elle fut illogique. Elle proclama des lèvres une règle malheureuse, la transmission même du droit; et l'instant d'après, par un retour au vrai, et grâce à la rétroactivité qu'elle eut le tort d'appeler une fiction, elle accepta toutes les solutions qui seraient découlées pour elle de la règle contraire et plus exacte : la non-transmission du droit. Cette contradiction si frappante, dont les deux premières théories s'étaient bien gardées, était-elle du moins utile? N'était-elle même pas dangereuse?

Les partisans de cette troisième théorie posent un principe, et, le principe posé, ils l'abandonnent dès qu'il commence à devenir embarrassant. Grâce à cette singulière tactique, ils arrivent en définitive à de bons résultats pratiques; mais il me paraît que c'est une fâcheuse manière de procéder que celle qui consiste à créer des difficultés par l'admission d'un point de départ erroné, puis à renverser, par le moyen commode des fictions, les conséquences logiques, mais gênantes, du mauvais principe adopté.

Je me place en effet avant l'accomplissement de la condition résolutoire. Si le droit lui-même est pur et simple aux mains de l'acquéreur, j'en conclus deux choses : 1º l'aliénateur n'a plus aucun fragment de ce droit, intégralement aliéné; 2º l'acquéreur peut au contraire en disposer, au profit d'un tiers, d'une manière solide et inattaquable.

Je me place après l'accomplissement de la condition résolutoire : 1º l'acquéreur est nanti de son droit pur et simple. L'aliénateur devra donc obtenir de lui une retranslation; 2º les actes de l'acquéreur intérimaire sont maintenus; 3º ceux de l'aliénateur sont effacés.

Toutes ces conséquences, incontestables si le droit de l'acquéreur est véritablement pur et simple, sont rejetées par les partisans de la troisième théorie. Ainsi, avant l'arrivée de la condition, ils changent l'administration provisoire en une aliénation définitive. Après l'arrivée de la condition, l'aliénation définitive n'a décidément été qu'une administration provisoire. Après avoir dit : le droit est pur et simple, ils ajoutent : le droit n'a jamais été aux mains de l'acquéreur. Pourquoi donc avoir commencé par affirmer que le droit de celui-ci existait pur et simple, alors qu'il n'y avait aucun intérêt à mettre cette proposition en avant, et qu'on finit par la réfuter soi-même? Les légistes sont alors contraints de démolir pièce à pièce leur édifice intérimaire. Était-ce la peine, qu'on me pardonne le mot, de le construire tout d'abord en granit?

14. — Je crois donc, pour me résumer, que la vérité n'est d'une manière absolue dans aucun de ces systèmes; et que la troisième théorie serait celle qui s'en rapprocherait le plus, à la condition qu'on effaçât la contradiction qui la dépare. J'écarterais son principe qui est faux, à savoir, la translation *pura* du droit; je conserverais toutes ses solutions qui sont bonnes, mais je les justifierais de la manière la plus simple par la volonté des parties ou de l'aliénateur; et voici quelle serait ma formule :

15. — § IV. Avant que la condition s'accomplisse, il y a incertitude complète sur le point de savoir qui est titulaire *hic et nunc* du droit affecté par la condition. *Interea* ni l'aliénateur, ni l'acquéreur ne confèrent des droits qu'on puisse affirmer inattaquables. Tous deux en confèrent qui peut-être tiendront, et peut-être ne tiendront pas. Après l'arrivée de la condition, au contraire, nous

savons dans quel patrimoine s'est trouvé *ab initio* le droit. Les actes de disposition, émanant de celui que la condition signale comme en ayant toujours été investi, sont seuls confirmés. Quant aux actes d'administration passés par l'administrateur intérimaire, quel que soit l'évènement de la condition, ils sont maintenus.

16. — Cette formule aurait l'avantage de s'adapter aussi bien à la condition suspensive qu'à la condition résolutoire. Me reprochera-t-on précisément d'identifier les règles de la condition suspensive et de la condition résolutoire ? — J'avoue que c'est là le fond de ma pensée.* La condition dite résolutoire, à mes yeux, est née par des causes historiques et purement romaines. Ces causes ont disparu. Nous aurions dû revenir à l'exactitude juridique, à l'unité des conditions. — Et nous y sommes revenus. Qu'est-ce, en effet, dans notre doctrine moderne, que cette théorie de la juxtaposition dans une même espèce des deux conditions, sinon l'aveu que les idées suspensive, résolutoire, s'appellent mutuellement, qu'elles ne sont que les éléments essentiels de toute situation affectée par une condition, et, qu'isolée, la condition résolutoire, aussi bien que la condition suspensive, ne se suffit pas à elle-même? Une condition suspensive fait défaut; une condition résolutoire s'accomplit. Qu'on me trouve une différence rationnelle, quant à la jouissance du droit, entre les effets de l'une et les effets de l'autre! Et s'il n'y a pas de différence à établir au moment où la condition a perdu son incertitude, pourquoi ne pas reconnaître l'identité des deux positions, identité qu'il faut affirmer aujourd'hui, sous peine de retomber dans les contradictions de la troisième théorie?

Mais cependant l'exercice intérimaire du droit est tantôt conféré à l'acquéreur, tantôt à l'aliénateur; il est impossible de confondre les deux hypothèses! Soit, mais n'exagérez rien. Recherchez dans quelles mains la loi, le contrat, le legs, a placé l'exercice provisoire du droit. Ce point résolu, appliquez aux actes

---

* Je crois n'être pas isolé dans l'hérésie que j'avance. Savigny, 3, p. 138, note O, reproche vivement à Thibaut de confondre la condition suspensive et résolutoire. Thibaut aurait, en effet, posé le principe que tout se réduit au point de savoir qui, en définitive, conserve la chose. Je crois enfin rencontrer la même idée dans un article dont l'auteur, en avançant sans développements, à mon grand regret, que la rétroactivité n'est que l'expression naturelle de l'intention des parties, me paraît bien près de rejeter les distinctions factices de la condition suspensive et résolutoire. Juillet 1835, *Revue critique*, p. 107.

d'administration, de quelque part qu'ils émanent, les mêmes règles d'un maintien intelligent et juridique. Quant aux actes de disposition, déclarez que leur sort dépend de la manière dont le fait, prévu comme condition, se réalisera. Qu'importe maintenant que ce soit l'acquéreur ou l'aliénateur qui administre? C'est là une question de fait qui varie avec les espèces, mais qui ne doit modifier en rien la capacité légale de celui qui doit administrer (acquéreur ou aliénateur) et de celui qui ne doit pas administrer (acquéreur ou aliénateur). Que si vous le voulez à tout prix, conservez à la première situation sa rubrique séculaire de condition résolutoire, à la seconde sa qualification de condition suspensive. Cela vous servira à doter d'épithètes assez prétentieuses des hypothèses où rien n'est obscur, mais cela ne vous fera pas avancer d'une ligne dans l'exposition des principes de la condition.

17. — J'ai formulé ce que j'entendais par la condition résolutoire en général. J'ai signalé les causes historiques qui l'avaient, suivant moi, engendrée. J'ai présenté la dernière forme qu'elle avait revêtue, et, après une critique rationnelle de l'inexactitude que je lui reproche, j'ai montré la modification théorique que je lui aurais fait subir.

Mais comme je veux avant tout ne point commettre d'anachronisme et communiquer à mon travail l'empreinte variée et fidèle des époques, j'accepterai, en les exposant, le point de vue, la terminologie dangereuse des jurisconsultes. Je dirai avec eux que le droit est transmis, qu'une rétrocession est nécessaire, que la rétroactivité est une fiction, et qu'on peut étudier la condition résolutoire sans étudier la condition suspensive.

18. — Je vais maintenant, ces aperçus généraux étant indiqués, rechercher pas à pas les développements historiques de la théorie de la condition résolutoire; et puisque la condition résolutoire a lutté pour naître et pour grandir contre la solennité des faits translatifs et la perpétuité essentielle des droits, j'arriverai à préciser d'une manière aussi exacte que possible, par l'étude de ces principes accessoires, l'époque où les diverses théories que j'ai signalées se sont successivement révélées en droit romain.

CHAPITRE II.

DÉVELOPPEMENTS ET PROGRÈS DE LA NOTION DE LA CONDITION RÉSOLUTOIRE.

Première phase : Origines.

19. — Je ne crois pas que la condition résolutoire existât antérieurement aux Douze Tables.

20. — § I. *Rôle du consentement dans la disposition des droits.* — La théorie des droits réels et personnels est trop peu développée. Le droit réel s'acquiert par la loi, l'occupation et les formalités sacramentelles du *nexum*. Le droit personnel existe-t-il? On en doute avec raison. Le crédit n'est pas né. Les opérations doivent se faire au comptant au moyen d'une double translation de propriété (1). L'idée abstraite d'obligation ne se détache pas de l'idée d'exécution. * On n'est pas lié tant qu'on n'a pas exécuté. Quand on a exécuté, à quoi s'obligerait-on pour l'avenir?

Le droit quiritaire, comme toutes les législations naissantes, consacre donc les faits accomplis, consommés plutôt que les conventions, causes de faits qu'on accomplira. Aussi l'aliénateur ne dit pas : Je consens à abandonner mon droit; mais l'acquéreur : ce droit est à moi. **

21. — § II. *Perpétuité des droits.* — Il résulte même de cette manière de constater les relations légales des citoyens entre eux qu'on ne voit pas le droit se transmettre, mais qu'on ne s'en occupe qu'après qu'il a été transmis. On ne le saisit jamais à l'instant où il meurt en passant par un mode translatif, mais toujours au moment où il est plein de vie aux mains du titulaire. C'est de là, suivant nous, que naquit le principe de la perpétuité essentielle des droits.

---

* Nous verrons que si la théorie les a plus tard distinguées, cela n'a pas empêché que, cédant au point de vue pratique, les jurisconsultes ne les aient précisément confondues en notre matière. *Infra.* n° 33.

** Les formules de Marculf reproduisent dans les origines du droit français une préoccupation semblable. Les actes de vente ne portent pas : Primus a promis à Secundus de vendre; mais Primus a livré, et Secundus, après avoir payé, s'est servi de la chose comme doit le faire un propriétaire.

22. — *§ III. Conséquences quant à la condition résolutoire.* — Dans une législation aussi indifférente pour tout ce qui n'est pas en quelque sorte définitivement établi, on ne doit rencontrer la notion de la condition qui crée l'incertitude ni dans les droits réels immuables, tant qu'ils ne sont pas relativement éteints par une translation, ni dans les droits personnels, dont l'existence à cette date est problématique.

23. — Au point de départ, nous trouvons donc dans toute leur énergie les deux obstacles qui s'opposent à la naissance de la condition résolutoire : 1° le peu de cas que l'on fait de l'intention des parties, et au contraire la solennité des modes créateurs du droit ; 2° la perpétuité des droits considérée comme une condition de leur existence.

Deuxième phase : Époque des Douze Tables.

24. — *§ I. Rôle du consentement dans la disposition des droits.* — La loi, l'occupation subsistent comme modes créateurs ; mais le *nexum* s'absorbe avec ses formalités dans la mancipation (2), mode presque général, peut-être même général de translation des droits réels, et qui par là avait sur cette translation même une immense influence.

Lorsque la notion de l'obligation se produisit, ce ne fut pas comme un droit net, isolé, mais comme une contre-partie d'une translation de propriété, et au moyen de la clause de fiducie (3), dont la VIᵉ Table reconnaissait la validité. De là, quand intervenait la mancipation d'une *res mancipi*, l'acquéreur débiteur, dans l'acte même de la mancipation, déclarait *nuncupabat* s'obliger à effectuer plus tard une contre prestation. On pourrait même soutenir que, dans l'aliénation d'une *res nec mancipi*, il fallait, pour qu'une obligation naquît de la part de l'acquéreur, l'emploi accessoire de la mancipation. *

---

* Si toute convention accompagnée d'une tradition eût été civilement obligatoire pour l'*accipiens*, la théorie des contrats réels innommés, devenus sources d'obligation, n'eût pas été une création tardive des prudents. Quant aux objets de première nécessité, l'usage d'une mancipation eût sans doute été d'une rigueur inadmissible dans la vie privée, mais l'opération devrait se faire au comptant.

Si l'on admet que dans le principe la mancipation 1° précéda à toute constitution d'obligation, 2° s'appli-

25. — Toutefois, on sentit que la mancipation était une forme trop solennelle de s'obliger. Les jurisconsultes, la disséquant pour ainsi dire, en firent sortir par des dégradations successives le système complet des *causæ civiles*, génératrices d'obligations. L'expensilation (4), image fidèle de l'*actus legitimus* (5), la stipulation supposèrent une numération d'espèces. Huit contrats réels (*mutuum, commodat, depositum, pignus,* — vente, louage, société, mandat) furent créés, dans lesquels une simple tradition obligea l'*accipiens*. Les quatre derniers, d'un usage plus fréquent, finirent même par ne plus tenir leur perfection que du seul consentement. La mancipation, semblable à la pièce de monnaie qui en était la base et qui en fut plus tard le signe, s'était peu à peu usée sur les bords en circulant dans le commerce pratique des faits.

Mais l'empreinte grossière, matérielle, * que la mancipation donna à la création des droits, se maintint et nous explique cette immobilité de l'acte juridique romain qui s'estime en quelque sorte tout entier dans son effet présent.

26. — § II. *Perpétuité des droits.* — Il en résulte que le temps ne peut dissoudre un droit une fois qu'il est né. Les jurisconsultes admettent alors, comme un axiome, la perpétuité des droits réels (6) et des droits personnels (7). Les droits ne s'éteignent *jure civili* que par des modes déterminés parmi lesquels le temps ni la condition ne se trouve.

27. — § III. *Conséquences quant à la condition résolutoire.* — C'est cependant à cette seconde période qu'apparaît, sous la forme timide d'une clause accessoire, la condition résolutoire. Elle n'entrave pas la translation du droit réel lui-même, mais elle crée une obligation de restituer sous certaines éventualités prévues ; et cela

qua à toute translation de droits réels, toutes choses étant dans l'origine *res mancipi*, notre aperçu prend une grande largeur. Tout droit étant créé par la mancipation, et la mancipation ne voulant pas de la condition suspensive, les jurisconsultes durent, quand le disposant se refusait à une aliénation pure et simple, chercher une modalité restrictive de l'existence du droit et qui fût compatible avec la mancipation. Ils inventèrent la condition résolutoire.

Au risque de nuire à notre système, qui eût ainsi gagné à l'ampleur et à la simplicité de son point de départ, nous avons préféré adopter des bases moins larges, mais du moins incontestées. Nous avons donné à la mancipation des applications authentiquement constatées, mais dans ces limites plus étroites, nous avons pu dire : la mancipation est le mode d'aliénation des choses les plus précieuses pour les Romains primitifs. Or, c'était dans les aliénations d'objets précieux que les conditions, restrictives de l'aliénation, devaient surtout se produire ; et la condition suspensive ne pouvant se manifester, on créa la condition résolutoire.

* L'aliénation a eu lieu sous l'empire du dol, de la violence. Pour le droit civil, qu'importe ! *Coactus tamen volui, sed voluntas.*

est possible, car la condition suspensive peut à la fin de cette seconde phase affecter le droit personnel, quelle qu'en soit la source, si j'en excepte toutefois l'*expensilatio*. Le débiteur voulant donner une sûreté à son créancier lui mancipe un immeuble, mais en déclarant que, si la dette est payée, il pourra réclamer du créancier la retranslation du fonds aliéné *(pura quæ sub conditione resolvitur)*. On sent aisément combien est fragile contre le mauvais vouloir ou les actes de disposition du créancier propriétaire l'action personnelle *fiduciæ*, dont le débiteur peut user au cas de paiement; combien est peu protecteur ce moyen indirect d'obtenir la discontinuation du droit transféré. Toutefois, nous ne devons pas nous étonner que dans une législation où la simple volonté ne transfère pas le droit réel, la simple volonté ne suffise pas non plus pour le retransférer. Et cependant, c'est là le début de la condition résolutoire; on en trouve une application analogue au cas de dépôt, dans la dot réceptice, dans l'émancipation avec fiducie.

Quant aux droits personnels, l'effet résolutoire se révèle également.

28. — Ainsi, des deux obstacles qui gênaient le développement de la condition résolutoire, aucun n'a été supprimé, mais l'un d'eux a été amoindri. Aussi la condition résolutoire est née : 1° le consentement a plus d'influence sur la création des droits; 2° mais la perpétuité des droits reste indiscutée.

Troisième phase : Droit prétorien et impérial.

29. — Le droit prétorien, qui par l'équité régénère le droit civil, et après lui le droit impérial, donnèrent toute leur maturité aux principes de la résolution. Le préteur attaquait de front toutes les idées qui en avaient gêné les premières applications.

30. — § I. *Rôle du consentement dans la disposition des droits.* — Pour lui, les faits générateurs du droit ne sont pas purement et simplement le mode translatif du droit réel, la cause créatrice du droit personnel. Que les parties, dans l'aliénation d'une *res man-*

cipi, aient employé un mode inefficace, la tradition *v. g.*, le préteur n'en crée pas moins aux mains de *l'accipiens* la propriété bonitaire. Aussi, sous son influence, le droit civil lui-même apprend à interroger, parfois jusque dans les actes les plus solennels de la législation, l'intention du disposant (8).

31. — § II. *Perpétuité des droits.* — Enfin, on commence à attaquer la doctrine de la perpétuité abstraite des droits.

32. — § III. *Conséquences quant à la condition résolutoire.* — Nous voyons sous cette dernière phase historique se former trois camps bien distincts parmi les jurisconsultes. Tandis que les uns maintiennent l'usage des clauses accessoires et obligent seulement *l'accipiens* à une retranslation éventuelle, les autres proposent de rendre résoluble le droit lui-même qu'on aliène. Ceux-ci ne tiennent donc plus compte de la perpétuité des droits; et cette discussion offre un intérêt sérieux : 1º quant à la nature de l'action, 2º quant aux effets de la résolution.

A cette même date enfin naît une troisième doctrine qui, par le système de la rétroactivité, simplifie les difficultés théoriques du problème.

On peut suivre dans les textes les détails de cette lutte; afin d'en déterminer exactement les péripéties, il est bon de prendre en particulier les droits réels et les droits personnels, pour voir comment procédaient à leur égard les trois théories que j'ai indiquées.

CHAPITRE III.

QUELS DROITS PEUT AFFECTER LA CONDITION RÉSOLUTOIRE?
PAR QUELS PROCÉDÉS?

33. — Voici donc les questions que je me pose :

1º La condition résolutoire peut-elle affecter tous les droits?

2º A l'aide de quels procédés peut-on affecter un droit d'une condition résolutoire?

SECTION I. — DROITS RÉELS.

ARTICLE I. — CIVILS.

§ I. *Propriété.*

1. — Rei singularis.

34. — PREMIÈRE THÉORIE. Si l'aliénateur veut résoudre pour un certain cas l'aliénation qu'il effectue, il exigera de l'acquéreur que celui-ci s'oblige à la retranslation du droit sous la condition suspensive de l'accomplissement du fait résolutoire. Après vous avoir mancipé ou livré le fonds Cornélien, j'ajoute : Si vous n'exécutez pas telle charge que je vous impose, promettez-vous de restituer le fonds que j'aliène? On ne restreint pas le droit réel aliéné dans son existence, et le motif nous en est donné dans le § 283, *Fr. Vatic.* : la propriété ne peut vivre *ad tempus.* Mais on place à ses côtés un droit personnel sur lequel agit la convention spéciale des parties. L'aliénateur invoquera alors la résolution au moyen de l'action *ex stipulatu,* la fiducie étant tombée depuis Gaius (1) en désuétude. Mais 1° il ne pourra user que d'une action personnelle, 2° et devra respecter les droits réels conférés par l'acquéreur. Pour écarter ces deux inconvénients graves, il faut ou se rattacher aux deux autres théories, ou rendre conditionnelle l'aliénation, non la résolution du droit, en prenant pour condition suspensive de l'aliénation l'inaccomplissement de la condition résolutoire : si vous exécutez telle charge que je vous impose, j'aliène à votre profit le fonds A. Toutefois, ce dernier procédé, possible dans le legs, la tradition, ne l'est pas si l'aliénation se fait par mancipation, *cessio in jure,* ou adjudication, ces modes translatifs étant incompatibles avec la condition suspensive. (2). Cependant, Ulpien admet (3) la condition suspensive dans l'adjudication; et comme le motif qui conduisait à la solution opposée est le même pour la mancipation et la *cessio in jure,* nous pouvons dire qu'Ulpien niait l'incompatibilité des *actus legitimi* et de la condition suspensive. Il est même probable

que la loi 16 § 2 *fam. ercisc.* D., en contenait la preuve formelle; mais Tribonien, en l'insérant aux Pandectes, a dû naturellement effacer ce qui avait trait aux deux derniers modes
proscrits par Justinien.

35. — DEUXIÈME THÉORIE. La résolubilité affecte directement
le *dominium* lui-même (4), et le motif en est nettement indiqué
par la modification que Justinien fait subir au § 283 *Fr. Vatic.*,
en le refondant dans la loi 2 C. *de donat. quæ sub modo :* la propriété peut vivre *ad tempus certum vel incertum.*

36. — TROISIÈME THÉORIE. J'ai déjà montré que celle-ci ne
donne aucune solution aux difficultés théoriques sur lesquelles
les deux premiers systèmes prennent parti. Elle tourne les obstacles par la fiction de la rétroactivité; ou il y a toujours eu *ab
initio* translation du *dominium,* ou *ab initio* il n'y a jamais eu
translation.

2. — Universitatis, Hérédité.

37. — L'institution d'un héritier ne peut être faite sous condition résolutoire, sans quoi, au moins sous le rapport du temps, le
défunt mourait partie *testat* et partie *intestat.* La modalité est
donc réputée non écrite. La maxime *uti legassit...* n'est vraie que
dans le domaine de l'institution testamentaire, qu'elle a pour but
d'étendre et de protéger.

38. — Les partisans des deux dernières théories parvinrent-ils
à rendre l'hérédité transmissible sous condition résolutoire, soit
en niant la perpétuité du droit héréditaire, soit en argumentant
de la rétroactivité? — Rien ne le prouve. D'ailleurs, si la volonté
du disposant ne pouvait faire un héritier sous condition résolutoire, il lui restait du moins la possibilité de créer soit des légataires partiaires, soit des fidéicommissaires d'universalité, soit
des héritiers institués sous la condition suspensive de l'inaccomplissement du fait résolutoire. L'introduction directe de la condition résolutoire dans l'institution d'héritier n'eût donc été à
peu près qu'un triomphe de pure théorie que les jurisconsultes
des écoles innovatrices peuvent avoir dédaigné.

§ II. *Servitudes prædiales.*

39. — Première théorie. La résolution n'atteint pas la servitude même. Les servitudes prédiales, qualités du fonds servant, ne peuvent exister qu'à perpétuité; elles ne peuvent même naître qu'en vue d'un état de choses constant. La clause résolutoire est réputée non écrite *ipso jure civili.* Seulement le propriétaire du fonds servant, lorsque le fait résolutoire prévu s'accomplira, pourra contre l'action confessoire du propriétaire du fonds dominant, valablement intentée, opposer *jure prætorio* l'exception équitable de dol ou de pacte (5).

40. — Deuxième théorie. Il me semble que Justinien déclare la servitude elle-même résoluble. Il en reconnaît au moins la résolubilité *ope exceptionis.* Or, ce scrupule de langage n'a plus sous cette période qu'un mince intérêt. Il n'y a plus de formules; le droit civil et le droit prétorien se sont fondus dans le droit impérial. Peut-être cependant faut-il de ce mot, vraisemblablement oublié par Tribonien, conclure (6) que la résolution devra être invoquée *in limine litis.* Ce qui me porterait encore à penser que Justinien veut étendre la résolubilité à la servitude même, c'est qu'il combat en plus d'un point la doctrine de la *perpetua causa* des servitudes. Il insère aux Pandectes, dans la loi 2 *communia de servitutibus,* l'opinion mitigée d'Ulpien, qui ne s'en tient plus au principe, respecté par d'autres (*quidam*), de la *perpetua causa.*

41. — Troisième théorie. Pour Paul, la perpétuité des servitudes n'est pas en jeu, aussi s'en tient-il aux anciennes idées sous ce rapport. Le Digeste en fournit une double preuve : 1° la loi 28 *de servit. præd. urb.;* 2° la loi 9 *de servit. præd. rustic.,* dans laquelle la seconde moitié du texte, évidemment interpolée, nie grossièrement ce que la première moitié vient d'établir.

§ III. *Usufruit.*

42. — § I. *Translation.* — Tous les jurisconsultes reconnaissent que, même aux yeux du droit civil, on peut par legs, *cessio in jure,* adjudication, transférer l'usufruit sous une condition résolutoire (7). Pourquoi rencontrons-nous ici unanimité dans les solutions? C'est que tous, même Pomponius, sont d'accord sur le motif. L'usufruit qui s'éteint si naturellement à la mort de l'usufruitier n'est pas un droit qu'on ait pu longtemps qualifier de droit perpétuel (8).

43. — § II. *Déduction*. — La question n'est pas aussi nette au cas de déduction.

Si l'usufruit est déduit sous une condition résolutoire dans un legs (et sans doute dans une tradition *jure prætorio*), Paul et Pomponius admettent la validité de la condition : nouvelle preuve qu'à leurs yeux l'usufruit n'est pas un droit perpétuel.

44. — Mais si l'usufruit est déduit sous condition résolutoire dans une mancipation ou dans une *cessio in jure*, Paul déclare valable, Pomponius nulle, la constitution de l'usufruit. La décision de Pomponius a paru inexplicable. Je crois que pour lui la condition résolutoire apparente se change au fond en une condition suspensive.

Supposons, en effet, que Secundus veuille acquérir le fonds A et le grever au profit de Primus, aliénateur du fonds, d'un usufruit résoluble. Que dira Secundus dans la *cessio in jure?* Le fonds A m'appartient, déduction faite d'un usufruit qui durera au profit de Primus, jusqu'à ce que tel navire revienne d'Asie. Or, en creusant un peu la situation avec Pomponius, jurisconsulte (9) habitué aux rigueurs logiques de l'analyse, est-ce que cela ne revient pas pour Secundus à dire dans une formule que je dédouble, car elle contient deux allégations juridiques distinctes : 1º le fonds A m'appartient *hic et nunc* en nue propriété; 2º et l'usufruit aujourd'hui formel deviendra causal et m'appartiendra si tel navire revient d'Asie?

Or, la seconde partie de la prétention de Secundus, celle qui est relative à l'acquisition de l'usufruit, ne viole-t-elle pas la règle que dans les *actus legitimi*, comme la *cessio in jure*, on ne peut se prétendre titulaire de droit sous condition suspensive (10)? On ne fait pas de procès pour dire : Je suis usufruitier, si..... C'était là sans doute ce qui entraînait Pomponius.

Une circonstance qui l'établirait, c'est que Pomponius permet la condition résolutoire dans la déduction de l'usufruit par legs. Et, en effet, Pomponius avait beau, dans ce cas, métamorphoser la condition résolutoire en une condition suspensive, le legs ne répugnant ni à l'une ni à l'autre de ces modalités, la constitution d'usufruit restait toujours valable (11).

Le motif de Pomponius, dit M. Pellat, était peut-être que quand l'usufruit est retenu jusqu'à une condition, la propriété pleine n'est transférée qu'à partir de cette condition, ce qui est contraire au § 49. — Mais Secundus ne se contentera certainement pas d'alléguer qu'il sera plein propriétaire si....., car il est au moins assuré dès maintenant d'être nu-propriétaire. Ce dont il est incertain, c'est tout simplement de devenir usufruitier; la condition suspensive, et dès lors son allégation conditionnelle vicieuse (12) ne porteront donc jamais que sur l'acquisition de l'usufruit, et non, comme le dit M. Pellat, sur l'acquisition de la pleine propriété. Aussi, quand le savant maître a ainsi prêté à Pomponius une idée, me semble-t-il, incomplète, il en fait une réfutation aisée. Il y a dès à présent, dit-il (13), transport de la propriété, sinon pleine, du moins nue. La règle du § 49 n'est pas violée.

Encore une fois, ce n'est pas relativement à la nue propriété acquise *hic et nunc* que la difficulté surgit. Secundus est et se prétend purement et simplement nu-propriétaire; le § 49 est jusque-là intact. Mais quant à l'usufruit acquis sous condition, Secundus ne saurait en faire abstraction comme M. Pellat. Cet usufruit conditionnel représente pour lui une valeur très-sérieuse. Or, Secundus, qui fait constater dans la *cessio in jure* tous les droits qu'il a déjà, ne peut précisément dans cette *cessio in jure* se prétendre usufruitier sous condition suspensive, et c'est en cela qu'il tombe sous le coup du § 49.

Il me paraît donc qu'au point de vue des principes romains, la solution de Pomponius est irréprochable. Il ne permettait pas aux parties, par un remaniement de formule, de dissimuler la condition suspensive qui affectait en réalité, dans notre espèce, l'acquisition de l'usufruit par Secundus. Il appréciait sainement quelles étaient au fond les prétentions des contractants.

Quoi qu'il en soit, l'avis de Pomponius n'était pas suivi par

Paul, qui, s'il s'était agi d'une condition directement suspensive, ne l'eût certainement pas admise dans la *cessio in jure* (14).

Les mêmes solutions doivent s'appliquer à la constitution de l'*usus* et de l'habitation.

ARTICLE II. — PRÉTORIENS.

§ I. *Hypothèque.*

45. — La condition résolutoire affecte directement l'hypothèque. La législation honoraire, à l'époque où naquit ce droit réel accessoire, luttait trop énergiquement contre la perpétuité théorique des droits, et protégeait trop bien l'intention des parties pour ne pas anéantir un droit dont seule elle reconnaissait l'existence, quand l'existence de ce droit devenait contraire à la volonté des contractants.

SECTION II. — DROITS PERSONNELS.

46. — Le droit civil, n'ayant pas classé la condition résolutoire parmi les modes réguliers d'extinction des obligations, ne considérait pas le droit personnel comme anéanti lorsque le fait résolutoire se réalisait (15). Le créancier pouvait donc encore intenter son action. Mais le droit prétorien vint indirectement, au moyen de l'exception de dol accordée au débiteur, insérée dans les contrats de droit strict, supposée *ipso jure* dans les contrats de bonne foi, trancher cette prétendue et historique perpétuité des droits personnels.

47. — Si le droit personnel naît d'un contrat réel, verbal ou littéral, c'est-à-dire d'un contrat unilatéral, on emploie les deux procédés qui s'appliquent aux droits réels : 1° le débiteur qui s'oblige *hic et nunc*, l'emprunteur, le promettant, ajoute au contrat une clause de fiducie, ou fait une restipulation en vertu de laquelle il pourra contraindre le créancier à réputer non avenue l'obligation, si le fait résolutoire se réalise. La condition suspensive porte sur la résolution du droit personnel. Mais l'obligation du débiteur emprunteur, *promissor,* est actuellement née et exigible : il en résulte qu'il peut être tenu d'effectuer certaines prestations dont la restitution par le créancier pourra souffrir quelques difficultés. 2° Pour ne pas courir ce danger, il faut que le débiteur, l'emprunteur, le *promissor*, s'oblige en prenant pour condition suspensive de son obligation l'inaccomplissement du fait résolutoire. Mais ce second moyen est inacceptable dans l'*expensilatio* (16). Il devait également l'être dans le *mutuum* d'une *res mancipi* à quelqu'époque qu'on se place (17), dans le dépôt et le gage d'une *res mancipi*, au moins tant qu'il fut nécessaire, dans ces contrats, de transférer la propriété.

48. — J'ai toujours supposé la convention de résolution revêtue des formes de la stipulation ou de la fiducie. Qu'arrivait-il lorsqu'elle était restée à l'état de simple *pactum adjectum* à un contrat de droit strict ou à un contrat de bonne foi autre qu'un contrat consensuel ?

Ou la convention de résolution a été faite *in continenti*, elle vaudra *ipso jure civili*, car elle tend à diminuer et même à faire disparaître l'obligation (18).

Ou elle est intervenue *post interrallum*, alors elle vaudra *ope exceptionis*. L'action ne sera donc pas refusée au créancier si la condition résolutoire se réalise contre lui ; mais elle sera paralysée par l'exception du défendeur, insérée dans l'action de droit strict, sous-entendue dans l'action de bonne foi.

Si le droit personnel naît d'un contrat consensuel, l'effet de la clause résolutoire sera toujours très-énergique sur un droit que parfait et que défait la simple convention. Lorsque la clause de résolution est restée à l'état de pacte, elle vaudra néanmoins *ipso jure* : 1° si elle est intervenue *in continenti*; 2° ou *post interrallum rebus integris*, car elle affecte la substance même et la vie du contrat. Le créancier, qui a intérêt à l'invoquer, le fera, suivant une école du moins, par l'action même du contrat, bien qu'il puisse paraître singulier de résoudre un contrat par l'action qui en sanctionne l'existence. Si elle est intervenue *rebus non integris*, elle vaudra *ope exceptionis*; mais les exceptions fondées sur l'équité étant sous-entendues dans la formule des actions de bonne foi, le défendeur qui invoque la résolution n'aura pas besoin de l'y faire insérer expressément.

La convention de résolution dans les contrats consensuels était donc suffisamment garantie, alors même qu'elle restait à l'état de simple pacte. Aussi pensons-nous qu'à l'époque classique on ne devait plus en pratique recourir pour ces contrats aux deux procédés que nous avons vu employés pour les contrats unilatéraux, bien qu'ils fussent théoriquement possibles, à savoir : 1° la résolution par la clause de fiducie; 2° l'interversion de l'obligation résoluble : *Si navis ex Asia venerit* en une obligation contractée sous la condition suspensive de l'inaccomplissement du fait résolutoire.

Mais ces deux procédés durent servir tant que les contrats consensuels firent partie des contrats réels. Le deuxième procédé dut même, avant de s'appliquer aux contrats qui allaient devenir consensuels, trouver les mêmes difficultés qu'il rencontra dans son application aux autres contrats réels (19). Des traces de ces difficultés sont restées dans la matière de la vente (20), du louage (21) et du mandat (22).

CHAPITRE IV.

DES CAS DE RÉSOLUTION POUR INEXÉCUTION DES CHARGES.

49. — Je suppose maintenant : 1° qu'il s'agisse d'un droit réel ou personnel, susceptible de résolution; 2° qu'on ait exprimé la condition résolutoire au moyen d'un procédé qui ne répugne pas à cette modalité; et je me demande quelles sont les clauses résolutoires les plus usuelles chez les Romains.

50. — Quand j'aurai indiqué les faits résolutoires qui peuvent affecter les droits personnels, j'aurai par là même indiqué ceux qui peuvent affecter les droits réels. Car les droits réels ne tombent le plus souvent que parce qu'il y a eu résolution d'un contrat, source immédiate du droit personnel, source occasionnelle et médiate du droit réel. Je vous vends le fonds A sous la condition résolutoire : *si navis redierit*. Le navire revient. Il y a résolution 1° du droit personnel, né du contrat de vente au profit de

l'acheteur; 2° du droit réel conféré à l'acheteur par tradition, mancipation, à la suite et en exécution du contrat. *Res nec tradita, nec alienata est* (1).

51. — Les clauses résolutoires naissent : 1° de la volonté du disposant ou des parties expressément manifestée dans un acte juridique entre vifs (contrat) ou à cause de mort (legs, fidéicommis); 2° de la volonté tacite du disposant ou des parties, supposée par la loi.

52. — § I. *Volonté expresse :* l'acheteur *v. g.* peut avoir un droit résoluble pour défaut de paiement du prix. C'est l'hypothèse de la *lex commissoria*.

53. — § II. *Volonté tacite, supposée par la loi :* le droit romain reconnaît, en effet, dans certains cas, des conditions résolutoires tacites ou légales. Je les énumère d'abord :

1° Le locataire a un droit résoluble, même en l'absence de toute clause expresse, si la *merces* n'est pas payée pendant deux ans (2).

2° Le locataire a un droit résoluble par l'abus qu'il ferait de la jouissance (3);

3° Le locateur a une créance résoluble par le trouble qu'il laisserait apporter à la jouissance du preneur (4);

4° L'emphytéote a un droit résoluble, s'il cesse de payer le canon pendant trois ans ou deux ans, suivant les cas (5);

5° L'emphytéote a un droit résoluble pour abus dans la jouissance (6);

6° Les contrats réels innommés sont résolubles au profit de celui qui a exécuté le pacte, si l'autre partie n'exécute pas ce à quoi elle s'est obligée (7);

7° Le legs est résoluble pour inaccomplissement des charges;

8° La donation est résoluble pour la même cause (8).

Je remarque cependant que Justinien assimile ce cas à une révocation pour ingratitude, alors que l'inexécution des charges ne suppose pas nécessairement l'ingratitude, mais qu'elle ne prouve, sauf des circonstances toutes spéciales, que la pauvreté ou la négligence du donataire. Cette confusion, née de la loi 10 au Cod., *de revoc. donationibus*, prolongera jusqu'au xviii° siècle son influence.

54. — Je n'indique pas comme cause de résolution légale le non palement du prix en matière de vente. Je ne crois pas qu'il ait été une condition résolutoire tacite en droit romain.

Sans cela, à quoi eût servi l'insertion conventionnelle du pacte commissoire? La loi 8 au Code, *de contrah. emptione*, ne donne que l'action en palement, non l'action en répétition de la chose vendue. L'inexécution des charges n'anéantit pas la vente, en l'absence d'une clause résolutoire expresse (9). Cependant quelques auteurs, Domat entre autres, appuient sur la loi 6 Cod. *de pactis inter......*, une opinion contraire. Qu'on veuille bien considérer l'espèce de cette loi. Une personne a cédé un immeuble pour un prix très-minime, en considération d'une promesse spéciale faite par l'acheteur, *certæ rei contemplatione*. Cet engagement spécial et précis de fournir un certain travail *v. g.*, l'obligation principale de l'acquéreur, n'a pas été exécuté. Y aura-t-il résolution du contrat? Oui, dit l'empereur consulté. Le fondement de cette résolution n'est pas le défaut de palement d'un prix de vente, car la loi exige que le cédant restitue l'argent qu'il a reçu; or, je montrerai bientôt que dans la *lex commissoria* le vendeur retient les à-comptes qu'il a touchés. La résolution se fonde donc sur l'inexécution de la charge expressément imposée, *certæ rei contemplatione habita*. Or, qui ne voit que, réduite à ces termes, la question n'en est plus une? Dans la loi 6, il s'agit d'un contrat *do ut des*, ou *do ut facias*. Quelle était maintenant la raison de douter? C'était précisément l'intervention d'une somme d'argent qui aurait pu transformer le contrat innommé en un contrat de vente, et par suite rendre impossible la résolution pour inexécution, tandis que la résolution était possible dans un contrat innommé. Mais l'empereur, s'appuyant sur les circonstances toutes spéciales de la cause, si soigneusement relevées dans le rescrit, considéra que le prix était exigu, que le fait promis avait été déterminé d'une manière toute particulière; et il dit à l'aliénateur : cette circonstance qu'un peu d'argent est intervenu dans l'opération pourra ne pas vous nuire. Donc si le prix n'avait pas été *exigu*, s'il y avait eu vente véritable en un mot, la résolution n'eût pas existé. Je trouve dans le texte même qu'on m'oppose une arme contre ceux qui l'invoquent. On peut d'ailleurs le vérifier : la loi ne prononce pas une seule fois les mots de vente, de vendeur ou d'acheteur. Elle se résume donc en ceci : le prix exigu n'a été qu'un accessoire de l'opération; ce n'est pas là un véritable contrat de vente; mais le doute pouvait se comprendre, aussi le rescrit et la place du rescrit au Code ont une raison d'être.

55. — § III. J'ai donc énuméré les conditions résolutoires tacites qui m'ont paru les plus importantes. Elles se ramènent toutes à une même cause : résolution pour inexécution des charges imposées à l'aliénation d'un droit.

Que cette cause de résolution soit équitable, je ne le conteste pas. Mais je nie qu'en saine théorie elle soit logique. Elle confond deux idées profondément distinctes : la convention et l'exécution de la convention.

Dans la vente, le contrat existe dès qu'il y a consentement des parties sur la chose et sur le prix. *Non ex pretio numerato, sed ex pretio convento emptionis substantia consistit* (10). A cet instant, deux obligations naissent *ex parte venditoris et ex parte emptoris*, immédiatement séparées, indépendantes. L'une peut vivre, l'autre s'amoindrir ou s'éteindre. La preuve en est dans la théorie des risques. Admettons que l'acheteur n'effectue pas le paiement; le vendeur ne doit pas pouvoir demander la résolution du contrat. Il ne s'est pas obligé à *tradere rem* à condition que l'acheteur paierait, mais à condition que l'acheteur s'obligerait à payer. Or, s'il a obtenu l'obligation de l'acheteur, la cause légale de son obligation de livrer subsiste donc; le vendeur ne doit pouvoir agir qu'en paiement du prix, à moins qu'une clause expresse du contrat de vente ne lui ait réservé une résolution conventionnelle. Les textes confirment, je l'ai montré, la thèse que je soutiens.

Si maintenant la solution du droit romain est différente pour l'échange, le louage, l'emphytéose, c'est que pour l'échange même en droit, pour le louage et l'emphytéose en fait, le contrat ne vit qu'au fur et à mesure de l'exécution, et que dans ces trois dernières hypothèses on peut dire que l'obligation de la partie qui a exécuté a pour cause non la promesse d'exécution faite par son co-contractant, mais bien l'exécution de cette promesse. Si donc le co-contractant n'exécute pas, la résolution doit s'ensuivre.

Qu'était-ce en effet, dans le principe, que l'échange? le résultat de deux mutations actuelles de propriété, cause l'une de l'autre. Il n'y avait échange qu'après la consommation de cette double et réciproque aliénation. Que l'une des parties, ayant reçu la prestation de son copermutant, ne veuille ou ne puisse plus réaliser la sienne, il n'y a rien de fait. L'échange ne peut tenir à moitié; il tombe dans son intégrité. Seulement, comme celui qui a exécuté a voulu aliéner, que le fait du dessaisissement est indiscutable, et que l'erreur ne porte que sur les motifs de l'acte, il répète sa prestation par la *condictio* et non par une action réelle.

Toutefois les Prudents, cessant de considérer l'échange comme la réalisation d'une double *datio*, l'escomptèrent à proprement parler, et déclarèrent génératrice d'obligation pour l'*accipiens* la réception de l'objet aliéné. Le *dans* put alors agir en livraison de l'objet promis. Mais la résolubilité de la *permutatio* pour inexécution fut toujours maintenue par souvenir de cette primitive nature de l'échange, qui ne vivait juridiquement qu'alors qu'il était consommé. Si l'échange avait été dans les premiers temps un contrat, comme la vente, générateur d'obligations futures, il n'eût pas admis la résolution pour inexécution.

Mais, me dira-t-on, le louage qui consacre la résolution légale n'est-il pas un contrat dans lequel les parties s'obligent, comme dans la vente, à des prestations futures? — Oui, mais à des prestations successives; et en cela il diffère de la vente. L'aliénation de la chose vendue se fait en un instant. Aussi l'objet que le vendeur doit livrer vient-il à périr, la perte en incombe à l'acheteur qui en doit le prix. Les obligations réciproques des deux parties sont nées *statim* dans toute leur plénitude; dès lors, pas de résolution pour inexécution.

La jouissance de la chose louée, au contraire, est de tous les instants. Il semble que les obligations vivent au jour le jour. Aussi, en cas de perte, si le locateur ne peut plus accomplir ses obligations, celles du locataire étant parallèles aux siennes, la *merces* payée par anticipation est répétée proportionnellement au temps qui restait à courir (11). De là encore, au cas de tacite reconduction, l'obligation ne naît pour le locataire d'une maison qu'au *prorata* de sa jouissance (12). Je ne conteste pas que la re-conduction se justifie au fond par la supposition d'un pacte ta-cite (13); mais l'étendue de ce pacte est limitée par la durée de la jouissance même. N'y a-t-il pas là comme un reflet de ces antiques contrats réels où l'exécution seule de la part d'une des parties faisait naître l'obligation de l'*accipiens?* Je comprends donc aisément la résolubilité (pour inaccomplissement des obligations) d'un contrat qui semble vivre et se renouveler par l'exécution. Et je dirai volontiers du louage ce que je disais de l'échange : c'est en quelque sorte moins un louage qu'un projet de louage qu'on résout.

La légitimité de la résolution dans l'emphytéose est par là même établie : 1° l'emphytéose entraîne des prestations succes-sives; 2° elle a été longtemps assimilée au louage, et même depuis Zénon l'assimilation avait subsisté, en ce sens que la perte totale de la chose donnée en emphytéose était pour le compte du concédant.

56. — La résolution pour inaccomplissement des charges est donc restreinte en droit romain et devait l'être en bonne théorie; et cependant elle a fait fortune : nos Codes modernes en ont appliqué le principe dans sa plus large extension. C'est qu'indé-pendamment de certaines causes qui devaient conduire à ce ré-sultat, il était équitable, il était surtout pratique qu'il se produi-sît. Quand je vends mon cheval contre une somme d'argent, je ne puis, je n'ai pas entendu me contenter d'une créance en paie-ment de cette somme; ce que je veux avoir, c'est le prix. Dans la vie on ne se paie pas d'abstractions. Il peut être beau en pur dogme de distinguer la convention de son exécution; dans le monde des affaires, et dès lors aux yeux du droit qui en sanc-tionne les volontés honnêtes, quand j'aliène moyennant mille francs mon cheval, c'est que je veux ne me dessaisir de mon che-val que contre un sac effectif de mille francs; je donne du comp-tant, je ne veux pas avoir du crédit. L'aliénation que je fais de mon cheval, alors que je ne suis pas payé par l'acheteur, peut avoir une cause juridique idéale; elle n'a pas la cause conven-tionnelle qui m'avait déterminé au contrat. L'insertion d'une

clause résolutoire expresse eût été puérile ; la stipulation d'un prix dans le marché indiquait assez nettement la condition *sine qua non* de mon aliénation.

57. — Il y a longtemps (14) qu'on a dit : la condition doit être étudiée à trois époques différentes : 1° lorsqu'elle est pendante, 2° lorsqu'elle est défaillie, 3° lorsqu'elle est accomplie.

Je suivrai cette marche très-simple dans l'exposition de mon sujet.

TITRE I.

La condition résolutoire est pendante.

58. — PREMIÈRE RÈGLE. Tout s'exécute comme si le droit résoluble était pur et simple (1). Chacun accomplit ses obligations ou se dessaisit de ses droits réels. Suivant que les prestations ou dations à accomplir seront uniques ou successives, il y aura aux mains des acquéreurs du droit concédé action pour se faire transférer le bénéfice unique ou successif des droits personnels ou des droits réels.

Les conséquences de cet accomplissement provisoire des obligations de chacun sont nombreuses.

59. — § I. *Droits personnels.* — 1° L'aliénateur du droit personnel sera immédiatement tenu ou de prester, ou de faire, ou de ne pas faire. Ainsi, le vendeur devra, sur l'action *ex empto*, livrer et garantir ; l'acheteur, sur l'action *ex vendito*, enlever l'objet et payer le prix. Pendant tout le temps du bail, le *locator* devra faire jouir le preneur de l'objet loué ; le preneur, à chaque terme, régulièrement payer la *merces*.

2° Si le débiteur reçoit sa libération sous condition par un legs du défunt, l'héritier, son créancier sous condition résolutoire, n'en aura pas moins *interea* le droit d'agir (2).

3° Le titulaire du droit résoluble supporte la perte de la chose (3), en ce sens qu'il doit payer intégralement son prix ou effectuer sa contre-prestation, sans pouvoir contraindre son co-contractant à briser la convention.

4° Si l'aliénateur n'avait pas légalement le droit qu'il a concédé, le titre résolutoire permet d'usucaper (4). Si Sab. ius enseigne le contraire (5), et ne fait courir le délai d'usucapion que depuis le paiement du prix, c'est qu'il suppose une *lex commissoria* suspensive de la vente. Il n'aurait pu admettre une doctrine diffé-rente, quant au point de départ de l'usucapion, qu'en heurtant les principes élémentaires du droit romain. Aussi Paul, qui rapporte son opinion, ne le reprend-il pas de ce qui eût été une erreur juridique, mais se contente avec une certaine réserve *(sed videamus)*, que Cujas a fort bien remarquée *(scribit diffidenter)*, de critiquer, à raison de son expression trop générale, la formule de Sabinus. Tout dépend de l'intention des parties, dit-il; si elles ont voulu faire une *lex commissoria* résolutoire, l'usucapion com-mence immédiatement à courir.

60. — On a nié que la *lex commissoria* pût être suspensive. Elle serait, a-t-on dit, vis-à-vis du vendeur au profit de qui elle intervient, inutile dans les ventes au comptant; elle lui nuirait même dans les ventes à terme, en le chargeant des risques.

Dans la vente au comptant, il est vrai que, même en l'absence de toute clause, le vendeur impayé peut user de la revendication. Mais cette revendication n'anéantit pas la vente, et le vendeur, si l'acheteur offre plus tard son prix, peut être contraint à livrer. La *lex commissoria* suspensive l'en dispense, pourvu qu'elle ait été intentée dans les délais.

Dans les ventes à terme, la *lex commissoria* résolutoire n'em-pêche pas le vendeur de n'avoir plus qu'une action personnelle, au moins suivant les partisans de la première théorie, mais elle le débarrasse des risques. La *lex commissoria* suspensive, au con-traire, donne une action réelle au vendeur impayé et le charge des risques. Or, les risques sont parfois insignifiants (*v. g.* : vente d'un champ), et de plus l'acheteur peut n'avoir consenti à passer marché qu'à la condition d'en être exonéré.

Depuis Marcellus à Ulpien, la *lex commissoria* résolutoire donne également une action réelle au vendeur, et dès lors, aux yeux des partisans de cette théorie, elle vaut mieux pour lui que la *lex commissoria* suspensive qui lui ferait subir la perte. Aussi présume-t-on toujours plutôt la *lex commissoria* résolutoire (6) que la *lex commissoria* suspensive; et nous ne trouvons plus guère au Digeste qu'un seul texte qui soit relatif à cette seconde forme de la vente, encore appartient-il à un jurisconsulte ancien, Sabinus.

Une dernière objection est faite. Le paiement du prix, condition suspensive de la vente, dépend de l'acheteur. Or, les ventes faites sous condition potestative *ex parte rei* sont nulles (7). Le principe dont on argumente est exact. Mais, précisément parce que la condition ainsi entendue entraine nullité du contrat, il est peu probable que les parties aient introduit dans leur convention une clause irritante : elles ont voulu que la vente ne naquît pas si l'acheteur ne pouvait, et non s'il ne voulait effectuer le paiement. Le vendeur usera donc légitimement de tous moyens pour contraindre l'acheteur au paiement, c'est-à-dire à l'accomplissement de la condition suspensive du contrat. Si l'acheteur ne peut véritablement pas payer, alors il n'y aura pas vente.

61. — § II. *Droits réels.* — 1º L'aliénateur du droit réel transmettra le droit aliéné par mancipation, tradition, etc. L'acquéreur devient donc, s'il s'agit de la propriété, propriétaire quiritaire ou bonitaire suivant la nature du droit de l'aliénateur, et parfois suivant le mode translatif dont on aura usé (*res mancipi* par tradition) (8);

2º L'acquéreur exerce les actions, protectrices de son droit (9) contre les tiers, et même contre le titulaire sous condition suspensive de son droit intérimaire, c'est-à-dire contre l'aliénateur (10). Il plaide en demandant et en défendant; c'est à lui qu'est donné l'interdit *quod vi aut clam,* s'il a pris possession (11);

3º Il confère des droits réels, émanations de son propre droit; il peut concéder des hypothèques et servitudes (12); aliéner la totalité du droit qu'il a pu acquérir; affranchir l'esclave dont il est devenu *dominus* (13); abandonner *ob noxam* le *statuliber* (14);

4º Les objets dont on est propriétaire sous condition résolutoire entrent dans le partage de l'hérédité (15);

5º Le titulaire actuel a tous les avantages de la propriété; il gagne les fruits (16);

6º Il profite des accessions (17);

7º Mais les inconvénients du titre provisoirement pur et simple se manifestent tout aussi énergiquement. Ainsi, les donations à cause de mort sous condition résolutoire sont prohibées entre époux, car elles ont leur effet *constante matrimonio*. Telle était au moins la doctrine de Julien ; et cependant Ulpien (18) affirme la possibilité de la donation sous condition résolutoire entre époux ; et d'après l'état des textes, il semble évident que ce soit là le dernier état du droit. Seulement il y aurait encore intérêt à distinguer la donation à cause de mort sous condition suspensive, de celle qui serait faite sous condition résolutoire. La première (19) ne rétroagirait pas, la seconde, au contraire, rétroagirait ; ce qui importe pour les augmentations intérimaires de l'objet donné. Il est singulier de voir sur ce point les jurisconsultes romains abandonner la doctrine de la translation immédiate de la propriété et ses conséquences logiques, pour atténuer les rigueurs du principe et écarter, dans une décision que j'approuve du reste, une annulation par provision des donations résolubles entre époux. Je ne puis cependant argumenter de ce résultat pour prétendre que les Romains niaient la transmission actuelle du droit dans les conditions résolutoires. Ce serait généraliser à tort une solution qui me paraît plutôt inspirée par le caractère essentiellement révocable, et dès lors moins suspect, des libéralités entre époux à cause de mort.

En dehors de ce cas spécial, j'adopterais donc plutôt l'avis de Julien, et penserais que les donations résolubles entre époux sont prohibées, au moins jusqu'au S. C. de Caracalla.

62. — Deuxième règle. La transmission du droit n'est que provisoire et non pas définitive.

Ainsi je vous dois un esclave *in genere*, je vous paie un *statuliber* que je trouve dans l'hérédité de mon père. Je n'ai pu vous concéder qu'un droit résoluble *cum sua causa* (20). Si la condition suspensive apposée à la liberté de l'esclave se réalise, celui-ci n'a pu être *datus* en paiement. Le paiement, valable sous une condition résolutoire maintenant accomplie, est annulé ; l'acquéreur doit perdre son droit intérimaire.

63. — Mais quel sera le sort des actes intervenus entre lui et les tiers ? Quel sera le sort des actes passés entre l'aliénateur et les tiers ? La solution de cette double et différente question dépend trop directement de la théorie des effets de la résolution

pour que j'essaie de l'établir ici. Je constate seulement qu'aux yeux des jurisconsultes partisans de la rétroactivité, les tiers, pour obtenir un droit solide, doivent faire intervenir dans sa création les deux parties qui peuvent éventuellement, et à l'exclusion l'une de l'autre, avoir eu *ab initio* la capacité de vous transférer ce droit. Ainsi, voulez-vous acquérir une servitude sur un fonds vendu avec *addictio in diem,* demandez-en la constitution à l'acheteur et au vendeur du fonds (21), pour que votre servitude se maintienne contre l'acheteur si la résolution ne se produit pas, contre le vendeur si elle se produit.

64. — Il est un autre fragment du Digeste qui, si nous pouvions l'expliquer par la même idée, en fortifierait la démonstration (22).

Une maison a été vendue avec *lex commissoria.* Le vendeur et l'acheteur meurent tous les deux, ayant fait leur testament et laissé quelques legs. Ces legs attaquent-ils la quarte falcidique? L'héritier du vendeur comme celui de l'acheteur ont-ils bien la portion que la loi leur réserve? en un mot, va-t-on compter la maison vendue dans l'actif du vendeur, propriétaire sous condition suspensive, ou dans l'actif de l'acheteur, propriétaire sous condition résolutoire?

D'après le principe *pura est emptio,* nous devrions répondre : dans l'actif de l'acheteur. La loi 38, § 2, *ad legem falcid,* fait rentrer la maison vendue dans le patrimoine du vendeur. Comment justifier cette solution?

65. — *Première explication* (23). L'objet vendu avec une *lex commissoria* suspensive doit être mis dans les biens du vendeur; c'est l'espèce de la loi 38, § 2. Vendu avec une *lex commissoria* résolutoire, l'objet devrait être mis dans les biens de l'acheteur : *pura est emptio.* L'explication est simple, mais elle n'est pas vraie. Pour Hermogénien, même au cas de condition résolutoire, l'objet vendu n'eût pas compté parmi les biens du titulaire du droit résoluble. La preuve en est dans le *principium* de notre loi. L'héritier est propriétaire sous condition résolutoire du *statuliber,* esclave affranchi sous condition suspensive. Or, Hermogénien décide que le *statuliber* ne sera pas estimé dans l'actif de l'héritier.

Qu'on ne dise pas que le *statuliber* n'est pas estimé, parce que la quarte falcidique se formait après déduction du prix des af-

franchissements. Je ne nie pas la r gle de la loi 39 *ad leg. falcid.*
D.; mais le *statuliber*, tant que la condition suspensive de sa liberté n'est pas accomplie, est assimilé à l'esclave (24). Il est
comme un bien héréditaire susceptible d'entrer dans le partage (25). On ne peut donc déduire son prix comme celui d'un
esclave affranchi purement et simplement.

66. — *Deuxième explication* (26). Il s'agit bien dans la loi 38 de
clauses résolutoires. Si maintenant la chose vendue est placée
dans l'actif du vendeur, ce n'est que fictivement et comme valeur. La maison, *n'étant pas payée*, représente dans son patrimoine, ou comme chose ou comme prix dû, un élément actif
dont l'héritier doit garder le quart.

Cela revient à dire que la maison vendue avec *lex commissoria*
se trouve à la fois dans deux patrimoines, dans celui du vendeur
sous condition suspensive, dans celui de l'acheteur sous condition
résolutoire; et que si Hermogénien la compte dans l'actif du
vendeur, c'est qu'il s'occupe précisément dans la loi 38 de l'hérédité du vendeur. Or, vis-à-vis de celui-ci, propriétaire sous
condition suspensive, il applique la règle : *Is qui actionem habet
ad rem recuperandam ipsam rem habere videtur.* Vis-à-vis de l'a-
cheteur, propriétaire sous condition résolutoire, il eût *à fortiori*
compté la maison dans l'actif de sa succession, s'il s'était agi de
liquider la succession de l'acheteur : *perfecta est emptio.*

Cette manière logique d'opérer, qui montre que l'acheteur
n'avait pas *in veritate* un droit pur et simple, devait être celle de
Paul. Sa solution de la loi 9, *de aqua et aquæ*, D., l'y contraignait. Elle n'était pas celle d'Hermogénien. Ce dernier jurisconsulte compte bien dans l'actif du défunt les objets qui lui
appartiennent sous condition suspensive (§ 2); il ne compte pas
les objets qui lui appartiennent sous condition résolutoire (*principium*).

Cujas (27) semble ne pas voir de contradiction entre la solution
du *principium* et celle du § 2. Le *statuliber* ne compte pas, dit-il,
parce que la propriété de l'héritier sur lui est incertaine, n'est
pas permanente. — Je le veux bien. Mais alors, pourquoi ne
pas reconnaître que la propriété du fonds vendu avec *addictio
in diem* ou *lex commissoria* est pour le moins aussi incertaine aux

mains du vendeur? — Ce n'est qu'au point de vue de la falcidie que le fonds *addictus* fait nombre parmi les biens du vendeur! — Cette réponse d'Accurse est reproduite et approuvée par Cujas. Où Accurse a-t-il lu qu'au point de vue de la falcidie la propriété conditionnelle du vendeur sur le fonds *addictus*, propriété qui n'est pour lui qu'une espérance (28), fût plus solide, plus ferme que le droit de propriété pur, mais résoluble de l'héritier sur le *statuliber*? Si la propriété conditionnelle a tant d'énergie (§ 2), quelle force devrait avoir la propriété résoluble (*principium*)!

67. — *Troisième explication.* Les jurisconsultes romains, rencontrant dans le patrimoine d'un défunt des droits conditionnels, voulurent estimer cet élément d'actif malgré la difficulté de son appréciation : ils employèrent pour y arriver trois moyens.

Supposons pour un instant qu'il s'agisse d'une créance sous condition suspensive au profit du défunt. 1° Ou à forfait, on prend la valeur vénale du droit, et l'on opère sur la valeur vénale comme sur un droit pur et simple. 2° Ou l'on prend la valeur nominale, et, réputant la condition suspensive accomplie, on porte le droit à titre d'actif au débit de l'héritier. Celui-ci abandonne aux légataires une somme égale aux trois quarts du chiffre primitif; seulement, les légataires s'engagent par fidéjusseurs à rapporter ce qu'ils auraient reçu en trop, si la condition suspensive vient à défaillir. 3° Ou procédant toujours sur la valeur nominale, on répute la condition défaillie, et on ne la porte pas au débit de l'héritier; seulement, celui-ci s'engage par fidéjusseurs à en rapporter aux légataires les trois quarts, si la condition se réalise (29).

Or, la loi 38 suppose l'espèce suivante : je suis l'héritier d'une personne qui a légué à un esclave la liberté sous condition suspensive, et vendu avec une *lex commissoria* résolutoire un fonds de terre. Vis-à-vis des légataires, serai-je contraint d'additionner dans l'actif ces deux objets, l'esclave qui m'appartient sous condition résolutoire, le fonds qui m'appartient sous condition suspensive?

Non, quant à l'esclave; oui, quant au fonds. Ces deux solutions sont l'application littérale du second procédé de liquidation, indiqué par la loi 73, § 1 et 45, § 1 *ad leg falcid.* D., et préféré en pratique à celui du forfait. On répute accomplies les conditions suspensives. L'esclave est dès lors sorti du patrimoine et le fonds y est rentré. L'héritier a donc dans la masse le fonds que son auteur a vendu (§ 2), mais non l'esclave qui fictivement est libre *(principium)*.

Les légataires, au regard desquels la maison vendue compte comme actif au préjudice de l'héritier, garantiront par fidéjusseurs le rapport de ce qu'ils auraient reçu de trop, si la condition suspensive, c'est-à-dire ici l'anéantissement du droit de l'acheteur, venait à ne pas s'accomplir. A l'inverse, l'héritier devra garantir par fidéjusseurs le rapport des trois quarts de la valeur de l'esclave, si l'esclave, que l'on a considéré comme sorti de l'actif, ne devient pas libre par l'inaccomplissement de la condition suspensive et reste ainsi définitivement dans le patrimoine de l'héritier.

TITRE II.

La condition résolutoire ne s'accomplit pas.

68. — § I. En quoi consiste l'inaccomplissement de la condition résolutoire?

On comprend que je ne puis faire qu'une réponse générale. La résolubilité du droit cesse lorsque le fait résolutoire, tel que l'avait formulé la volonté de l'homme ou la loi, ne se produit pas, ou lorsqu'il se produit après le terme en dedans duquel il devait se réaliser.

69. — § II. Quels sont les effets de l'inaccomplissement de la condition résolutoire?

Tous les effets qui s'étaient produits provisoirement, alors que la condition était *in pendenti*, deviennent définitifs. *Deficiens solutica facit ut adjecta non fuisse videatur; manet prior contractus firmus ac stabilis, omni extinguendi spe sublata.* (1).

Quant aux prestations qui n'ont pas encore été effectuées, il faut les réaliser. Désormais le droit est pur et simple.

TITRE III.

La condition résolutoire s'accomplit.

—

CHAPITRE I.

COMMENT S'ACCOMPLIT LA RÉSOLUTION?

70. — Pour qu'il y ait résolution d'un droit, il faut : 1° l'existence du fait qui devait entraîner résolution ; 2° au cas de contestation, l'exercice de l'action résolutoire.

PREMIER ÉLÉMENT.

Existence du fait de résolution.

SECTION I.

71. — Il faut que le fait résolutoire se produise tel que l'avait précisé la volonté des parties ou la loi. Ainsi, la révocation d'une donation se réalisera lorsque le donataire se trouvera dans les termes de la loi 10, C., *de revoc. donat.;* la résolution du louage, lorsque le locataire sera resté deux ans sans payer; celle de la vente, avec clause commissoire, lorsqu'une fraction, même peu considérable du prix, restera due, etc....

SECTION II.

72. — Mais l'existence du fait résolutoire, à savoir, l'inaccomplissement des charges imposées, suffit-elle? ou faut-il de plus que le débiteur ait été par une interpellation sommé d'exécuter ses obligations?

73. — PREMIER CAS. Aucun terme n'avait été fixé pour l'exécution des charges.

74. — § I. *Une sommation est nécessaire* (1). — Toutefois, si l'exécution matérielle des charges convenues (*v. g.* : réparation de maison, alors que cette réparation est la condition de l'aliénation du droit résoluble) ne peut se faire en un moment, alors il y a un terme tacitement concédé. Dans ce cas, la sommation ne peut-elle être faite qu'après l'expiration de ce délai, ou le créancier peut-il au contraire interpeller le débiteur qui ne se met pas en voie d'exécuter, et faire résoudre, alors même que le délai tacite ne serait pas écoulé, mais qu'il serait dès à présent certain que le délai restant sera désormais insuffisant? Fidèles à leurs solutions sur un point analogue, Celse (2) et Marcellus (3) devaient tenir pour le premier parti, Ulpien (4) pour le second. L'opinion d'Ulpien est préférable. Le débiteur, surtout dans un contrat de bonne foi, ne peut bénéficier d'une convention dont il rend la résolution inévitable par sa propre inaction.

75. — § II. *Le titulaire du droit résoluble peut, à l'effet d'empêcher la résolution, purger sa demeure,* en accomplissant les charges convenues. Cujas, argumentant de la loi 84 *de verb. oblig.* D., débris oublié d'une controverse que nous a révélée la découverte de Gaïus (IV, § 114), soutient que le débiteur peut purger jusqu'à la *litis contestatio* (5). Il nous paraît plus sûr de n'accorder au débiteur qu'un *modicum tempus* (6) arbitré par le juge. Le débiteur, sommé d'exécuter, doit se hâter : la bonne foi le commande. Dans un contrat de droit strict, je lui permettrais plus volontiers de prendre son temps, bien qu'au premier abord cela puisse sembler singulier (137, § 3, *de verb. oblig.*) : le débiteur a promis de faire sans limiter le délai; or, on supplée difficilement les clauses omises dans des contrats de cette nature.

76. — Deuxième cas. Un délai avait été fixé pour l'exécution des charges.

77. — § 1. *L'expiration du délai vaut interpellation.* — Cette solution est expressément applicable à la commise de l'emphytéose (7) et à la clause commissoire de la vente (8). Au cas de clause commissoire, une interpellation, c'est-à-dire une demande extra-judiciaire, serait même illégale ou périlleuse. Avant terme, elle serait illégale; qui a terme ne doit être inquiété; après terme, elle serait périlleuse, elle entraînerait renonciation à l'action résolutoire. Ce motif, donné par Favre (9), est critiqué par Cujas, qui lui reproche de confondre l'interpellation avec la demande en justice. Cette dernière seule vaudrait renonciation à l'action résolutoire.

Il est en effet incontesté que la demande judiciaire du prix entraîne renonciation à l'action résolutoire (10).

78. — Mais la demande extra-judiciaire, l'interpellation a-t-elle le même effet? La difficulté roule sur le point de savoir le sens technique du mot *petitio* employé par les textes.

Je crois que dans le principe les jurisconsultes Romains n'étaient pas d'accord. *

Si l'interpellation entraîne renonciation, il est clair qu'elle ne pourra être exigée comme un préliminaire de l'action résolutoire. Or, tandis que Marcellus d'une part recommande l'interpellation, Ulpien de l'autre la prohibe (11). De plus, deux textes emploient le mot litigieux : *petitio*, avec des conclusions différentes. Paul (12), avec une certaine défiance (*dicebam posse magis*), ouvre l'avis, d'ailleurs rejeté par l'empereur, que les *denuntiationes* ou interpellations, c'est-à-dire, d'après sa propre traduction, la *petitio pretii*, pourraient être considérées comme valant renonciation à l'action résolutoire, tandis qu'Hermogénien voit dans la *petitio* une renonciation décisive (13).

Qu'on ne dise pas que dans la loi 38, *de minoribus*, D., il y a eu dénonciation et séparément demande en justice. C'est un principe trop connu que la demande judiciaire du prix fait tomber la clause résolutoire pour qu'il ait pu être violé dans l'espèce de la loi 38, et pour qu'un empereur, alors qu'il voulait précisément anéantir le pacte résolutoire réalisé après *petitio*, ait négligé d'invoquer une déchéance aussi énergique que celle qui fût résultée d'une demande judiciaire du prix.

79. — Il est donc établi que la *denuntiatio* ou interpellation peut comprendre la *petitio* amiable, et qu'il y avait controverse sur l'effet de l'*interpellatio* ou *petitio pretii*. Favre peut donc s'appuyer sur l'opinion d'Ulpien et sur la thèse que soutenait Paul ;

---

* Une difficulté semblable n'avait-elle pas surgi en matière de *nauticum fœnus?* Confer l'avis des Proculéiens, 2 *de naut.. fœn.* D., et celui des Sabiniens, 23 *d; obl. et act.* D.

Cujas au contraire, sur la solution de Marcellus et le rejet que l'empereur fit de l'avis de Paul.

Ce qui atteste mieux encore l'existence d'un débat prolongé sur tous ces points, est la constitution par laquelle Justinien le termine, et décide que dans toutes les stipulations pénales à jour fixe, la peine serait encourue sans mise en demeure (14). Le débiteur doit garder le souvenir de ses engagements, et n'a pas le droit d'exiger de son cocontractant que celui-ci les lui rappelle. Cette décision s'applique à l'emphytéose (15).

80. — Faut-il la généraliser pour toutes les résolutions que produit l'inexécution des charges? Ceux qui pensent que la maxime : *Dies interpellat pro homine*, était admise en droit romain, adoptent l'affirmative.

J'accepterai la même solution, qui est, je crois, indépendante de la maxime : *Dies interpellat*. Ne pourrait-on pas, en effet, en dehors des analogies puissantes de la clause commissoire et de l'emphytéose, argumenter du motif de Favre? La sommation a pour but moins d'avertir le débiteur que le stimuler en paiement; aussi la sommation doit-elle être faite *opportuno loco*. S'il en est ainsi, la sommation qui aurait pour but de provoquer à l'exécution des charges ne peut être exigée. Certains jurisconsultes romains y auraient vu une renonciation tacite au bénéfice de l'action résolutoire (16).

81. — § II. *Le titulaire du droit résoluble ne peut par une purgatio courrir la résolution.* — L'exécution tardive des charges n'empêche pas le fait résolutoire de s'être produit. *Licet postea offeratur, attamen semper verum est intra Kalendas non datum esse* (17). Un droit est désormais acquis au créancier.

82. — On ne peut s'empêcher de remarquer avec quelle rigueur le droit romain interprète la réalisation du fait résolutoire. Entraîné par une idée d'équité, Cujas a voulu lutter contre cette sévérité des textes, en argumentant du principe : *omnia judicia sunt absolutiora*, et décider que la commise du droit résoluble s'effaçait si le débiteur, même au cours de l'instance, faisait offre de la *pœna* et des dommages-intérêts.

Le principe invoqué veut dire que l'acquiescement aux prétentions du demandeur entraîne absolution du défendeur. Or, ici,

dès que la *litis contestatio* est intervenue, le demandeur prétend
que le droit du défendeur est résolu; celui-ci, par son acquiescement, ne pourrait que confirmer la résolution de son droit. En
quoi purgerait-il sa demeure, c'est-à-dire effacerait-il la commise,
alors qu'il y consent? L'argumentation de Cujas nous paraît donc
mal procéder. Il est vrai qu'il ajoute : la commise s'efface si le
débiteur fait des offres et que le demandeur les accepte. Mais
alors la *purgatio moræ* résulte de la convention des parties et non
plus de l'acquiescement unilatéral du défendeur. Dans tous les
cas, le principe *judicia sunt absolutiora* n'est pas en jeu.

DEUXIÈME ÉLÉMENT.

Exercice de l'action résolutoire.

83. — J'examinerai : 1º Qui peut intenter l'action et contre
qui? 2º Quelle est la nature de l'action? 3º Quelles fins de non-recevoir le défendeur peut soulever contre l'action?

SECTION I.

Qui peut intenter l'action et contre qui?

84. — § I. Pour intenter l'action, il faut : 1º avoir qualité,
2º et vouloir user de la résolution.

1º L'action résolutoire peut être exercée activement par la
partie qui bénéficiera de la résolution, et après sa mort par ses
héritiers (18).

Toutefois, une règle spéciale fut introduite dans la théorie de
la révocation des donations pour ingratitude (19). Les héritiers
du donateur, qui n'a pas au moins manifesté l'intention d'exercer
l'action résolutoire pour ingratitude, ne peuvent l'intenter (20).

Justinien, en absorbant la révocation des libéralités pour inexécution des charges dans la révocation pour ingratitude, conduit à
un résultat injuste. Si je donne à Primus, à condition qu'il réalisera à mon profit une certaine prestation et que je vienne à mou-

rir, mes héritiers, alors même que le donataire n'aurait pas accompli les charges, ne pourront faire tomber la donation.

Était-il du moins possible de tourner par un biais le texte trop précis de la loi 10 C. *de revoc. donat?* Les héritiers n'auraient-ils pas pu soutenir qu'une donation avec charges se résume en un contrat *do ut des vel ut facias,* et alors venir exercer la *condictio ob rem dati, re non secuta,* protectrice des contrats innommés et certainement transmissible (21) aux héritiers? C'est en invoquant ce moyen, qui nous paraît très-soutenable, que l'école du xvi⁰ siècle, et Doneau notamment (22), ramenèrent au vrai sentier la doctrine, et distinguèrent la révocation pour ingratitude de la résolution pour inexécution de charges.

85. — 2º La résolution n'existe pas sans être demandée. Celui au profit duquel elle intervient peut donc ne pas la provoquer si bon lui semble (23). Le créancier des charges imposées peut, s'il le préfère, maintenir le contrat; sans quoi le débiteur auquel le marché ne conviendrait plus aurait pu, en n'exécutant pas ses obligations, se débarrasser des liens du contrat, et dans la vente notamment se dispenser de payer le prix d'une chose qui était à ses risques (24).

86. — § II. On peut intenter l'action contre le titulaire du droit résoluble et contre ses héritiers. Tel est le principe.

Mais ici encore se reproduit l'exception malheureuse que Justinien a créée en cette matière. La révocation des donations pour ingratitude ne peut être demandée contre les héritiers du donataire. Un texte formel pour les donations de la mère à ses enfants (25), la généralité des termes de la constitution de Justinien pour tous les autres cas (26), démontrent l'exactitude de cette solution.

Quant à la révocation des donations pour inexécution des charges, je ne pourrai que répéter ce que j'ai dit, quant au côté actif, dans mon § I.

87. — § III. Peut-on en dernier lieu invoquer la résolution contre d'autres que les parties et leurs héritiers, en un mot, contre les tiers?

Cette question dépend de la nature de l'action qu'exercera le créancier des charges imposées. (*Infra,* nº 88.)

SECTION II.

Quelle est la nature de l'action?

88. — J'aborde ici le point le plus controversé de tout mon sujet. Aussi, pour l'exposer nettement, vais-je plus particulièrement examiner l'hypothèse de la vente résoluble pour défaut de paiement.

La question est celle-ci : le fait résolutoire s'est produit; le vendeur veut en argumenter; quelle action peut-il exercer?

La difficulté du problème tient à ce que les textes donnent dans les mêmes cas les actions *venditi, præscriptis verbis et in rem.* J'établis d'abord l'interprétation qui me paraît la meilleure. Je procéderai ensuite à la critique des autres explications proposées.

INTERPRÉTATION A LAQUELLE JE ME RATTACHE:

(Système de M. Pellat, modifié en trois points.)

89. — Je distingue deux groupes principaux de jurisconsultes.

PREMIER GROUPE (1re théorie).

90. — § I. *Principe.* — Le pacte résolutoire n'affecte pas dans sa durée le droit même qu'on aliène, car un droit, une fois conféré, est perpétuel.

91. — *Conséquence.* Le vendeur, ancien aliénateur du droit résolu, n'a qu'une action personnelle pour se le faire retransférer par l'acheteur au moyen d'une mancipation, d'une *cessio in jure* ou d'une tradition. Le vendeur ne redevient pas *ipso jure* propriétaire de sa chose, il n'est plus que créancier en restitution. Par quelle action contraignait-il l'acheteur à cette retranslation du droit?

Avant Auguste, il devait user de l'action même du contrat, c'est-à-dire de l'action *venditi.*

Mais quand sous Auguste les écoles Sabinienne et Proculéienne se formèrent, elles se rencontrèrent sur cette question et lui donnèrent des solutions différentes.

92. — § II. *Solutions.* — Les deux écoles sont d'accord sur un point, c'est que le vendeur n'a qu'une action personnelle.

Elles se séparent sur le point de savoir quelle est cette action.

93. — 1° ÉCOLE PROCULÉIENNE. La vente tombe. Il n'y a plus ni vendeur, ni acheteur. L'action *venditi* ne peut donc être donnée dans ce cas. Il est illogique, absurde (27), de prendre pour anéantir un contrat l'action destinée à le faire exécuter. Le vendeur agira par l'action *prescriptis verbis* dont la *demonstratio* pouvait se plier à ce nouveau *negotium* (28).

On justifie d'ordinaire le choix de l'école Proculéienne en disant que, dans son amour pour les innovations, elle voulut user ici de l'action qu'elle avait créée. Il me semble qu'on ne creuse pas assez la pensée des Proculéiens. Leur choix était raisonné. Le vendeur qui a livré une chose pour que, à un certain moment, elle lui soit restituée si tel fait arrive, semble avoir placé l'acheteur dans les liens d'un contrat innommé, sinon *do ut des*, du moins *do ut reddas* (29).

94. — 2° ÉCOLE SABINIENNE. Les Sabiniens, par rivalité de doctrine, ne voulurent pas employer l'action proculéienne. Ils l'attaquèrent même, et défendirent la légalité de l'action *venditi* par des raisons générales et par des motifs purement sabiniens.

95. — *Raisons générales.* 1° De ce que les parties ont dit qu'à défaut de paiement au jour fixé la *res* serait *inempta*, il ne résulte pas que le contrat tout entier tombe. Il faut interroger moins les mots que la volonté des parties. Les obligations du vendeur sont anéanties, mais l'acheteur ne peut trouver dans sa faute l'exemption de celles qu'il a contractées. L'action *venditi* peut donc être intentée (30). — Si c'était là la raison qui entraînait les Sabiniens, ils devaient en tirer la conséquence suivante : la vente avec *lex commissoria* est un contrat synallagmatique avec promesse unilatérale de restitution de l'objet vendu. Grâce à une telle formule, on explique aisément les résultats rigoureux envers l'acheteur des résolutions pour inexécution des charges. Mais au cas de résolution par *addictio in diem*, le vendeur peut encore user de l'action *venditi* (31); or, il est incontestable que dans cette hypothèse le

contrat est anéanti *utrinque*. Le motif donné par Pomponius n'est donc pas général. Javolenus reconnaît d'ailleurs qu'à proprement parler il n'y a pas de vente (32).

2° Alors même qu'on ne reconnaîtrait pas la persistance des obligations de l'acheteur, on ne saurait en tirer la conclusion que l'action *venditi* n'est pas admissible. Elle est en effet souvent donnée, alors que la vente n'a jamais été valable (33).

3° Un pacte passé *in continenti* forme corps avec le contrat, et est garanti par l'action du contrat si celui-ci est de bonne foi, *format ipsam actionem* (34).

96. — Mais si en résolvant la vente on exécute le pacte adjoint, il est du moins impossible de soutenir qu'on exécute la vente elle-même. Il y aurait contradiction dans les deux termes de la proposition. Certains romanistes ont pourtant prétendu justifier ainsi l'emploi de l'action *venditi* dans les résolutions pour inexécution de charges.

Lorsque je vends à condition que l'acheteur fera tel travail, la considération du travail à réaliser m'a conduit à demander un moindre prix en argent. L'exécution de la charge a donc été une partie du prix de ma chose, et j'ai le droit de l'exiger par l'action *venditi* (35). Maintenant que la charge imposée entraîne résolution du contrat, au cas où elle ne serait pas exécutée, cela importe peu. En contraignant à l'exécution de la charge, je maintiens la convention; j'ai donc droit à l'action *venditi*. Seulement, par un effet de conséquence, il arrive souvent que la vente est rescindée. mais je ne la rescinde pas. *Resolutio evenit per consequentiam* (36). — Ainsi, l'action *venditi* aurait pour but le maintien, pour effet l'anéantissement du contrat, et il ne faudrait voir là rien que de naturel! Sans doute, la charge imposée est une portion du prix; mais alors, demandez l'exécution du contrat si vous voulez user de l'action *venditi*, et non sa résolution!

97. — *Motif purement Sabinien*. L'échange était un contrat qui était entré, malgré la résistance des Sabiniens, dans la liste du droit civil. Aussi s'obstinaient-ils, *quoniam vicina emptioni permutatio* (37), à donner à l'échange les actions de la vente. Ils devaient donc, pour être logiques, donner l'action *ex vendito* pour résoudre le contrat; car c'était par l'action *ex vendito* qu'ils sanc-

tionnaient les relations contractuelles innommées, voisines de la vente. Or au fond, je l'ai déjà dit, le titulaire du droit résoluble est obligé à le restituer parce qu'il l'a reçu, *re tantum* (38). Il est vrai qu'il n'y a pas échange, car c'est la même chose que le débiteur rend, mais un pacte semblable à l'échange.

98. — Laquelle de ces deux écoles finit par l'emporter?

Des rescrits de Sévère et d'Antonin donnèrent (39) la préférence à l'action *venditi*. Toutefois, un rescrit formel d'Alexandre Sévère, à propos du réméré, il est vrai, accorda au choix l'action *venditi* ou l'action *præscriptis verbis*. Paul enseigne, quant à la vente à l'essai, la même doctrine (40). Il n'y eut donc triomphe exclusif ni de l'opinion sabinienne, ni de l'opinion proculéienne.

99. — § III. *Intérêt des solutions.* — Ces solutions différentes indiquées, il me reste à rechercher l'intérêt qu'il y avait à adopter les unes ou les autres.

100. — Il n'y a aucun intérêt pratique à prendre l'action *venditi* plutôt que l'action *præscriptis verbis*. Entre les Sabiniens et les Proculéiens, tout se réduisait donc à une joute purement théorique.

101. — Mais, — et cette question est bien autrement grave, elle est d'ailleurs bien plus générale, — quel intérêt le vendeur avait-il à obtenir l'action *venditi* (ou *præscriptis verbis*) résolutoire, alors qu'il avait, de l'aveu de tous, l'action *venditi* pour contraindre l'acheteur au paiement? La condamnation du défendeur ne sera-t-elle pas toujours pécuniaire?

102. — **A.** Je ne compare en premier lieu que l'action *venditi* ordinaire, et l'action *venditi* résolutoire.

103. — Premier intérêt. L'action *venditi* ordinaire tend au paiement du prix conventionnellement déterminé. L'action *venditi* résolutoire fait obtenir l'intérêt que le vendeur peut avoir à la restitution de l'objet vendu. Or, l'objet vendu a quelquefois une valeur supérieure au prix. Si même l'acheteur a dans les mains l'objet et refuse de le restituer, les dommages-intérêts seront fixés sur le *jusjurandum in litem* du vendeur; car il y a dol de la part de l'acheteur à ne point payer et à garder l'objet.

104. — Deuxième intérêt. L'action *venditi* ordinaire est une action de bonne foi; l'action *venditi* résolutoire est arbitraire,

pour peu que l'acheteur détienne l'objet vendu. La restitution ne pouvant être exigée de celui qui ne possède pas, le préteur *in jure* n'insèrera pas dans la formule de l'action la clause *nisi restituat* qui la rendrait arbitraire. Si dans les autres actions personnelles arbitraires on ne distingue pas suivant que le défendeur possède ou ne possède pas, c'est qu'à raison de son dol ou de ses violences, qui ne sont qu'un dol qualifié, le défendeur est toujours considéré comme possédant.

105. — Ce second intérêt sera sans doute contesté. Il faut donc que je l'établisse par une démonstration spéciale.

106. — I. Tout d'abord, une fin de non-recevoir m'est opposée : une même action ne peut être de bonne foi et arbitraire (41).

Je nie la base même de l'objection qui m'est faite.

1º La pétition d'hérédité, à certains égards de bonne foi (42), est arbitraire (43);

2º L'action *depositi*, qui est de bonne foi, est arbitraire (44). Gaius nous donne la formule de l'action *depositi in jus* (45). Au milieu de la *condemnatio* se trouvent, dans plusieurs manuscrits, les lettres N. R., qui signifient évidemment *nisi restituat*. Le titre *depositi vel contra*, au Digeste, renferme, en effet, « des allusions littérales à la rédaction de la formule (*nec debere absolvi, nisi restituat* (46); *condemnandum te nisi restituas*) (47), d'autant plus remarquables qu'elles établissent l'insertion de ces mots dans la *condemnatio* (48). » Enfin, ce qui enlève pour moi tous les doutes, c'est la manière dont est formulée l'action *in factum depositi : si paret..... neque redditam esse* (49). Ces mots ne reproduisent-ils pas la possibilité pour le dépositaire d'échapper à la condamnation par une restitution de l'objet? — Qu'on ne m'objecte pas que ces mots sont insérés dans l'*intentio;* et que c'était dans la *condemnatio* qu'on eût dû les trouver, si l'action *depositi* pouvait être arbitraire. Cicéron nous a conservé le texte de la revendication intentée *per formulam petitoriam*. La clause *neque restituatur fundus* est également placée dans l'*intentio* (50). Il en est de même à l'égard de l'action *quod metus causa* (51). — Qu'on ne dise pas non plus que les mots *neque redditam esse* indiquent tout simplement que le déposant, pour triompher, doit n'être pas, antérieurement à l'action, rentré en possession de l'objet déposé (52). Cela est incontestable. Mais il est de principe que la formule traduit les prétentions des parties. Or, si le fait du dépôt doit être allégué dans l'*intentio* et prouvé par le demandeur déposant, dont il fonde la créance, le fait de la non-restitution ne doit être ni allégué dans l'*intentio* du demandeur, ni prouvé par lui, car un créancier n'a jamais à prouver par provision l'inexistence des modes réguliers d'extinction de son droit. Le fait de la restitution incombe, quant à sa preuve, au défendeur qui l'allègue; et même, à ce point de vue, il ne doit pas être formulé dans une action; son appréciation y est comprise *ipso jure*. L'insertion de la clause *neque redditam esse* ne peut avoir d'autre conséquence que de communiquer à l'action le caractère d'action arbitraire. — La question est oiseuse, peut-on encore me dire. Le déposant n'a qu'à prendre la revendication, action certainement arbitraire. Mais on oublie qu'il n'est pas nécessaire d'être propriétaire pour déposer, pas plus que pour prêter à titre d'usage ou pour louer. Il est un autre motif qui confirmerait ma solution relativement aux actions *depositi et commodati*. Le commodataire et le dépositaire, qui ont perdu même par dol l'objet qui leur avait été confié, ont le droit de se faire céder les actions du commodant et du déposant (53). Cette dérogation aux règles ordinaires explique qu'on ait réservé dans ces deux cas aux créanciers le droit de se faire restituer, *arbitrio judicis*, la chose que le débiteur essaie peut-être de dérober à leurs recherches, et sur laquelle ils vont, par la cession forcée de leurs actions, perdre tout droit ultérieur.

Il est donc établi qu'une action de bonne foi peut être arbitraire.

107. — II. Mais reste à savoir si l'action *venditi* résolutoire est arbitraire.

Première preuve. — Il est certain que nous n'avons pas la liste complète ni limitative (54) des actions arbitraires. Quel est maintenant le signe distinctif de ces actions? Si l'on examine celles que nous citent les textes, on verra qu'elles tendent à une exhibition ou à une restitution (55). Aussi, en se fondant sur cette donnée, les jurisconsultes d'Outre-Rhin, Zimmern (56), de Savigny (57), n'ont-ils pas hésité à qualifier d'arbitraires les actions *directa depositi, commodati, locati* (lorsqu'elle est exercée pour se faire rendre la chose louée), *pigneratitia*. Or, l'action *venditi* résolutoire ayant pour but de faire recouvrer au vendeur la possession d'une chose déterminée, doit être arbitraire.

On opposera à mes conclusions l'affirmation contraire et textuelle de celui même dont j'adopte le principe. Savigny (58) dit en effet que l'*arbitraria formula* n'est jamais appliquée à l'action *venditi*, « parce que la fin de cette action n'est pas de rétablir un état de choses antérieur, mais d'en créer un nouveau. » L'explication qu'il donne lui-même de sa solution montre qu'il n'avait en vue que l'action *venditi* tendant au paiement du prix, et non l'action *venditi* résolutoire, car celle-ci a précisément pour but de rétablir un état de choses antérieur.

Ses arguments de textes n'ont pas plus de valeur. Il y a lien intime, dit-il, entre le *jusjurandum in litem* et les actions arbitraires. Or, le *jusjurandum* n'est jamais admis dans l'action *venditi* (59). On peut vérifier que tous les textes par lui cités n'ont trait qu'à l'action *venditi* ordinaire, aucun à l'action *venditi* résolutoire. On ne peut donc argumenter contre moi de l'opinion de M. de Savigny (60).

Deuxième preuve. — La rédhibition de la vente l'efface (61); et il est difficile de ne pas classer l'action rédhibitoire parmi les actions arbitraires (62), quand les textes en rappellent dans leurs derniers détails tous les caractères : la *pronuntiatio* distincte de la condamnation (63), et l'absolution au cas de restitution par le vendeur après l'action intentée (64). Or, l'effet de la résolution de la vente étant le même que celui de la rédhibition (65), il est permis d'attribuer une même nature à l'action rédhibitoire et à l'action *venditi* résolutoire.

Troisième preuve. — Plusieurs clauses résolutoires portent qu'au cas où il n'y aurait pas paiement le fonds reviendra au vendeur, *redeat, revertatur*. A quoi bon ces expressions significatives, ce me semble, si elles n'aboutissent qu'à une condamnation pécuniaire, pour peu que l'acheteur le veuille?

Quatrième preuve. — Si l'on admet avec nous que l'action *venditi* résolutoire est arbitraire, on s'explique les rescrits si obscurs et si controversés qui forment au Code les lois 3 et 4 du titre *de pactis inter venditorem et emptorem.* Ils ne sont plus contradictoires.

Et en effet, de deux choses l'une : ou le vendeur avec clause commissoire a livré à l'acheteur, ou il ne lui a pas livré l'objet vendu.

Au premier cas, le vendeur impayé peut choisir entre l'action *venditi* tendant au palement du prix (*petitio pretii*), et l'action *venditi* résolutoire tendant à restitution de l'objet vendu (*vindicatio rei*). Seulement, s'il prend la première, il se rend non recevable à intenter plus tard la seconde. Je dis maintenant que c'est l'espèce de la loi 4, et que l'acheteur a été livré. Ce qui me le démontre, c'est que la loi ouvre au vendeur la possibilité d'intenter l'action *venditi* résolutoire arbitraire, tendant à restitution, *vindicationem rei.*

On m'objectera peut-être que, dans la langue technique du droit romain, l'expression dont j'argumente, *vindicatio rei,* veut dire action réelle en revendication, et ne peut signifier l'action *venditi* personnelle tendant à reprise de l'objet vendu. — N'exagérons rien : nous étudions un texte du Code. La terminologie juridique y est rarement précise. La *vindicatio* désigne d'ailleurs souvent une simple action personnelle (66). Cette impropriété de langage est d'autant plus probable que le même rescrit contient une seconde inexactitude d'une nature identique. L'action personnelle tendant au palement des intérêts du prix y est qualifiée de *petitio,* alors que ce mot indique techniquement une action réelle (67).

Au second cas, c'est-à-dire si le vendeur n'a pas livré à l'acheteur la chose vendue, *si non precariam possessionem tradidit,* s'il ne lui a pas transmis cette possession intérimaire, quelque fragile qu'elle soit (68), il ne peut, à raison du non-palement, intenter l'action *venditi* résolutoire arbitraire tendant à reprise de la chose, *vindicationem rei,* mais seulement l'action *venditi* tendant au palement du prix, ou l'action *venditi* résolutoire non arbitraire tendant à l'anéantissement du contrat. Et c'est là la décision de la loi 3 qui, comme la loi 4, suppose la *lex commissoria* consentie sous forme de condition résolutoire.

Mais, va-t-on me dire, quelle était la raison de douter? — Le vendeur faisait sans doute le raisonnement suivant : je veux agir en résolution du contrat. Or, l'action résolutoire est arbitraire, car elle tend d'ordinaire à restitution de l'objet vendu. Dans mon espèce, qui est celle de la loi 3, il n'y a pas eu en fait livraison. L'action résolutoire gardera-t-elle cependant sa nature habituelle, légale d'action arbitraire? Il pose la question à l'empereur, qui lui répond : vous aurez l'action *venditi* résolutoire en vertu du pacte, toutefois elle ne sera pas arbitraire. *Non rei rindicationem habet, sed actionem ex vendito.*

Maintenant, quel intérêt le vendeur avait-il à soulever cette difficulté théorique? Il me semble que le vendeur avait avantage à prendre l'action *venditi* résolutoire non arbitraire plutôt que l'action *venditi* résolutoire arbitraire, parce que le procès était simplifié. Le vendeur exerçait-il la première de ces deux formes d'actions? L'*arbiter* n'avait pas de *pronuntiatio* préalable et distincte à faire; il était dispensé d'un *jussus* forcément inutile. Le défendeur n'essayait pas, pour gagner du temps, de se faire concéder le délai que dans l'usage on obtenait, lorsqu'on se prétendait prêt à opérer la restitution arbitrée. Le défendeur était condamné ou absous dès que le demandeur avait prouvé le fait du non-paiement. La procédure était donc plus rapide.

Telle est l'explication que j'ose présenter pour l'intelligence de ces deux rescrits. Émanés du même empereur, rapprochés l'un de l'autre par Tribonien, il est bien difficile de les croire inconciliables; je me réserve toutefois d'indiquer bientôt les interprétations différentes auxquelles cette difficulté a donné lieu.

108. — Je conclus : l'action *venditi* résolutoire est arbitraire lorsque l'acheteur possède; et, grâce à cet intérêt, je comprends l'emploi si fréquent à Rome du pacte commissoire, pacte dont l'utilité serait bien modeste s'il n'avait pour conséquence de rendre le plus souvent arbitraire l'action *venditi*.

109. — **B.** Je me pose maintenant la même question pour l'action *præscriptis verbis* résolutoire. Quel intérêt y avait-il à l'exercer plutôt que l'action *venditi* tendant au paiement du prix? Je ne puis que répéter les solutions que j'ai indiquées relativement à l'action *venditi* résolutoire.

Il y avait un double intérêt : 1° quant au *quantum* de la condamnation pécuniaire (*supra*); 2° quant à la nature de l'action (*supra*). L'action *præscriptis verbis* a le même but que l'action *ven-*

diti résolutoire; elle tend à une restitution. Donc elle est arbitraire. Si elle n'avait pas eu des qualités identiques à celles de l'action *renditi*, il est impossible que, dans la lutte des deux écoles, un texte ne nous eût pas révélé ou fait soupçonner l'intérêt pratique de ces vives controverses. Or, le Digeste est muet sur ce point.

110. — Des circonstances spéciales fortifient même, quant à l'action *præscriptis verbis*, la thèse que je soutiens. Le § 28 des Institutes de Justinien (*de actionibus*) n'énumère parmi les actions de bonne foi que l'action *præscriptis verbis de æstimato auf ex permutatione*. D'où les commentateurs se sont demandé quelle était la nature de l'action *præscriptis verbis* en dehors de ces deux cas qui semblent limitativement déterminés.

Vinnius (69) pense qu'elle est de droit strict. Je n'adopte pas cette solution. Je remarque 1° que l'action *prescriptis verbis* dans l'échange garantit l'exécution du pacte; que, dans le contrat estimatoire, sa fin la plus naturelle est de faire payer le prix, moyennant lequel l'*accipiens* a pu vendre; 2° que dans les ventes ou les donations résolubles, au contraire, elle est exercée pour obtenir la restitution des objets aliénés; et je m'explique alors qu'à raison de cette application, qui la rend parfois arbitraire, elle ait été comprise d'une manière restreinte dans la liste des actions de bonne foi.

La loi 9 *prescr. verbis* favorise cette manière de voir. Je fais au profit de Primus *acceptilatio* d'une obligation verbale, à condition qu'il me déléguera son débiteur Titius. Il n'accomplit pas cette délégation; j'intente contre lui l'action *prescriptis verbis*. L'obligation primitive, éteinte *ipso jure* par *acceptilatio*, ne sera pas rétablie *officio judicis*. La question se soulève donc! Le jurisconsulte se demande si l'*officium judicis* peut *rétablir* une situation antérieure. Il répond négativement : cela se conçoit si l'action *prescriptis verbis* est arbitraire; il s'agit là d'un obstacle de droit contre lequel est impuissante la *manus militaris*. Mais enfin il pose la question! Ce n'est pas tout..... la loi ajoute : *sed promissa præstabitur, aut condemnatio sequetur*. Primus devra s'exécuter, sinon la condamnation sera prononcée contre lui.

Si nos adversaires trouvaient un pareil texte appliqué à une action arbitraire, comme ils feraient remarquer la netteté de sa doctrine! cette condamnation du défendeur subordonnée non-seulement à la vérification de l'*intentio* du demandeur, mais encore à l'inexécution du *jussus* du *judex!* Ce rapprochement peut être fait; la loi 16 § 3 *de pignor. et hypoth.* D. présente avec notre loi 9 une analogie frappante d'expression.

111. — C. Une question analogue se présente au cas où le donateur veut révoquer la donation pour inexécution des charges. Les Proculéiens lui donnent l'action *prescriptis verbis*, les Sabiniens, la *condictio ob rem dati re non secuta*. Cette *condictio* tendant à restitution d. l'objet donné est-elle arbitraire?

Non, dira-t-on. 1° Aucune formule ne nous est restée qui fît allusion à ce pouvoir d'arbitrer *ex æquo et bono* la satisfaction due au demandeur; 2° la *condictio* est une action rigoureuse qui ne peut devenir arbitraire.

Je propose avec une certaine timidité l'affirmative. J'avance, en effet, une proposition si téméraire que plus d'un la condamnera peut-être avant de la juger. Voici mes réponses aux arguments de l'opinion opposée :

1° La *condictio* résolutoire arbitraire s'adapte merveilleusement aux textes du Digeste.

Je prends la loi 19 *de mortis causa donat.* D. de Julien. Cette loi suppose successivement trois hypothèses.

Première hypothèse. — Je donne à cause de mort à un fils de famille. Je veux révoquer. J'ai contre son père la *condictio sine causa de peculio.* Pas de difficulté.

Deuxième hypothèse. — Je prends le cas prévu par la fin de la loi. J'ai donné a cause de mort à Primus un objet qu'il a aliéné, *dedit.* Je condiceral non la chose, mais la valeur, *non rem, sed prætium.* Remarquons que Julien ne crée pas d'alternative. *Non rem.....* en effet, l'action ne sera pas arbitraire, par la très-bonne raison que le défendeur en fait ne possède pas. — On va m'accuser de mal traduire : *non rem, sed pretium* (70). *Res* signifierait là valeur, le *quanti interest;* et *pretium,* le prix. Je réponds : 1° de quel prix s'agit-il? La loi parle d'une *datio* sans indiquer que le donataire ait lui-même donné ou vendu. Or, il n'y aurait prix qu'au cas de revente. 2° Puis Paul, dans une espèce analogue (71), suppose que le donataire à cause de mort a affranchi l'esclave.

et dès lors, n'a retiré aucun prix; et cependant il déclare le donataire responsable du *pretium*, c'est-à-dire évidemment de la valeur, car ici il n'y a pas l'ombre d'un prix. 3° Enfin Ulpien (72) rapporte l'avis de Julien. Mon donataire a vendu. Je veux révoquer. J'ai la *condictio pretii*. Jusqu'ici la loi 19 et la loi 37 § 1, sont d'accord. Mais ce dernier texte ajoute que j'ai la *condictio pretii*, si je le préfère. — Je néglige un instant la phrase : si je le préfère.

Le texte continue : *alioquin et ipsum servum restituere compellitur*, ce que Savigny traduit par : autrement le donataire me devra la valeur de l'esclave. — Mais à quoi bon déterminer un *minimum* et un *maximum*, et ajouter : le créancier pourra *choisir* le *minimum?* D'ailleurs, je crois avoir prouvé par la loi 39 que *pretium* en cette matière veut dire valeur, de sorte que le premier membre du texte, permettant au demandeur d'exiger la valeur, ne peut être reproduit littéralement par le second.

Partant de là, voici comment je comprends la loi 37 § 1 : Ou le donataire a aliéné, action en paiement de la valeur, *pretii condictio*, — ou il n'a pas aliéné, *alioquin.....* condition arbitraire de la chose contre le donataire et restitution *manu militari*.

Cependant je ne rends pas compte de la clause : si je le préfère, *si donator elegerit;* avec mon explication, il n'y a pas d'alternative pour le donateur qui ne peut jamais demander que la valeur, pour peu qu'il y ait eu aliénation. Mon explication n'en est que plus plausible, car j'ai montré que Julien, dont la loi 37 § 1 prétend reproduire l'opinion, n'en admettait pas non plus dans notre espèce : le donateur condice *non rem, sed pretium* (73). Le *si donator elegerit* n'est donc pas de Julien, qui ne peut s'être contredit lui-même. Il est d'Ulpien. Cujas (74) attribue également cette phrase incidente à l'annotateur et non à Julien lui-même.

Mais comment l'expliquer dans l'opinion d'Ulpien? Ulpien n'écrit pas que le donateur choisira entre le prix *pretii condictionem*, et la valeur *alioquin et ipsum servum*. J'ai déjà indiqué pourquoi le membre *alioquin.....* ne peut faire allusion à la valeur. Mais dans le cas où le donataire a aliéné, Ulpien dit : le donateur pourra condicer la valeur *pretii condictionem* contre le donataire, s'il le préfère toutefois, car à mes yeux (75) il a une autre voie; qu'il prenne l'action *in rem* contre le tiers détenteur. Si maintenant le donataire n'a pas aliéné, *alioquin......*, condiction arbitraire contre le donataire, *sercum restituere compellitur.*

Troisième hypothèse. — Je reprends le passage que j'avais omis dans la loi 19. J'ai donné à un père de famille qui s'est adrogé; *res ipsa a donatore repetitur,* j'aurai l'action arbitraire en restitution de ma chose contre le fils de famille. Les actions arbitraires sont en effet délivrées contre les fils de famille possesseurs, parce qu'ils ont *facultatem restituendi,* et que, dans ce cas, la condamnation pécuniaire pouvant être écartée, le patrimoine du père n'est pas attaqué (76). On ne peut soutenir que si le fils de famille est poursuivi dans l'espèce, c'est par une action fictice *in personam,* dans laquelle sa *capitis deminutio* serait rescindée. Il n'y avait pas besoin de restitution, car il n'y avait pas eu extinction des obligations dont l'objet pouvait se trouver dans les mains du fils de famille, et dès lors être matériellement restitué par lui (77).

2° La *condictio* sera *incerti* dans notre cas. « Elle se rapprochera donc, sans cependant qu'il y ait similitude complète, de la nature libre des actions *bonæ fidei.* » (78) Or, j'ai soutenu, et je crois fermement que les *bonæ fidei actiones,* tendant à restitution, sont arbitraires.

Si la traduction de Savigny est exacte, il paraîtrait ne pas être éloigné de prêter à la *condictio* révocatoire des donations le caractère d'action arbitraire (79).

Il est d'ailleurs une réponse décisive à la prétendue incompatibilité de l'action de droit strict et de l'action arbitraire, c'est l'indication de l'action *de eo quod certo loco* (80), qui, de droit strict et avec une *intentio certa,* n'en est pas moins arbitraire.

112. — Il est donc établi que les diverses actions résolutoires *(venditi, præscriptis verbis, condictio ob rem dati re non secuta)* sont arbitraires lorsqu'elles sont dirigées contre l'acquéreur du droit résoluble possédant encore. Il en résulte que la restitution de la chose vendue ou donnée peut être effectuée *manu militari,* et qu'au cas d'une restitution complète l'acquéreur est absous.

113. — On nous objectera peut-être l'inutilité d'un *jussus* en

pareille matière : 1° parce que, la *manus militaris* n'était possible que depuis Ulpien, et les jurisconsultes à cette époque concédant en général l'action réelle, la question de savoir si l'action personnelle résolutoire est arbitraire ou non offre peu d'intérêt sérieux; 2° parce que l'exécution *manu militari* est, même depuis Ulpien, impossible dans notre action personnelle arbitraire, puisqu'il s'agit de lever ici un obstacle de droit et de retransférer le *dominium*.

114. — Je réponds d'abord à la première branche de l'objection : 1° L'opinion d'Ulpien et de Paul n'était pas unanimement suivie. Rien ne prouve que Papinien, par exemple, ait adopté ces doctrines. L'intérêt de la question subsiste donc pour tous ceux qui ne se rattachent pas à la seconde ou à la troisième théorie. 2° On admet en général aujourd'hui, surtout depuis la dissertation que nous devons à M. Pellat (81), que l'emploi de la *manus militaris* a été possible en droit romain pour la mise à exécution du *jussus*, à partir de l'époque d'Ulpien. Mais on hésite à faire dater de plus haut l'existence d'une telle disposition (82). Si ce doute se résolvait en une affirmation, l'intérêt pratique de la qualité arbitraire de l'action résolutoire deviendrait beaucoup plus sensible pour l'époque antérieure à Ulpien. Or, cette idée peut être soutenue. Le seul obstacle vraiment sérieux à cette extension de la doctrine de M. Pellat est le § 48 de Gaius (83). Est-il tellement explicite qu'il tranche tout débat? Je ne le crois pas. Que dit-il en effet? « Toute *condemnatio* aboutit à une estimation pécuniaire. » Je ne le nie pas. Mais est-ce là la question? S'agit-il de la *condemnatio?* Non, mais du *jussus;* or, Gaius n'en parle pas. Il continue : « Nous demandons un corps certain, comme un cheval, un esclave; *judex non ipsam rem condemnat eum cum quo actum est, sicut olim fieri solebat, sed æstimata re pecuniam eum condemnat.* Nous obtenons une condamnation pécuniaire et non une condamnation à la chose comme sous les actions de la loi. » Cette condamnation à la chose est un fait inexplicable, lorsqu'on se rappelle qu'on discutait devant le *judex*, sous les actions de la loi, la question de savoir si le *sacramentum* était ou non *justum*. Quoi qu'il en soit sous cette première période, toujours est-il que, du temps de Gaius, la condamnation porte sur une

somme d'argent. Mais, je le répète, l'exécution du *jussus manu mi-litari* ne contredit en rien cette règle qui se concilie très-bien avec elle, au moins sous Ulpien. Que Gaius n'indique pas expressément la possibilité d'une contrainte directe, je l'avoue et je le regrette. Indique-t-il mieux le caractère arbitraire de la revendication dans la formule qu'il nous a conservée (84)? Ce silence empêchera-t-il les interprètes de considérer la revendication comme arbitraire, même sous Gaius? Ailleurs, ses expressions trop concises (85) sont identiques à celles de Paul dans la loi 7 D. *de fidej.*; si la concision de Paul n'exclut pas la *manus militaris* (86) pour le temps d'Ulpien, pourquoi la concision de Gaius aurait-elle pour son époque un effet différent? Le *jussus* impératif du *judex* ne doit pas être un vain mot; et rejeter l'emploi de la *manus militaris*, alors que cet emploi est possible, c'est enlever au *jussus* son énergie et mutiler cette institution.

115. — Je réponds maintenant à la seconde branche de l'objection : le *jussus* du *judex* ne se heurte pas à un obstacle de droit, sans quoi la qualité arbitraire de l'action serait en effet stérile. Il ne s'agit pour l'aliénateur que de reprendre possession de l'objet donné ou vendu; rien de plus. Aussi ai-je pensé que l'action résolutoire n'était arbitraire que contre le défendeur possédant.

L'aliénateur réintégré par l'exercice de l'action arbitraire ne ressaisit pas contre le gré de l'acquéreur le *dominium;* mais je crois que le préteur lui transmet l'*in bonis;* et de même que dans l'hypothèse de la caution *damni infecti* un décret du préteur équivaut à un juste titre, de même ici le *jussus* du *judex* fournira une *justa causa usucapiendi*. Il ne faut pas s'étonner de ce résultat. Après la fiducie, dans laquelle le débiteur, qui a transmis le *dominium* à son créancier, peut, vraisemblablement sur un décret du préteur, usucaper même de mauvaise foi contre celui-ci, ne voyons-nous pas se produire le *pignus* dans lequel le débiteur *dominus,* reste propriétaire et revendique s'il paie, peut au contraire être dessaisi de la propriété s'il ne paie pas? Notre matière a subi des modifications analogues. Après la théorie des Sabiniens et des Proculéiens, la théorie d'Ulpien et de Paul. L'aliénateur, grâce à l'action arbitraire, reprenait certainement au moins l'*in bonis;* il recouvre bientôt, grâce à l'action réelle, le *dominium* lui-même.

116. — Et cela était nécessaire. Si la doctrine de l'action arbitraire était en effet protectrice de l'intérêt do l'aliénateur vis-à-vis de l'acquéreur primitif du droit encore en possession, elle le laissait désarmé : 1° contre les aliénations de propriété, 2° contre les constitutions d'hypothèques et de servitudes que le titulaire du droit résoluble pouvait consentir. Celui-ci avait même ce pouvoir dangereux de disposition non-seulement jusqu'à l'arrivée de la condition résolutoire, mais encore jusqu'à l'instant où, par une mancipation, une *cessio in jure* ou une tradition postérieure, il retransférait le droit à l'aliénateur.

J'ai admis que la rétrotradition de l'objet était pour lui obligatoire, pour peu qu'elle fût possible; mais, même avec cette garantie que l'on refuse d'ordinaire à l'aliénateur, la position de ce dernier était grosse de périls.

DEUXIÈME GROUPE (2e et 3e théories).

117. — § IV. *Principe* (2e théorie). — Le pacte résolutoire affecte directement dans sa durée le droit même qu'on aliène. La translation n'est que temporaire.

(3e théorie.) La résolution se réalisant, il n'y a jamais eu translation.

118. — *Conséquence.* Le vendeur est redevenu propriétaire par le seul fait de la condition résolutoire (2e théorie), et rétroactivement il est réputé l'avoir été du jour de la vente (3e théorie).

Le vendeur usera donc de l'action réelle. Je ne distingue pas entre les divers modes translatifs dont l'aliénateur aura pu se servir, tradition, *cessio in jure*, mancipation. Quelque solennels qu'ils soient, ils subissent tous une règle commune. Pour Ulpien, le mode a produit son effet; mais il ne le produit que *ad tempus* (87). Pour Paul, le mode, à raison de sa solennité, eût pu être embarrassant s'il avait existé; mais il est réputé n'avoir jamais été employé. Quels jurisconsultes et quels empereurs ont adopté cette solution ?

119. — § V. *Solutions.* — A. JURISCONSULTES. — Nous n'avons de preuves décisives qu'à l'égard de trois ou quatre. Mais je crois que l'opinion de ce second groupe tendait à se généraliser en droit romain (88).

1° *Marcellus* (2° théorie). — Ulpien rappelle dans la loi 4 § 3 *de in diem add.* D. une solution de Marcellus. Celui-ci décidait que, le fait résolutoire s'accomplissant, l'hypothèque consentie par l'acheteur tombait ; donc il accordait au vendeur une action réelle, car, au moyen d'une action personnelle même arbitraire, le vendeur n'aurait pu atteindre les tiers qui avaient traité avec l'acheteur.

2° *Cerbidius Scœvola* (2° théorie). — Dans la loi 8 *de lege comm.* D., ce jurisconsulte se demande, au cas où la résolution s'est produite : *An fundi a venditrice vindicari debeant ex conventione venditionis?* Et la réponse est affirmative.

Je pourrais peut-être soutenir que Scœvola ne donnait dans ce cas qu'une action personnelle (89) arbitraire, en reprise de la chose; d'autant plus qu'ici le débat se soulève entre l'acheteur et le vendeur, et que Scœvola est surtout habitué à poser des questions d'espèces. Or, entre les parties, l'action personnelle arbitraire et l'action réelle produisent les mêmes effets. Mais ce texte émane d'un jurisconsulte, non d'un empereur, et la langue des jurisconsultes romains est d'ordinaire trop exacte pour que nous admettions cette conclusion.

On dirait peut-être plus heureusement que Scœvola parlait dans cette loi d'une clause commissoire suspensive, ce qui expliquerait l'emploi de la *vindicatio.* — Il nous paraît résulter des termes de la loi 8 *de lege comm.*, et du texte de la loi 10 D. *de rescind. vendit.*, que Scœvola donnait au contraire le caractère de condition résolutoire à la *lex commissoria.* Dans la loi 10 on suppose, en effet, qu'il y a eu tradition en exécution du contrat.

On cite quelquefois un autre texte du même auteur, qui ne prouve rien : la loi 31 *de pignoribus* D. Le concessionnaire de *l'ager vectigalis* ne paie pas la prestation convenue; le *dominus* invoquera la résolution au moyen de la revendication. Il n'était pas possible d'en douter. Le concédant était resté *dominus ex jure Quiritium.*

3° *Ulpien* (2° théorie). — Toute la seconde théorie est connue sous le nom de théorie d'Ulpien. Il ne faut pas exagérer cette dénomination. Ulpien fut le promoteur le plus illustre, il ne fut pas le créateur de l'idée. Je vais plus loin : il ne fut pas le plus hardi dans la voie des innovations. Je vais bientôt montrer, en effet, les développements que Paul donna à ces doctrines. Peut-être l'adhésion de Paul eût-elle été moins docile à l'autorité personnelle et isolée d'Ulpien.

— Loi 41 *de rei vindic.* D. Après qu'une offre meilleure a été faite dans l'*addictio in diem*, l'acheteur ne peut plus exercer l'action réelle. Ulpien s'appropriait la décision de Marcellus sur l'anéantissement des hypothèques conférées par l'acheteur dont le droit intérimaire était résolu. Il armait donc le vendeur d'une action réelle (90).

— Loi 29 *de mortis causa donat* D. Le donateur à cause de mort, sous condition résolutoire au cas de prédécès du donataire, peut user de l'*actio in rem.* Ulpien est moins affirmatif dans cette loi que dans la loi 41 *de rei vindic.* Les autres jurisconsultes donnaient dans ce cas, les Sabiniens la *condictio ob rem dati*, les Proculéiens l'action *præscriptis verbis.*

— Un dernier texte démontre encore quelle était la théorie d'Ulpien ; c'est la loi 13 *pr. de pigner. act.* D. dont voici l'espèce : Primus doit cent à Secundus ; il lui donne un gage. Primus ne payant pas, Secundus vend le gage, mais insère dans le contrat de vente la clause que si le débiteur Primus rembourse l'acheteur de son prix de vente, Primus pourra reprendre le fonds.

Julien, Sabinien, enseignait que Primus contraindrait par l'action *pigneratitia directa* le créancier Secundus à lui céder l'action *venditi* contre l'acheteur, afin de pouvoir exercer le réméré. Mais Ulpien ajoute : le débiteur Primus pourra de son côté *vindicare rem aut in factum adversus emptorem agere.*

On prétend que ce texte n'établit en rien qu'Ulpien ait eu sur ce point une doctrine spéciale.

Première explication. — Le créancier gagiste n'a pu conférer la propriété quiritaire du gage à l'acheteur, car il n'était pas lui-même propriétaire du gage. Donc le débiteur gagiste peut *summo jure* revendiquer. Seulement l'acheteur paralysera par l'exception de dol cette revendication qui légalement procède.

Ce système a un point de départ inexact. Le créancier gagiste peut transférer le *dominium* à l'acheteur (91).

Deuxième explication. — L'objet donné en gage, dit Pothier (92), était une *res mancipi*. Pour en conférer le *dominium*, il faudrait que le créancier gagiste mancipât l'objet; or, cela lui est impossible. S'il peut transmettre le *dominium*, ce n'est que pour les *res nec mancipi*, car la tradition qu'il peut faire suffit, mais ne suffit que dans cette hypothèse pour rendre l'acheteur propriétaire quiritaire.

Où Pothier a-t-il vu que la chose donnée en gage dans cette loi fût *res mancipi?*

Je crois donc que dans la loi 13 *de pigner act.* Ulpien accordait au débiteur, alors que la condition résolutoire s'était réalisée, la revendication ou une action réelle *in factum,* celle que dans la loi 30 *de mortis causa donat* D. Il appelle *utilis.* Il ne s'agit pas de l'action *præscriptis verbis* qui est purement personnelle. Le débiteur n'a pas contracté avec l'acheteur.

4° *Paul* (3° théorie). — Pour qu'il y ait constitution valable d'une servitude sur le fonds acheté sous condition résolutoire, il faut obtenir le consentement du vendeur et de l'acheteur pour que dans tous les cas la servitude tienne (93). C'est donc que, s'il y avait résolution, le vendeur pourrait user d'une action réelle; car autrement il ne pourrait inquiéter les tiers qui auraient contracté avec l'acheteur; et la servitude constituée par le véritable propriétaire devrait toujours tenir.

120. **B.** Empereurs. — Cette doctrine ne fut pas admise dès l'abord par les constitutions impériales (94). Mais Justinien la sanctionna (95) et inséra aux Pandectes les textes d'Ulpien, de Marcellus, de Scœvola et de Paul.

La plupart des commentateurs argumentent de la loi 4 C. *de pactis inter emptorem* pour soutenir que, bien avant Justinien, Alexandre Sévère donnait déjà au vendeur, après la résolution accomplie, l'action en revendication. Il est vrai qu'ils sont fort embarrassés d'expliquer ensuite la loi 3 C. *h. t.* du même empereur qui refuse la revendication. J'ai classé ces textes parmi ceux qui me paraissent ne concéder au vendeur qu'une action personnelle.

121. — § VI. *Appréciation des solutions.* — On a dit que cet enseignement des jurisconsultes du second groupe bouleversait tous les principes. J'y verrais pour ma part plutôt un développement qu'une innovation bien tranchée; et je crois que ce n'est que par une transition presque insensible au point de vue théorique et pratique, en invoquant même quelques-unes des idées reçues par leurs adversaires, que certains jurisconsultes romains passèrent de la première à la seconde, et de la seconde à la troisième théorie; et au lieu d'une action personnelle, concédèrent au vendeur une action réelle.

122. — ..... *Au point de vue théorique.* — Que disaient les jurisconsultes du premier groupe? Ils partaient de cette idée que du vendeur à l'acheteur il y a eu translation, et translation du droit perpétuel de propriété. Donc, s'il y a résolution, l'acheteur doit le retransférer au vendeur, et cette seconde mutation de propriété ne peut, comme la première, s'effectuer que par un mode translatif ordinaire (96).

123. — L'embarras des jurisconsultes tient si bien à ce qu'ils ne peuvent comprendre la mutation de propriété s'effectuant sans un mode translatif du titulaire du droit résoluble à celui qui va le recueillir, que, pour peu que la propriété puisse se transmettre par l'effet direct de la loi, ils donnent en bien plus grand nombre l'action réelle à celui qui est investi du droit par l'accomplissement de la condition résolutoire. Ainsi, au cas de legs sous condition, le légataire revendique dès que la condition suspensive de son droit se réalise, et fait tomber les aliénations de propriété, d'hypothèque et de servitudes consenties par l'héritier, propriétaire sous condition résolutoire. Les Proculéiens eux-mêmes appliquaient au *statuliber* ces doctrines (97).

124. — Ulpien et Paul ne firent que la généraliser. Que dit Ulpien? — Il n'y a eu que translation temporaire du droit. Le vendeur revendique donc. Objectera-t-on la perpétuité des droits conférés? — Il conteste en principe cette perpétuité (98). Les Sabiniens, d'ailleurs, n'y croient pas au cas de legs. Objectera-t-on le contrat de vente lui-même? Il n'y a plus de vente, enseignent encore les Sabiniens, ou tout au moins il n'y a plus obligation pour le vendeur (99). La vente est *finie* (100), les hypothèques

conférées par l'acheteur sont *finies. Ex quo colligitur quod medio tempore emptor dominus esset* (101).

125. — Paul va plus loin encore : le vendeur revendique; il n'a jamais transféré la propriété à l'acheteur. Une tradition nue, sans cause d'aliénation, n'est pas translative de propriété (102). Or, si l'acheteur ne paie pas, il n'y a pas vente, de l'aveu même des Sabiniens; et du moment que la vente, cause de la tradition, est réputée non avenue (103), le vendeur est resté nanti de son droit. Il n'y a rien autre chose au fond de la rétroactivité qu'une négation de la translation du droit. Le vendeur était en effet propriétaire avant la vente (je suppose, pour ne pas compliquer, que la tradition a été concomitante à la vente). La résolution accomplie, grâce à la rétroactivité, il redevient propriétaire du jour de la vente. Cela ne revient-il pas à dire qu'il a perdu et recouvré son droit de propriété au même instant, en d'autres termes, qu'il n'y a pas eu translation?

N'arrive-t-on pas ainsi à identifier la condition suspensive et la condition résolutoire, sauf en ce qui concerne l'administration intérimaire du droit résoluble?

126. — Une objection peut être faite au système de Paul : je livre et mancipe mon cheval que je crois devoir *renditionis causa;* le contrat n'a jamais existé. Je n'ai cependant qu'une action personnelle *condictio indebiti* contre l'*accipiens*? Pourquoi, au cas de contrat résolu, aurais-je une action réelle? — Il n'y a pas analogie. Quand je livre par erreur, j'ai l'intention de *tradere;* je veux me dépouiller. Quand je livre ce que j'ai vendu avec *lex commissoria*, je veux me dépouiller si on me paie, je ne veux pas me dépouiller si on ne me paie pas.

127. — *..... Au point de vue pratique.* — Les jurisconsultes du premier groupe donnent une action arbitraire, mais personnelle. Donc le vendeur ne peut rien contre les aliénations émanant de l'acheteur. La seconde et la troisième théories, en lui concédant une action réelle, le garantissent de ce danger.

128. — Je crois même bien que cela puisse paraître étrange au premier abord, que c'est sous l'influence de ces considérations pratiques que les jurisconsultes du second groupe songèrent à formuler une théorie nouvelle. Il est en effet remarquable qu'ils luttent avec énergie pour faire reconnaître que la résolution affecte *ipso jure*, et limite directement le *dominium* lui-même; tandis qu'en matière de servitudes réelles ils se conforment sans résistance à la doctrine générale et admettent que la résolution n'opère qu'*ope exceptionis*. Pourquoi ces divergences, qui théoriquement sont inexplicables? Elles se conçoivent au contraire si l'on recherche les conséquences pratiques de l'une ou l'autre solution. Le *dominium* constitué sous condition résolutoire, l'acheteur peut l'aliéner. Il est utile que le vendeur *ipso jure* puisse intenter contre les tiers détenteurs la revendication pour faire tomber les aliénations.

Au contraire, une servitude réelle est constituée sous condition résolutoire; l'acheteur v. *g.* ne peut la détacher du fonds dominant pour l'aliéner au profit d'un autre fonds, ou l'hypothéquer. Le vendeur, en fait, se refusera à l'exercice de la servitude sur son fonds, et attendra l'action confessoire de l'acheteur ou de ses ayant-cause pour la paralyser par l'exception de pacte ou de dol.

On le voit : l'innovation théorique était bornée à l'aliénation de la pleine propriété, parce que dans ce cas seulement des dangers sérieux menaçaient le vendeur.

Quant à l'usufruit, il était admis par tous les jurisconsultes que la résolution l'affectait *ipso jure*. Ulpien et Paul acceptèrent cette règle, dont à la rigueur ils auraient pu se passer.

129. — Ainsi donc, les jurisconsultes du second groupe donnaient une action réelle au vendeur, mais ils ne proscrivaient pas pour cela l'action personnelle; seulement il ne pouvait user de celle-ci que contre l'acheteur, tandis qu'il pouvait exercer l'autre, même contre les tiers (104). Ce concours des deux actions justifie de plus en plus ce que j'ai dit de la doctrine d'Ulpien et de Paul; elle n'a été qu'un progrès lent et non une innovation radicale. Alors même qu'elle consacre l'action réelle, elle continue de maintenir avec l'opinion la plus générale l'emploi de l'action *venditi*.

130. — Tel est, quant à la nature de l'action à donner au vendeur après l'accomplissement de la résolution, le système auquel je me rattache. C'est au célèbre doyen de la Faculté de Droit de Paris que revient l'honneur de l'avoir le premier exposé.

Je l'ai modifié en trois points :

1° Ulpien n'a pas eu une opinion aussi isolée et aussi neuve qu'on l'a dit;

2° Il n'est pas démontré qu'Ulpien enseignât la rétroactivité de la résolution, tandis que cela est démontré pour Paul;

3° L'action personnelle résolutoire est arbitraire quand elle est dirigée contre un défendeur qui possède.

INTERPRÉTATIONS REJETÉES.

131. — Je rappelle la difficulté qu'il s'agit de résoudre. Des textes accordent au vendeur après l'accomplissement de la résolution une action réelle, d'autres une action personnelle; spécialement les lois 3 et 4 C. *de pactis inter.*, émanées d'Alexandre Sévère, semblent donner deux solutions différentes. Comment expliquer cette contradiction?

A. *Interprétation des glossateurs.*

132. — Les glossateurs usèrent surtout dans leurs travaux de la méthode analytique. Ils étudièrent syllabe par syllabe les textes du droit romain; leur commentaire devint une œuvre de mosaïque patiente, sur laquelle se fatigua pendant deux siècles l'activité stérile de leurs controverses. Leurs premières généralisations furent des règles de grammaire juridique; leurs efforts ont créé cette langue bizarre et d'un latin si accidenté que l'École parle encore et que le Palais ne comprend plus toujours.

133. — En appréciant l'énergie des termes dont pouvait se servir, pour régler la mise à exécution de ses volontés, la loi ou la convention des parties, ils furent amenés à classer en deux groupes les expressions les plus habituelles. Les unes, plus précises, semblaient, en prévision d'un fait éventuel, consommer d'avance et par elles-mêmes l'accomplissement de la disposition. L'effet de droit était produit sans que la justice fût contrainte de le réaliser. La disposition légale ou conventionnelle portait alors en elle-même *sententiam latam;* elle avait force exécutoire. Les mots qui entraînaient un tel résultat étaient les *verba directa*: les verbes au présent et au passé étaient *directa*; et dans une clause résolutoire, l'emploi de ces termes engendrait comme conséquences juridiques l'inutilité d'une rétrotradition de la part de l'acheteur, la non intervention du juge et la rétroactivité dans les effets de la résolution, *ipso jure, prout ex tunc*. La cause de la résolution était inhérente au contrat même, *causa antiqua et primæva*.

134. — A l'inverse, il était d'autres expressions moins nettes, plus indécises, qui ne semblaient manifester, de la part de la loi ou des contractants qui en usaient, qu'une intention moins rigoureuse de réaliser les effets de droit indiqués. L'énergie des mots employés était moindre; les mots étaient alors dits : *verba obliqua*; les verbes au futur rentraient surtout dans ces *verba obliqua*. Le titre exécutoire n'est pas dans la disposition; celle-ci a besoin qu'on l'assure par une sentence, *sententiam ferendam*. Le juge intervient; l'acheteur est obligé à une rétrotradition, et la sentence ne fait revivre le droit du vendeur qu'à partir du jour où elle est prononcée. La résolution n'est plus rétroactive; elle opère *prout ex nunc, per sententiam*; sa cause n'est plus concomitante à la convention des parties, *causa nova* (105).

135. — Telle est dans sa pureté primitive la théorie des *verba directa* et des *verba obliqua*; avec elle, les glossateurs prétendirent expliquer aisément la difficulté qui nous embarrasse.

La loi 4 suppose l'emploi de *verba directa*. Il avait sans doute été dit dans la clause résolutoire que, s'il n'y a pas de paiement, la vente doit s'évanouir, *fundus sit inemptus, emptio nulla sit*; il y a dès lors attribution immédiate au vendeur du droit de propriété; une rétrotradition est inutile, le vendeur revendique.

La loi 3 suppose l'emploi de *verba obliqua*. Il avait été dit qu'au cas de non-paiement le fonds retournerait au vendeur, *fundus redeat, revertatur*; le vendeur ne redevient pas immédiatement propriétaire; il a seulement l'action *ex vendito* pour contraindre l'acheteur à une rétrotradition de l'objet.

Dans ce système, tout se règle d'après la formule du pacte, d'après l'énergie ou l'ambiguïté de ses expressions.

136. — Je le rejette : 1° ces interprétations subtiles et scru-

puleuses de la lettre des conventions ne se comprennent guère dans les contrats de bonne foi.

2° En quoi les *verba directa* sont-ils plus énergiques que les *verba obliqua*? Dire que le contrat sera anéanti; ou dire que, comme conséquence de l'anéantissement du contrat, le bien aliéné reviendra au vendeur, c'est affirmer un seul et même fait : la résolubilité de la convention. Seulement les *verba directa* s'attachent plus à la cause, les *verba obliqua* aux effets. Mais cette différence imperceptible dans l'expression de la volonté des parties ne tranche en aucune façon, dans un sens ou dans l'autre, la question de savoir si le juge doit intervenir dans la résolution, et si la propriété n'est transférée au vendeur que par une rétrotradition.

3° Les textes ne justifient pas cette doctrine. La loi 1 Code *de pactis inter...* suppose une vente avec *lex commissoria :* la clause porte que, s'il n'y a pas paiement, *dominium pertineret ad venditorem.* C'est un *futur,* donc le terme est oblique; et cependant la volonté des contractants ne semble-t-elle pas avoir été d'opérer une attribution immédiate de la propriété au profit du vendeur? Si une volonté d'amener la résolution *ipso facto* a jamais existé, certes c'est bien dans l'espèce de la loi 1. Scœvola donne la revendication dans une espèce où les *verba* sont *obliqua* (106) (*inempta essent*); dans deux espèces identiques (*inemptus fieret* (107), (*inemptus foret*) (108), les textes ne donnent que l'action *ex vendito.*

4° Le même débat se renouvelle quant aux donations à cause de mort. Le donateur a-t-il une action réelle ou personnelle? La différence dans les clauses employées n'entre pour rien dans les décisions des jurisconsultes. Ulpien donne encore l'action réelle au donateur, alors que les *verba* sont *obliqua* (109).

5° L'ancien droit s'est chargé de réfuter ce système en le ruinant par des modifications successives et en le rejetant définitivement comme entaché d'arbitraire.

1. *Verba communia.* — Du temps de Tiraqueau (110), les jurisconsultes avaient déjà reconnu une troisième espèce d'expressions résolutoires, qui tenaient le milieu entre les termes directs et les termes obliques; c'étaient les *verba communia,* qui, suivant les circonstances, tenaient lieu tantôt de *verba directa,* tantôt de *verba obliqua.* Cette idée admise, la distinction des termes directs

et des termes obliques fut singulièrement ébranlée. Les *verba communia* grossissaient chaque jour leurs rangs; les Pandectes menaçaient de réaliser les illusions de Justinien et de ne plus connaître l'antinomie, au moins dans la théorie de la résolution: Mais était-ce là une théorie scientifique?

II. *Verba directa per antecedens necessarium.* — L'intelligence puissante et originale de Dumoulin ne put se plier à ces argutles presque mathématiques (111) de l'exégèse. Il reconnut des termes *équipollenti* et attaqua la prétendue individualité des *verba directa et obliqua.* Il soutint que la moitié des termes obliques étaient des termes directs. Il divisa alors les termes directs en deux classes, les uns qu'il qualifia de *directa et resolutiva ex propria sui forma,* les autres qu'il nomma *directa et resolutiva per antecedens necessarium.* Quelles étaient les expressions auxquelles il prêtait ce dernier caractère? Il les définit en une ligne : *verba etiam futuri temporis quæ sonant in executionem facti, præsupponunt dispositionem de præsenti et operantur ipso jure tanquam directa* (112). *Qui vult consequens vult etiam antecedens* (113).

Quel était maintenant le motif qui poussait les jurisconsultes à rétrécir de plus en plus le cercle des *verba obliqua* et à agrandir celui des *verba directa?* Leur animosité contre les tendances fiscales des seigneurs. C'est précisément à l'occasion d'une perception de lods et ventes que Dumoulin consulté formula son système (114).

D'Argentré (115), défenseur habituel des intérêts des seigneurs, avait intérêt de son côté à soutenir la complète résolution du droit de l'acquéreur pour faire tomber, en matière de commise du fief, les droits réels consentis par le vassal. Il comprit que la théorie des *verba obliqua* avait fait son temps. Il la rejeta dès lors, et l'attaqua de sa parole hautaine et sarcastique : « Que tel mot donné soit direct ou oblique, les plus grands jurisconsultes eux-mêmes ne le savent. Comment ne serait-ce pas lettre close pour un laboureur auquel il faut une loi claire, sans obscurité, et non pas une langue qui trompe et éblouit? Ce sont là des argutles de jurisconsultes destinées à éluder la foi des contrats et les conventions des simples, des paroles magiques (*magica carmina*) qu'on veut faire apprendre aux praticiens. Le grand malheur vraiment, qu'un ignorant notaire, nourri aux champs avec les paysans, ne parle pas ou ne dresse pas une formule comme un Scævola où comme un Bartole! Que le juge cherche l'intention des parties et méprise ces supercheries d'expression. » « Pures billevesées, a dit de nos jours Thibaut (116), inventées par le besoin et répétées par la crédulité. »

La théorie des glossateurs compta cependant dans l'ancien droit de nombreux partisans (117).

137. — De nos jours, Zimmern (118), effaçant la rigueur scientifique de la théorie des *verba directa et obliqua*, a voulu résoudre le problème en expliquant l'emploi de l'action réelle ou de l'action personnelle, non plus d'après les mots employés et caractérisés *a priori*, mais d'après l'intention des parties. Toutefois, le principe posé, Zimmern est bientôt obligé de scruter à son tour la portée des termes; et s'il n'y voit plus des mots précis qui lient son appréciation avec une sévérité presque mathématique, il y trouve encore des indices à interroger. Jetez dans la pratique ce système avec les incertitudes trompeuses de sa formule, et vous verrez ce qu'il deviendra, modifié chaque jour par la décision arbitraire des juges.

Dans des décisions relatives à la donation à cause de mort (119), Ulpien ne se préoccupe en aucune façon de l'expression de la volonté des parties. Comment se fait-il d'ailleurs que ceux qui accordent l'action réelle soient en aussi petit nombre, s'il ne s'était agi que d'interroger l'intention des contractants?

B. *Interprétation de Cujas* (120).

138. — Il faut distinguer : le vendeur avec *lex commissoria* résolutoire a livré la possession à l'acheteur. Si celui-ci ne paie pas, le vendeur n'a que l'action *venditi*. C'est l'hypothèse de la loi 3.

Le vendeur n'a, au contraire, livré qu'une possession précaire à l'acheteur, il peut revendiquer. Ce serait l'hypothèse de la loi 4.

139. — Cette conciliation a contre elle un fait grave. Elle est obligée de supposer des circonstances très-accidentelles dont il n'y a pas la moindre trace dans les textes. La précarité de la possession de l'acheteur n'est indiquée ni dans la loi 4 au Code *de pactis*, ni dans la loi 8 D. *de lege comm.* Dans celle-ci, le vendeur

est admis d'une façon absolue à revendiquer, si l'acheteur a trans-
gressé la *lex commissoria* à la suite d'une véritable *mora* (121).

C. *Interprétation de Noodt (122) et de Pothier (123).*

140. — Il faut encore distinguer. Ou la clause commissoire
était suspensive, le vendeur revendique. C'est le cas de la loi 4.
— Ou la clause commissoire était résolutoire, et le vendeur, qui
s'est dépouillé de la propriété, n'a plus que l'action *ex vendito*.

141. — Cette interprétation a le même vice que les précédentes.
Elle ajoute, dans la position des espèces, des faits auxquels il
n'est même pas fait allusion dans les lois.

D. *Interprétation de Favre (124).*

142. — Il est regrettable que Favre, qui justifie si bien l'emploi de la revendication par le vendeur, en se fondant sur ce
que le défaut de cause a empêché son dessaisissement de la propriété (125), oublie sa propre démonstration, et adopte en second
lieu sur la loi 41 *de rei vindicatione* D. un système subtil et insoutenable, justement condamné (126), pour venir en troisième lieu
expliquer assez maladroitement un texte spécial qu'il eût dû
rattacher à sa première théorie.

Ou le vendeur au cas de *lex commissoria* résolutoire a livré
l'objet vendu, et il n'a plus que l'action *ex vendito*. Les lois qui
concèdent l'action *ex vendito* font, en effet, presque toutes allusion à des restitutions de fruits, ce qui démontre qu'il y a eu
tradition.

Ou il n'a pas encore livré, et alors, resté propriétaire, il revendique. La loi 8 *de lege comm.*, qui donne l'action réelle, ne fait pas
mention de la tradition.

143. — On peut répondre : on ne revendique que contre un
détenteur. Donc le vendeur agit contre un acheteur qui détient.
Or, si l'acheteur détient même dans l'espèce de la loi 8 *de lege
comm.*, n'est-ce pas très-vraisemblablement parce qu'il a été livré? Il est vrai que l'acheteur peut avoir pris possession de lui-

même et sans le fait du vendeur. Mais cette circonstance ahormale aurait été indiquée dans le texte qui, par son silence sur ce point, fait supposer que les conséquences ordinaires et légales du contrat se sont réalisées, à savoir, une tradition effectuée *ex parte venditoris*.

La loi 4 C. *de pactis inter* accorde aussi la revendication au vendeur, et dès lors suppose implicitement que l'acheteur possède, et possède à la suite d'une tradition.

E. *Interprétation de M. Musset* (127).

144. — Les textes qui donnent la revendication au vendeur supposent que l'acheteur a fait une rétrotradition antérieure au vendeur.

145. — L'explication serait merveilleusement simple, *probatis probandis;* car c'est le défaut de tous ces systèmes d'ajouter aux textes des circonstances que ceux-ci ne mentionnent pas. Voici, du reste, tout l'échafaudage de faits passés sous silence par les lois qu'il faudrait construire pour étayer l'idée du jurisconsulte allemand. L'acheteur, n'ayant pas payé, a fait rétrotradition au vendeur : le vendeur est redevenu propriétaire. Pour que celui-ci maintenant intente la revendication, il faut que l'acheteur ait repris la possession qu'il avait abandonnée; car on ne revendique que contre un détenteur. Seulement, qui ne voit qu'à ce moment la question de résolution est hors de cause? Quel est l'acheteur assez naïf pour la discuter encore, lorsqu'il y a acquiescé par une rétrotradition volontairement accomplie?

Puis, comment expliquer ces hésitations d'Ulpien dans la loi 29 *de mortis causa* D., qui trahissent une doctrine à peu près nouvelle? Puisque Ulpien admet l'action réelle, il faut supposer avec notre auteur que le donataire avait retransféré l'objet donné au donateur; mais alors, quelle pouvait être la raison de douter qu'un individu, redevenu propriétaire, intentât l'action *in rem?*

La loi 8 *de lege commiss.* D. semble bien d'ailleurs conférer l'action *in rem* au vendeur en vertu du pacte même de résolution, alors que la résolution s'est accomplie, et non en vertu d'une rétrotradition dont il n'est pas fait état, *ex conventione venditionis.*

146. — De plus, toutes ces interprétations ont un défaut commun : elles n'admettent pas la théorie de Paul, qui est pourtant inattaquable. Le défaut de titre a empêché le vendeur d'aliéner ; donc il peut revendiquer.

F. *Interprétation de M. Thibaut.*

147. — Un contemporain de Cujas, Grégoire de Toulouse (128), donne en concours au vendeur l'action personnelle et l'action réelle. Toutes deux lui permettent de se faire restituer la chose vendue. L'action personnelle *venditi* sert de plus à lui faire obtenir répétition des fruits et réparation des dommages.

De nos jours cette opinion, légèrement modifiée, a été reprise par M. Thibaut. Suivant lui, le récupérant a droit à la revendication pour agir en répétition de la chose, à l'action *venditi* pour obtenir les fruits, réparation de dommages, etc.

Seulement, il faut repousser l'autorité des lois contraires, et voici comment l'auteur s'y prend.

Quant à la loi 16 *de in diem addict.* D., si elle accorde des actions personnelles, c'est qu'il s'agit précisément de prestations personnelles qui ne découlent pas des principes de la revendication. D'après ceux-ci, le *bonæ fidei possessor* n'est pas tenu de restituer les fruits perçus, et ne dispose, en raison de ses dépenses, que des droits d'exception et non des droits d'action. L'empereur ne pouvait donc, sur ces deux points, avoir en vue dans son rescrit que les actions résultant du contrat. Il est reconnu en effet qu'après la résolution d'un contrat il n'y a pas extinction des actions destinées à sanctionner les créances qui en résultent.

Quant à la loi 3 C. *de pactis*, elle ne contredit pas d'une manière absolue la loi 4. Elle ne dit pas en effet nettement à quelle hypothèse elle se réfère. Elle décide seulement que dans un cas où un pacte commissoire avait été inséré, le vendeur n'a pas le droit de revendiquer, excepté s'il y a eu tradition précaire de la chose. D'après les principes de l'interprétation des rescrits obscurs, il ne s'agit donc que d'*imaginer* un cas dans lequel la loi 3 s'applique sans heurter la loi 4. Or, ce cas existe. Par exemple,

Paul vend en mai une maison à Pierre avec crédit jusqu'en août, et sous réserve de résolution si Pierre n'a pas payé à cette époque. Dans l'intervalle, Pierre détériore la maison ; Paul ne peut revendiquer : la condition résolutoire n'est pas réalisée, et il n'a pas livré à titre précaire. Il n'aura que l'action du contrat, afin de le maintenir ou de le faire résoudre pour cause d'infidélité. Celui auquel une chose doit être rendue sous condition a le droit d'exiger, tant que la condition est pendante, que le débiteur éventuel ne ruine pas l'objet de son espérance (129).

148. — Cette interprétation a plusieurs défauts : 1° M. Thibaut ne justifie pas par les principes juridiques l'emploi de l'action réelle, il se contente d'argumenter des textes.

2° Il généralise trop le dernier état du droit romain et fait abstraction des dissidences nombreuses que nous avons constatées. Ainsi, en décidant que l'action réelle était toujours donnée au vendeur pour se faire restituer l'objet vendu, il contredit la loi 4 pr. *de lege comm.*, qui rappelle le rescrit d'Antonin et de Septime-Sévère, et ne concède que l'action *venditi*, alors même qu'il s'agit de la restitution du fonds vendu.

3° Si cette doctrine était vraie dans sa généralité, elle s'appliquerait également aux donations à cause de mort, et nous verrions encore l'action réelle accordée par les jurisconsultes comme conséquence d'une restitution convenue. Or, ici la discussion n'est plus possible. La majeure partie des textes donne la *condictio ob rem dati re non secuta*, et au moins comme principe, c'est une règle certaine que la revendication et la *condictio* s'excluent (130).

Exceptionnellement encore, Ulpien permet l'action réelle au donateur, *potest defendi.....*

4° Dans son explication de la loi 16 *de in diem addictione*, M. Thibaut néglige peut-être trop complètement un principe important quant à la restitution des fruits ; c'est que celui qui intente la revendication obtient par cette action même tous les fruits que le défendeur (de bonne ou mauvaise foi) doit lui restituer (131). M. Thibaut argumente du possesseur de bonne foi ; mais n'y a-t-il pas aussi des possesseurs de mauvaise foi qui, étant tenus dans une autre proportion de rapports de fruits, s'exécutent néanmoins, même quant à ces restitutions accessoires sur cette même action en revendication du propriétaire? Cet élément flexible d'indemnité rentre dans l'appréciation de la satisfaction due par le défendeur au revendiquant.

5° Quant à l'explication de la loi 3 C. *de pactis*, l'auteur a eu soin de nous avertir d'avance qu'il avait dû recourir à son imagination pour la créer. Il n'est pas fait par le texte la moindre allusion à toutes les circonstances supposées par l'éminent romaniste.

En deux mots, M. Thibaut dit bien, sans en exposer les motifs toutefois, ce qui devrait être, mais ne tient pas assez compte de ce qui est.

149. — Résumons :

Au cas où le fait résolutoire s'est accompli, quelle action a le vendeur qui veut invoquer la résolution?

— Une action personnelle, répondent Cujas, Noodt, Favre, Musset. Si les textes donnent la revendication, c'est qu'ils s'appliquent à d'autres hypothèses.

— Une action réelle, soutient Thibaut; quant aux demandes accessoires, une action personnelle.

— Une action personnelle, suivant les Sabiniens et les Proculéiens, avons-nous prétendu avec M. Pellat; une action réelle, suivant Marcellus, Scœvola, Ulpien et Paul.

SECTION III.

Quelles fins de non-recevoir peut-on opposer à l'action?

150. — Le défendeur peut repousser l'action résolutoire en invoquant certaines fins de non-recevoir.

151. — *Première fin de non-recevoir.* Le demandeur a expressément ou tacitement renoncé au bénéfice de la résolution.

152. — La renonciation tacite offre quelques difficultés :

1° Il y a eu, depuis l'accomplissement du fait résolutoire, action judiciaire tendant au maintien du droit résoluble, au paiement du prix ou des intérêts, à l'exécution des charges. L'option qu'a faite le demandeur est désormais irrévocable. Le quasi-contrat judiciaire a créé pour le défendeur des droits dont celui-ci peut argumenter (132).

S'il y a eu seulement sommation extra-judiciaire, j'ai montré que certains jurisconsultes y voyaient, que d'autres n'y voyaient pas, au moins dans la *lex commissoria*, une renonciation au droit de résoudre (133).

2° La réception du prix *v. g.* entraîne-t-elle renonciation ? Oui, dans la *lex commissoria*. Je ne puis maintenir la vente pour en toucher le prix, l'effacer pour reprendre la chose vendue.

Quant à l'emphytéose, il y a controverse. La demande des arrérages échus n'est pas incompatible avec la volonté plus tard manifestée d'expulser l'emphytéote. L'emphytéose suppose des prestations successives, et nous verrons bientôt que dans les cas analogues la résolution n'opère qu'*in futurum*. Mais, dit Vinnius (134), le concédant ne peut demander à la fois *rem et pœnam !* — Le principe est exact, non l'application. Les arrérages échus (*res*) sont le prix de la jouissance passée, dont l'emphytéote ne peut avoir gratuitement profité. La déchéance (*pœna*) est une garantie contre l'avenir ; elle ouvre le droit de reprendre le fonds. La *merces* payée par le locataire est aussi la compensation de l'usage passé de la chose ; le locataire pourrait-il prétendre que le locateur ne peut plus à la fin du bail se faire restituer l'objet loué, en lui disant qu'on ne peut demander à la fois *rem et pœnam* ? Si le concédant avait commencé par expulser l'emphytéote et avait ensuite voulu demander le canon échu, l'emphytéote n'aurait incontestablement pu soutenir qu'on exigeait à la fois de lui *pœnam et rem*. La maxime invoquée par Vinnius est donc inapplicable, et la réception ou la demande des arrérages échus n'est pas une fin de non-recevoir contre l'action résolutoire postérieure du pacte d'emphytéose (135), j'ajoute, ou du contrat de louage.

3° Le silence prolongé de celui qui bénéficiera de la résolution peut-il être considéré comme entraînant renonciation ?

Durant le temps ouvert pour la *purgatio moræ* au profit du débiteur, le créancier peut se taire sans danger. Du jour où la *purgatio* n'est plus possible, il *peut* faire un choix définitif. Seulement c'est une question de savoir s'il *doit* faire immédiatement ce choix. Cette solution rigoureuse est soutenue. On l'appuie sur la loi 4

§ 2 *de lege comm.* D. N'a-t-on pas pris pour une obligation ce qui est une faculté pour le vendeur? La loi 38 *de minoribus* D. ne prouve-t-elle pas en effet que la *lex commissoria* pouvait se réaliser, alors même que le vendeur n'avait pas pris parti dès l'expiration du délai, mais au contraire avait fait plusieurs sommations? Je pense donc que le silence, gardé quelque temps par celui qui bénéficiera de la résolution, ne suffit pas à lui seul pour faire naître une fin de non-recevoir contre son action tardivement intentée.

153. — *Deuxième fin de non-recevoir.* La résolution n'a pas lieu si l'accomplissement du fait résolutoire s'explique par la faute du demandeur.

1° Si par exemple le demandeur a lui-même manqué aux obligations que lui imposait la convention ou la loi, et qui devaient être exécutées les premières (136).

2° S'il a refusé sans juste motif les offres du défendeur qui voulait exécuter ses obligations (137).

3° Si, pour se dispenser de recevoir ou de refuser les offres du titulaire du droit résoluble, le demandeur s'est absenté sans laisser de mandataire (138). Le défendeur ne pourra repousser l'action résolutoire que le demandeur intenterait pour inexécution des charges qu'en les accomplissant à la première réquisition du créancier. Il triompherait cependant de l'action, même sans exécuter les charges, s'il y avait eu dol dans l'agissement du demandeur qui, après s'être absenté à la date convenue pour l'accomplissement des charges, exercerait ensuite son action contre le défendeur inopinément attaqué (139).

4° Si les créanciers du demandeur ont, par une saisie-arrêt, empêché le défendeur d'exécuter au profit du demandeur ses obligations (140).

5° Si celui qui doit bénéficier de la résolution étant mort, son héritier impubère n'a pas reçu de tuteur (141). *Quid imputari ei qui solvere, etiamsi vellet, non potuit?* Dans le cas où cet héritier aurait pour tuteur celui contre lequel la résolution opérera, le pacte n'en serait pas moins encouru à l'échéance, pour peu que le défendeur omît d'exercer les charges au jour dit (142).

154. — *Troisième fin de non-recevoir.* L'action résolutoire ne

procédé pas, si le défendeur est personnellement relevé par un motif légitime de l'accomplissement de la condition résolutoire.

Que l'acheteur qui a promis de payer ne le puisse, parce qu'il manque d'argent, cela ne constitue pas un de ces obstacles absolus qui effacent la résolution (143).

Le titulaire du droit résoluble est mort. Ses héritiers n'ont pas encore fait adition d'hérédité au jour où le fait résolutoire se produit : ils ne sont pas restitués (144).

Le défendeur, au contraire, serait restitué s'il était mineur de 25 ans. Il faut même étendre cette solution au cas où le mineur, par la négligence duquel se serait réalisée la commise, serait l'héritier d'une personne majeure qui aurait passé le contrat: Nous avons au moins une décision d'espèce en ce sens dans la loi 38 *de minoribus*, à propos de la *lex commissoria*.

CHAPITRE II.

EFFETS DE LA RÉSOLUTION ACCOMPLIE.

SECTION I.

Situation de l'acquéreur intérimaire.

Article I. — Vis-à-vis de l'aliénateur.

135. — *Principe.* L'acquéreur intérimaire ne doit bénéficier en rien d'un contrat dont il n'exécute pas les charges.

Il avait acquis un droit réel ; il en remettra l'objet à l'aliénateur. Il avait obten ; l'extinction à son profit d'un droit réel, *v. g.* d'une servitude qui grevait son fonds ; il devra subir la servitude. Il était devenu créancier ; il ne pourra plus argumenter de sa créance. Il avait été libéré ; il pourra être poursuivi.

Dans le système des Sabiniens et des Proculéiens, une opération juridique en retranslation ou en reconstitution du droit sera nécessaire; elle sera inutile dans le système d'Ulpien et de Paul.

Avait-on éteint une créance sous condition résolutoire; la résolution s'accomplissant, le créancier pourra directement agir en vertu de l'ancienne créance. Qu'on ne m'oppose pas le fait de l'extinction, la solennité de l'acte. L'extinction n'a été que temporaire, suivant Ulpien; elle n'a jamais existé, suivant Paul. La solennité de l'aliénation d'un droit réel les arrête-t-elle davantage quand il s'agit de reconstituer le *dominium* au profit du vendeur ou du donateur qui veut résoudre?

Une seule circonstance me ferait douter de cette généralisation rationnelle de la seconde ou de la troisième théorie. Ulpien et Paul ont surtout été conduits dans leurs doctrines par des motifs d'intérêt pratique. Or, les dangers pratiques de la nécessité d'une reconstitution de droit personnel sont peu sérieux. L'aliénateur, au lieu d'être créancier *ex antiquo titulo*, sera créancier *ex novo titulo;* mais son droit ne sera jamais que *personnel* dans les deux cas. Toutefois, comme la nature spécifique des créances n'est pas identique; que, de plus, la créance éteinte pouvait être garantie par des sûretés accessoires d'un ordre utile, tandis que la créance en reconstitution du droit personnel éteint ne sera garantie par aucune sûreté, l'intérêt pratique existe; et je suis contraint par la logique, en l'absence de textes, à généraliser ici l'application de la seconde et de la troisième théorie.

156. — § I. *Objet.* — L'acheteur, le donataire, le locataire, etc., tous les acquéreurs, en un mot, devront restituer l'objet vendu, donné ou loué.

157. — Qu'arrivera-t-il s'ils avaient reçu de l'aliénateur la chose d'autrui? Ils avaient l'*animus domini* et un titre susceptible de mener à l'usucapion. L'usucapion peut être ou n'être pas encore accomplie.

Premier cas. — L'usucapion est accomplie. L'acquéreur devra restituer l'objet à l'aliénateur; il se trouve n'avoir pas usucapé pour lui personnellement; car, vis-à-vis de l'aliénateur, il ne peut plus invoquer un titre qui se trouve n'avoir jamais existé. Le véritable propriétaire est dépouillé (1).

Deuxième cas. — L'usucapion n'est pas accomplie. Si le véritable propriétaire revendique, il triomphera; mais pour repousser son action, l'aliénateur réintégré, s'il est de bonne foi, pourra-t-

Il joindre à sa possession celle de l'acquéreur dont le droit est résolu et qui est également de bonne foi, je le suppose? *

La question avait fait difficulté à Rome. Les uns disaient : l'accession n'est admissible qu'entre l'auteur et l'ayant-cause; or, l'aliénateur n'est pas l'ayant-cause de l'acquéreur. Les autres, argumentant de l'équité (2), admettaient la jonction des possessions, et leur avis prévalut (3).

158. — § II. *Accessoires.* — L'acquéreur devra restituer nonseulement la chose, mais encore les accessoires, tels que les dommages-intérêts obtenus à l'occasion de la chose (4), les alluvions (5), en un mot *omne commodum rei* (6).

159. — § III. *Fruits.* — En principe, il restitue les fruits (7). Les motifs abondent pour justifier cette solution : 1º celui qui intente une action, même de droit strict, tendant à restitution de ce qui lui a appartenu, a droit aux fruits non-seulement avant la *litis contestatio,* mais même avant la *mora* (8); 2º l'acquéreur, en passant le contrat, ne s'est-il pas tacitement obligé à restituer l'intégralité de l'objet (9)? 3º Il ne peut tirer profit d'une convention à l'exécution de laquelle il se refuse, *in qua fidem fefellit* (10). Tous les jurisconsultes romains étaient d'accord sur le principe (11).

160. — Mais si l'acheteur, dans la *lex commissoria*, a payé une partie du prix, et s'il se trouve exposé à la perdre, pourra-t-il retenir les fruits qu'il a recueillis? Nératius et Ulpien l'admettent par humanité (12). Cette exception de faveur confirme la règle. Il ne faut pas croire que Nératius ait eu sur ce point une doctrine isolée; il enseigne lui-même que l'acheteur doit restituer les fruits, s'il n'a rien payé du prix (13).

161. — L'obligation pour l'acquéreur de restituer les fruits a cependant été niée au nom des principes et de quelques textes (14).

L'acheteur, a-t-on dit, était possesseur de bonne foi. Il a fait les fruits siens. Les fruits lui sont dus *pro cultura et cura.* — Rien ne prouve que le droit romain ait assimilé à un possesseur de

---

* L'acquéreur est possesseur de bonne foi vis-à-vis du vrai propriétaire, quand, ayant traité avec l'aliénateur, il croit avoir traité avec le vrai propriétaire. Mais le droit romain ne paraît pas considérer l'acquéreur comme pouvant être de bonne foi vis-à-vis de l'aliénateur (l. 39 *de mortis causa donat.* D.).

bonne foi celui qui, ayant un titre éventuellement résoluble, a dû savoir qu'il pourrait le perdre un jour (15).

Mais les textes sont formels, ajoute-t-on. L'acheteur gagne les fruits, disent les lois 2 § 1 *de in diem addict.* D.; 2 § 4 *pro emptore* D. Il est d'ailleurs dans la situation d'un vendeur sous condition suspensive. Or, les fruits intérimaires sont acquis au vendeur sous condition suspensive. — On interprète mal ces lois. Elles indiquent bien que l'acheteur *interea* gagne les fruits dans la vente sous condition résolutoire, à la différence de la vente sous condition suspensive, mais n'affirment en aucune façon qu'après la résolution opérée, ces résultats soient définitivement maintenus. Si la loi 8 *de periculo et comm.* D., attribue les fruits au vendeur sous condition suspensive, ce n'est que *pendente conditione;* et si le vendeur les réclame de l'acheteur, qui les avait perçus, c'est que la loi se place dans l'hypothèse où l'objet vendu périt en entier avant l'arrivée de la condition suspensive, et où dès lors la vente ne se réalise pas.

De plus, on ne répond rien à toute notre argumentation.

162. — § IV. *Risques.* — L'objet sujet à restitution est un corps certain ou fait partie d'un genre limité; le contrat est synallagmatique; la perte ou la détérioration provient de cas fortuit. Les risques sont pour l'acquéreur, en ce sens qu'il ne peut pas réclamer les prestations qu'il a effectuées.

Les jurisconsultes romains qui suivent la première théorie mettent l'acheteur sous condition résolutoire dans la situation d'un vendeur sous condition suspensive (16). Or, si la perte est totale, une *revente* est impossible faute d'objet, et l'acheteur ne peut répéter la portion du prix qu'il aurait payée (17). Si la perte est partielle, le motif ne s'applique plus; aussi si le vendeur opte pour la résolution, c'est lui qui supportera la détérioration. Mais en fait, pour peu que la détérioration ait une certaine importance, il la laissera toujours au compte de l'acheteur par un moyen bien simple, en n'invoquant pas la clause commissoire.

163. — Je me réserve d'apprécier si, en se plaçant au point de vue de la rétroactivité, les solutions que je viens d'indiquer doivent être maintenues en bonne logique.

164. — § V. *Détériorations.* — L'acquéreur doit indemnité des détériorations qu'il a pu faire par sa faute.

Article II. — Vis-à-vis des tiers.

165. — La question revient à se demander quel sera le sort des actes intérimaires.

166. — § I. *Baux.* — D'après la théorie des Sabiniens et des Proculéiens, l'aliénateur est réintégré par une retranslation qui n'est qu'une autre mutation de propriété. Or, de même que le bail passé par l'aliénateur ne lie pas sans convention spéciale l'acquéreur (18), de même le bail passé par l'acquéreur ne lie pas l'aliénateur réintégré.

167. — Je n'ai pas de textes pour indiquer sur ce point les solutions d'Ulpien et de Paul. Je présume qu'elles devaient être conformes, non par le même motif, mais parce que les Romains ne paraissent pas avoir compris tout ce qu'avait d'intelligent le maintien des baux.

168. — § II. *Jugements.* — Les jugements obtenus par ou contre l'acquéreur sont opposables à l'aliénateur si celui-ci a su que l'acquéreur plaidait. L'aliénateur n'avait qu'à intervenir au débat pour la conservation de ses droits éventuels. Il a laissé plaider : il a en quelque sorte acquiescé à la défense présentée par l'acquéreur (19).

169. — § III. *Actes de disposition.* — C'est ici que l'on pose d'ordinaire la question de savoir si la résolution rétroagit ou non. J'ai montré que, même en l'absence de la rétroactivité, on pouvait expliquer les effets dont on lui rapportait à tort l'honneur d'être le principe exclusif. La seconde théorie, qui nie la rétroactivité, arrive, quant aux droits réels émanant de l'acquéreur, aux mêmes conclusions que la troisième théorie, qui l'affirme. (*Supra*, nos 10 et 11.)

170. — Ainsi donc, les aliénations de pleine propriété ou de droits réels, effectuées par l'acquéreur, tiennent-elles après l'accomplissement de la condition résolutoire.

171. — Première théorie. En principe, elles sont maintenues. L'acquéreur plein propriétaire pouvait les concéder; et comme elles sont régulièrement consenties, il ne peut plus, par une re-translation postérieure au profit de l'aliénateur, les faire tomber. Celui-ci, qui n'a en main qu'une action personnelle, ne peut donc poursuivre l'immeuble aux mains d'un tiers détenteur, ni faire tomber les hypothèques ou servitudes, pour peu que la consti-tution de ces droits se place à une époque antérieure à la retrans-lation qu'effectuera l'acquéreur.

172. — Toutefois deux restrictions, un peu étrangères à notre sujet peut-être, doivent être faites à la règle : 1º de l'aveu de tous, le *statuliber*, lorsque la condition suspensive de sa liberté s'accomplit, est libéré des droits réels (20) que l'héritier, son pro-priétaire sous condition résolutoire, a pu conférer sur lui; 2º les Sabiniens généralisent cette solution à l'égard de tous les objets légués sous condition, sans qu'il y ait à distinguer entre l'aliéna-tion de la pleine propriété (21) et la constitution de servitudes ou d'hypothèques (22).

173. — DEUXIÈME ET TROISIÈME THÉORIES. L'aliénateur est muni d'une action réelle. Donc les droits réels consentis par l'acqué-reur, qui cesse d'être ou qui est réputé n'avoir jamais été ti-tulaire du droit transmis, s'écroulent. Les hypothèques s'éva-nouissent (23). Les textes manquent pour établir une même règle quant aux constitutions de servitudes et quant aux aliénations de propriété. D'où quelques interprètes ont soutenu que la théorie d'Ulpien ne s'appliquait qu'à la chute des hypothèques, restriction qui se comprend, ont-ils dit, à cause de la nature purement accessoire de ce droit réel. Cette restriction n'a aucune base rationnelle : 1º les motifs d'Ulpien conduisent tout aussi bien à l'anéantissement des aliénations de pleine propriété qu'à l'anéantissement des hypothèques; 2º de plus, nous venons de voir que des jurisconsultes, bien moins innovateurs et beaucoup plus timides qu'Ulpien, enseignaient chaque jour, en matière de legs, que l'évènement de la condition résolutoire faisait s'éva-nouir aussi bien les aliénations de propriété que les affectations hypothécaires; 3º en ce qui touche les servitudes, qui sont, comme la propriété, des droits réels principaux, et non, comme l'hypothèque, des droits réels accessoires, nous avons un texte qui les déclare anéanties (24).

174. — Toutefois, sur cette question, il est en général une distinction qu'il faut faire.

Les droits réels ne tombent pas lorsque la réalisation de la condition résolutoire ne dépend que du caprice de l'acquéreur, lorsque le fait résolutoire est potestatif *ex parte rei*. Ainsi, j'achète à condition que, si l'objet me déplaît, il y aura résolution. Je confère ensuite à Primus une hypothèque; puis je déclare que, l'objet ne me plaisant plus, je demande la résolution de mon acquisition. L'hypothèque conférée à Primus sera maintenue. Il ne peut dépendre de moi de détruire ainsi arbitrairement le droit que j'ai régulièrement consenti. Primus n'aurait pas traité avec moi si, en lui donnant cette hypothèque, je n'avais en quelque sorte tacitement renoncé à son profit au droit de résoudre entièrement le contrat. Il n'est pas en faute d'ailleurs, car il ne pouvait empêcher le fait résolutoire de se produire (25).

L'emphytéote, au contraire, a constitué des hypothèques sur le fonds dont il est concessionnaire. Son droit est ensuite résolu, parce qu'il n'a pas payé le canon. Les hypothèques consenties à ses créanciers tomberont. Le fait résolutoire n'est pas potestatif de sa part. Le *dominus* pouvait le contraindre au palement. La résolution ne procède donc pas du caprice de l'emphytéote. Les créanciers sont d'ailleurs en faute. Ils pouvaient payer pour lui (26).

175. — Je généralise pour toutes les résolutions, à raison de l'inexécution des charges, l'application de la maxime : *soluto jure dantis, solvitur jus accipientis*.

SECTION II.

Situation de l'aliénateur réintégré dans son droit.

Article I. — Vis-à-vis de l'acquéreur.

176. — § I. *Impenses.* — Quel est le droit commun? L'aliénateur devrait payer à l'acquéreur toutes les impenses nécessaires, et les impenses utiles au contraire jusqu'à concurrence de la plus-value. L'acquéreur enlèverait les impenses voluptuaires, *si modo separationem adhiberent.*

La rigueur semble plus grande ici contre l'acquéreur qui laisse résoudre son droit. Ainsi, l'emphytéote ne peut demander aucune indemnité pour ses améliorations (27).

177. — § II. *Arrhes.* — Dans le cas où des arrhes sont fournies, et elles le sont surtout dans la vente ou le louage comme signe, de l'indissolubilité du contrat, les arrhes sont perdues pour celui qui, par sa faute, entraîne la résolution du contrat. L'acheteur les perd dans la *lex commissoria* (28). Dans la pratique, on usait même quelquefois de clauses expresses sur ce point (29).

178. — § III. *Prestations partielles effectuées; à-comptes.* — L'acheteur, le donataire a payé partie du prix *unique* qu'il devait; la résolution s'accomplissant, pourra-t-il en exiger la restitution ?

En principe, oui; le contrat tombe, l'aliénateur les retiendrait sans cause (30).

179. — Mais au cas de *lex commissoria*, il y a une exception à ce principe. Au premier abord, ma solution paraît inexacte. Plus l'acheteur aura mis de diligence et de bonne foi à réaliser ses obligations, plus les à-comptes auront été considérables et plus grande sera sa perte! Celui qui n'aura rien payé sera dans une position plus avantageuse que celui qui aura payé les trois quarts de son prix. Les à-comptes d'ailleurs, à la différence des arrhes, sont versés comme conséquence de l'exécution du contrat. Or, le vendeur demande la résolution du contrat. Il ne peut le maintenir contre l'acheteur. Il est vrai que Pomponius, dans la loi 6 § 1 *de contrahenda emptione* D., semble soutenir que le contrat n'est pas anéanti, mais seulement l'obligation du vendeur. * Cette opinion

* J'ai déjà critiqué Pomponius en me plaçant même au point de vue romain. Cependant sa théorie a fait fortune, et j'aurai l'occasion d'en signaler le plus complet développement dans les origines de notre ancien droit français. Pour rendre ma démonstration future plus saisissable, je rapproche de cette doctrine plusieurs textes, dont j'indique ici les conclusions, et qui, sous la main des praticiens, se trouveront sans cesse accolés à l'idée de Pomponius, et par là influeront profondément sur le caractère de la résolution pour inexécution des charges.

Quand on fait une transaction, on use ordinairement de la stipulation aquilienne; mais il est prudent d'y ajouter en outre une clause pénale, parce que le créancier peut alors demander par la condictio la peine, s'il veut ne pas invoquer la transaction que le débiteur se refuserait à exécuter. La stipulation aquilienne doit être entendue avec une certaine réserve. Pomponius, en l'énonçant, n'a pour but que de légitimer l'emploi de l'action *venditi*. La clause spéciale qu'il commente semblerait même contraire à son appréciation. La convention porte que la chose sera *inempta* (31). Il est vrai que d'autres lois portent que la chose sera *inrendita* (32), mais la première formule est beaucoup plus en usage.

180. — A toutes ces considérations on oppose des textes. Le vendeur gardera, dit la loi 6 *de lege comm.* D., ce qu'il a reçu à titre d'arrhes *vel alio nomine*, c'est-à-dire, suivant Molitor, ou à titre d'à-comptes. Cette expression est peu probante; on peut l'appliquer à ces accessoires pratiques d'un marché conclu qu'on appelle pot-de-vin, épingles ; cela peut s'entendre du petit cadeau fait à la femme du vendeur (33). Mais un texte qu'on ne peut guère écarter est la loi 4 § 1 *de lege comm.* D. L'acheteur gagne quelquefois les fruits. Quand? Lorsqu'il perd partie du prix. Et quand perd-il partie du prix? Lorsqu'il a effectué un paiement partiel (34). La loi pose un principe et ne suppose pas qu'en fait soit intervenue une clause expresse, moyen qu'ont employé certains auteurs (35) pour concilier la décision du droit romain avec les règles de l'équité.

sanctionne le pacte de transaction. La clause pénale lui permet de choisir entre le maintien de la transaction et le paiement de la *pœna* (Paul, livre I, t. I, § 3; loi 13 *de transactionibus* D.; Molitor, I, p. 201).

Les parties peuvent, au contraire, convenir que si l'une d'elles ne veut pas exécuter la transaction, l'autre pourra néanmoins en argumenter et de plus demander la clause pénale (18, *de transact.* D.).

Les prestations effectuées resteront à la partie qui offre d'exécuter, *ubi pactum vel transactio scripta est, atque Aquiliana stipulatione et acceptilatione vinculis firmitas juris innexa est* (l. 40 *de transact.* C. Gratien et Théodose).

Enfin, la loi la plus complète est celle que rendirent Arcadius et Honorius en 395, et qui forme au Code la loi 41, *de transact.* Si quelqu'un, après avoir librement passé un pacte, *nulla cogente imperio, sed libero arbitrio* n'en exécute pas les charges, et qu'il ait pris à témoin le nom de Dieu, *invocato Dei nomine*, voici comment sera sanctionnée sa promesse : 1° Il sera noté d'infamie; 2° il paiera la *pœna* convenue; 3° Il sera privé de tout droit d'action contre son co-contractant; 4° il perdra tout ce qu'il aura acquis en vertu du pacte et devra le restituer à la partie qui a exécuté la convention.

Cette loi combine contre la partie qui ne réalise pas sa promesse, et la contrainte tendant à l'exécution forcée et la peine de l'inexécution. Elle maintient la convention au profit de celui qui avait accompli ses engagements (deuxième effet), et l'efface au détriment de celui qui y avait manqué (troisième et quatrième effets). Elle ne résout pas, elle *disloque* le contrat. Le caractère pénal est poussé jusqu'à l'exagération. *Atrox constitutio*, se contente de dire, avec une énergique concision, Godefroy.

Les lois 40 de Théodose et Gratien, et 41 d'Arcadius, *de transactionibus*, reproduisent les lois 2 et 3 C. Théodosien, *de pactis* (édit. Haenel, Bonn; *confer* Basiliques, édit. Fabrot, Paris, 1647, loi 37, XI, titre 52).

Ces lois sont capitales pour l'histoire de la résolution dans notre ancien droit. Elles sont la clef de ses développements.

181. — On voit à quelles conséquences rigoureuses la *lex commissoria* exposait l'acheteur. Nous comprenons mieux maintenant que, à une époque où l'équité pénétra profondément dans le droit, un des Antonins restitua la fille impubère d'un acheteur contre l'accomplissement d'une clause commissoire qui devait lui faire perdre tous les à-comptes payés (36).

182. — A ma solution, quelques auteurs objectent la loi 6 C. *de pactis inter...* (*receptis nummis*). J'ai déjà rejeté cette loi, à propos d'une autre question, comme ne s'appliquant pas à une clause commissoire de vente. (*Supra*, nº 54.)

Article II. — Vis-à-vis des tiers.

183. — C'est ici que se discute, à mon sens, la vraie question de la rétroactivité.

184. — PREMIÈRE THÉORIE. Les actes de l'aliénateur tombent; ils ont été passés à une date où l'aliénateur avait perdu tout droit et n'en avait point encore recouvré.

185. — DEUXIÈME THÉORIE. Les actes de l'aliénateur tombent; ils émanent d'une personne qui n'avait pas encore de droit et ne pouvait en disposer.

186. — TROISIÈME THÉORIE. Les actes de l'aliénateur sont maintenus. Il n'y a jamais eu dépouillement de l'aliénateur, ou tout au moins il faut agir comme s'il n'y en avait jamais eu. Je ne puis rattacher à cette doctrine d'une manière incontestable qu'un seul nom, celui de Paul (37).

CONCLUSION.

187. — Si maintenant il faut caractériser en quelques mots la résolution pour inexécution des charges, telle que l'a faite le

droit romain, je dirai qu'elle est rigoureuse, pénale même contre celui qui la subit par sa faute.

Mais cette rigueur dans les conséquences est du moins tempérée par quelques garanties. La résolution doit être invoquée par la partie qui veut en profiter dans un assez bref délai. *Ce n'est qu'à une époque avancée du droit romain qu'elle opère contre les tiers. Elle n'existe enfin souvent que lorsqu'elle a été conventionnellement stipulée.

---

*En matière de clause commissoire de vente, le laps de temps le plus long que réserve la convention est de trois ans (6, § 1, de contrah. empt. D.).

ANCIEN DROIT.

——

TITRE PRÉLIMINAIRE.

——

CHAPITRE I.

NOTION THÉORIQUE DE LA CONDITION RÉSOLUTOIRE. — DES DROITS
QUE PEUT AFFECTER LA RÉSOLUTION.

188. — L'ancien droit connut et reproduisit les trois théories qui ont formulé la notion de la condition résolutoire.

1o Le système de la rétrocession ;

2o Le système de la *translatio ad tempus*, de l'aliénation momentanée (1) ;

3o Le système de la rétroactivité (2).

189. — La troisième théorie fut à vrai dire universellement adoptée. Aussi les expressions abondent chez les jurisconsultes pour dépeindre l'effet rétroactif de la résolution. L'aliénateur continue son titre (3) ; il retient son droit (4) ; il arrive qu'il ne s'en est jamais dépouillé (5).* Tout ce mystère de rescision se produit en vertu de la convention (6). Les conditions, comme les

---

* Res non tradita non alienata est (Cujas 1, 189).

rayons de la lumière, dit poétiquement Furgole (7), produisent leur effet sur le moment. Le droit, pour prendre un mot relatif au réméré (8), s'est plutôt assoupi qu'éteint, *potius adumbrata et sopita quam extincta.*

Il est seulement regrettable que les mêmes auteurs argumentent tantôt de la translation temporaire, et tantôt de la rétroactivité proprement dite pour justifier leurs solutions (9). Pothier, plus qu'un autre, aurait dû être frappé d'une circonstance grave. Le réméré, à ses yeux, entraînait une translation temporaire (10); et cependant il comportait pour lui (sauf quant aux actes intérimaires de l'aliénateur) (11) les mêmes résultats qu'eût produits une révocation de donation, résultats que Pothier ne peut expliquer que par la rétroactivité de la résolution (12).

Quelques remarques sont déjà faites, dont je m'empare pour corroborer mes observations personnelles sur le caractère de cette rétroactivité dans les conditions: Elle n'est pas une fiction, dit nettement Hévin (13).

Mais l'inconvénient de la formule de la condition résolutoire (*pura quæ sub conditione resolvitur*) se révèle avec persistance dans cette période. Un jurisconsulte veut-il maintenir les hypothèques conférées par l'acquéreur intérimaire, il résume son argumentation en un mot : l'acquéreur était *interea* propriétaire de la chose (14). Un autre tient-il à lui faire gagner les fruits, l'acquéreur, dit-il, y a droit en qualité de propriétaire (15).

Toutefois, alors même que ce motif est invoqué, il semble à l'instant même justement apprécié par celui qui l'emploie; il est rare qu'on le donne seul; on sent qu'il a besoin d'être entouré de considérations plus sérieuses.

Ce qui démontre mieux encore que personne ne croit à ce dessaisissement entier et absolu (16) de la part de l'aliénateur, c'est que tous affirment qu'il existe aux mains de l'aliénateur, même avant la résolution, un droit *formé* (17) dont il peut disposer et qui n'est pas seulement une créance éventuelle et cessible, mais un droit réel qu'il peut transmettre (18).

Ainsi comprise, la rétroactivité n'a plus que des dangers théoriques à raison des contradictions de sa formule.

Mais il faut tout dire. Les obstacles qui avaient arrêté dans le droit romain la marche de la condition résolutoire n'existent pas dans l'ancien droit. On se préoccupe avant tout de l'intention des parties, car là est la substance de la disposition (19), et c'est à cet aperçu qu'on va bientôt devoir là généralisation des résolutions légales pour inexécution de charges. On écarte aisément l'influence trop complète des solennités d'un mode translatif. La perpétuité des droits est niée en principe; et c'est à peine si quelques scrupules écartent encore la condition résolutoire de deux ou trois matières spéciales (20), tandis que dans tous les autres, 'a condition résolutoire peut, directement et sans difficulté, a..ecter les droits réels de propriété (21), d'usufruit ou de servitude (22), aussi bien que les droits personnels. Au surplus, la question de la perpétuité des droits devient un hors-d'œuvre dès que la théorie de la rétroactivité est bien établie. (*Supra* n° 12.)

CHAPITRE II.

DÉVELOPPEMENTS DE LA RÉSOLUTION POUR INEXÉCUTION DES CHARGES.
— CAS DE RÉSOLUTION. — CARACTÈRE DE LA RÉSOLUTION.

190. — L'ancien droit modifia profondément la théorie romaine de la résolution; mais, pour saisir l'esprit de ses réformes, il est nécessaire d'établir deux phases historiques, et pour moi il est constant, d'après les documents et les auteurs de l'époque, qu'il y a eu en sens inverse deux mouvements d'idées, et voici comment je les résume :

Dans une première période, 1° l'ancien droit exige souvent une convention expresse de résolution ; 2° dont il ralentit l'exécution par des retards judiciaires excessifs ; 3° mais, la résolution accomplie, il en exagère les rigueurs.

Dans une seconde période, 1° il généralise la résolution légale, 2° qu'il effectue du reste avec une salutaire et politique lenteur ; 3° mais la résolution déclarée, il en atténue le caractère pénal.

Il me reste à démontrer l'existence de ce double courant de

doctrine qui permet de suivre notre théorie depuis les Pandectes jusqu'au Code de 1804.

PÉRIODE D'EXAGÉRATION.

SECTION I.

Droit barbare.

191. — Le droit barbare nous a laissé peu de documents sur la résolution pour inexécution des charges.

Article I. — Lois barbares.

192. — § I. *Cas de résolution conventionnelle.* — La clause commissoire de la vente se rencontre rarement à cette époque. Les actes, en effet, constatent moins la passation des contrats que leur exécution. Le vendeur livre, l'acheteur paie. L'opération se fait au comptant (1). Cependant la loi des Wisigoths (2) et la Fleta (3) admettent pour le vendeur la possibilité de reprendre la chose (*reformari rem, ad ipsam rem rehabendam*) s'il y a eu convention spéciale de résolution. J'ai trouvé également une clause résolutoire expresse de donation (4).

193. — *Cas de résolution légale.* — La résolution légale n'existe certainement pas dans la vente (5). Elle existe au contraire : 1° dans le précaire (6) pour défaut de paiement du cens pendant trois ans (7); il fallait une clause expresse pour que le non-paiement n'entraînât qu'une amende (8); 2° dans la donation faite par le chef de bande à ses antrustions, révocable pour cause de trahison (9) ou refus de le suivre au combat.

194. — § II. *Caractère de la résolution accomplie.* — L'ingénu qui veut quitter le chef dans le *mundium* duquel il s'est placé, le peut; mais il lui laissera les dons qu'il en a reçus et reprendra ceux qu'il lui a faits. Quant aux acquêts, il lui en abandonnera moitié (10). Cette dernière partie de la disposition semble, dans sa rigueur un peu adoucie, une inspiration du droit romain, et

la rubrique (11) du texte confirme cette conjecture. La pénalité se réduit à la perte de la moitié des acquéts, et cette restriction se comprend, même au point de vue romain. L'ingénu a rendu pendant un certain temps des services que sa faute ne peut effacer.

L'acheteur qui laisse passer les termes du paiement perd les arrhes qu'il a données (12). N'est-ce pas là un souvenir de la *lex commissoria?*

Article II. — Compilations romaines faites par les barbares.

195. — § I. *Cas de résolution.* — Elles reproduisent les cas de résolution admis par les sources romaines, et notamment par le Code Théodosien. Le *Petrus* consacre aussi la révocation des donations pour inexécution des charges et pour ingratitude (13), ainsi que le droit pour le donateur d'agir en dommages-intérêts ou de répéter ce qu'il a donné (14).

196. — § II. *Caractère de la résolution accomplie.* — Quand on quitte les lois barbares des Wisigoths et des Bavarois, et qu'on prend les lois romaines des Wisigoths et des Burgondes, on voit immédiament la pénalité grandir.

Le bréviaire d'Alaric reproduit le § 3 du titre I, livre I de Paul, relatif à l'usage de l'*Aquiliana stipulatio,* et la loi 3 au Code Théodosien (15) *de pactis.*

Le Papien, *lex Romana Burgundorum,* renferme une disposition identique : *Quod si placitorum ordinationem adtentet excedere aut nolit implere, ad solutionem pœnæ contentæ pacto cum emolumenti amissione tenendus est et infamiæ maculam sustinebit* SECUNDUM LEGEM THEODOSIAM DE PACTIS (16).

Le *Petrus* (17) paraphrase également la loi d'Arcadius et édicte sa quadruple sanction : 1° la note d'infamie; 2° le paiement de la clause pénale; 3° la perte du droit d'action; 4° la restitution des prestations reçues.

Il me reste à montrer dans les formules de l'époque le reflet énergique de ces principes; mais avant de les examiner, il faut, pour se rendre compte de tout ce qu'elles contiennent, étudier l'intervention dans notre sujet de la législation canonique.

197. — § III. *Conclusions.* — Jusqu'à présent, la théorie romaine n'a subi aucune modification sérieuse. Les législations barbares ont même interprété le droit romain dans le sens de la proposition que j'ai soutenue : l'action personnelle (18) résolutoire est arbitraire, en ce sens qu'elle permet de reprendre possession de l'objet aliéné (19).

1° La résolution pour inexécution a presque toujours besoin d'être expressément réservée;

2° Elle opère rapidement; 3° et avec une certaine rigueur.

SECTION II.

Droit canonique.

198. — J'apprécierai la législation de l'Église sur deux points :
1° L'influence du droit canon sur la résolution dans les matières civiles;

2° La théorie purement canonique du regrès bénéficial.

Mais je puis le dire dès maintenant : je crois, contrairement à l'opinion d'un éminent professeur (20), que la législation canonique a gravement modifié les principes de la résolution.

Article I. — Influence du droit canon sur la théorie civile de la résolution.

199. — § I. *Cas de résolution.* — Le droit canon adopte sans difficulté toutes les causes de résolution que le droit civil avait reconnues dans les contrats de louage, d'emphytéose, de donation, etc. Je ne fais sur ce point qu'une seule observation. Le droit canon, comme je vais bientôt l'établir, recommande aux parties de sanctionner par le serment leurs conventions. Si l'une d'elles n'exécute pas ses obligations, l'autre est libérée des siennes. *Fidem non servanti fides non servatur.* Le texte (cap. 3 *jurejurando,* an 1180) n'exige pas une clause résolutoire expresse, mais il faut reconnaître qu'il se réfère plus à une question de droit public qu'à une question de droit privé. Je ne puis donc affirmer que la résolution pour inexécution des charges ait toujours été sous-entendue sous l'empire de la législation canonique.

200. — § II. *Caractère de la résolution accomplie.* — Le caractère pénal de la résolution est exagéré au détriment de celui qui n'accomplit pas ses obligations; et cette pénalité tient à deux causes : 1° à l'usage répété de clauses expresses et rigoureuses; 2° à une confusion fâcheuse que les glossateurs transportèrent du Code Justinien dans le droit canonique.

201. — Première cause. Je rappelle d'abord comment opérait la résolution avant que le droit canon fût intervenu. Le bréviaire d'Alaric et le Papien, copiant le Code Théodosien, avaient indiqué comme un moyen de garantir l'exécution des pactes la stipulation aquilienne avec clause pénale, et, comme une sanction de leur inexécution contre le débiteur, toutes les rigueurs de la loi d'Arcadius. La convention, maintenue au profit de l'un des cocontractants, était anéantie au détriment de l'autre. *La résolution était unilatérale.* (*Supra* n° 179, note.)

La pratique accepte ces données, et la vingt-sixième formule de Sirmond les reproduit. Cependant la note d'infamie est passée sous silence. Son utilité n'était plus guère comprise.

202. — C'est ici qu'intervint la législation canonique. De tout temps elle avait proclamé qu'on est lié par les simples pactes (21), et qu'il est bon de contraindre les débiteurs à l'exécution de leurs promesses (22). L'Église conseilla aux parties de confirmer leurs conventions par le serment, pour se placer ainsi dans les termes exprès de la loi d'Arcadius; et de soumettre celui qui n'exécuterait pas ses obligations à l'excommunication et aux peines spirituelles. Les notaires, clercs pour la plupart, qui pouvaient recevoir tous les contrats entre séculiers (23), s'habituèrent peu à peu à joindre dans leur formulaire la sanction religieuse à la sanction civile; et, — comme ce qui abonde ne vicie pas, — pour n'écarter de l'acte qu'ils rapportaient aucune protection légale, ils déclarèrent qu'ils le plaçaient sous l'égide de la stipulation aquilienne et de la loi d'Arcadius. (*Innexa... inserta pacto.*) (24)

203. — Examinons maintenant les monuments de l'époque.

Dès le v siècle, saint Jean-Chrysostôme constate que les pactes sont presque toujours confirmés par serment (25).

Mais nous avons des preuves spéciales à l'Occident et a la Gaule. Elles no remontent pas toutefois au-delà du vi[e] siècle.

Dans deux actes de donations, faites à des églises, les évêques donateurs souhaitent que celui qui violera ces libéralités soit excommunié (26). De pareilles imprécations se rencontrent dans le testament d'un évêque du Mans (27). Les rois eux-mêmes, dans les donations faites aux églises, en usent largement (28). La charte la plus curieuse de toutes à cet égard est celle d'un certain Palladius, qui porte la date de 635 (29).

204. — De plus, la plupart des actes se terminent par ces mots : *cum stipulatione subnixa.* Quel en peut être le sens? Suivant les Bénédictins, ce serait une allusion à la paille (*stipula.....
festuca*) que le donateur livrait au donataire comme un symbole de l'objet donné. Il est vrai que les textes prouvent l'existence de cette tradition symbolique au moins au cas de vente (30). Mais la *stipulatio subnixa* n'a aucun rapport avec cette idée. Les mots litigieux sont en effet parfois développés de telle façon que la portée en est précisée. L'acte de vente que j'ai cité, et sur lequel les Bénédictins auraient pu s'appuyer, se termine en indiquant que DE PLUS, ET SUPER, *pœna stipulationis nomine,* Il y aura contre la partie qui n'exécuterait pas réalisation de la clause pénale, et impossibilité pour elle d'obtenir restitution des prestations effectuées. Autre est donc la tradition *per festucam,* dont il est parlé au milieu de l'acte, et la *stipulatio subnixa,* dont on ajoute la mention à la fin de ce même texte (31).

205. — Maintenant, qu'est-ce au juste que cette *stipulatio subnixa?* Nous le savons. C'est la *stipulatio innexa,* en conséquence de laquelle les parties se plaçaient dans les termes de la loi d'Arcadius. Je ne comprends pas le doute en présence des textes suivants.

1° Acte de vente fait par un prêtre en 813 (32). *Si quis vult irrumpere hanc venditionem, solvat judici publico dublam terram, et cartula ista firma permaneat, legis stipulatione subnixa, quæ omnium cartarum accommodat firmitatem.*

2° Acte de donation (33). *Si quis infrangere velit....., parti custodienti duplam repetitionem.....* Le donateur sera tenu vis-à-vis de la partie qui garde, observe le contrat. Ce mot *parti custodienti,* vrai

dans la loi d'Arcadius où il s'agit surtout de contrats synallagmatiques, ne s'est-il pas égaré ici, dans la matière des donations,
sous la plume d'un praticien, et ne révèle-t-il pas son origine?
Par précaution encore, le notaire copie jusqu'au préambule de la
loi; et quand des chartes nombreuses débutent, comme la loi
d'Arcadius, par les mots : *libero arbitrio, nulli cogentis imperio, sed
mea propria voluntate* (34), qu'y a-t-il d'étonnant à ce qu'elles se
terminent en se référant directement à cette loi par une énonciation le plus souvent abrégée, mais parfois complète?

3° Acte de 720 (35). *Aquilianis et Arcatianis leges estibulationis
quia omnium cartarum adcommoda firmicatem.*

4° Acte de vente par un prêtre en 813 (36). *Si quis irrumpere
vult, persolvat judici uncias sex, et quod repetit non vindicet, Aquiliæ
et Archadiæ legis stibulatione subnixa qui omnium cartarum ad
commodat firmitatem.*

206. — Je crois pouvoir dire maintenant que le droit canonique, dans le but de protéger l'exécution des conventions, con-
tinua l'usage romain de la stipulation arcadienne et généralisa
celui du serment. L'emploi de ce double moyen, peut-être dans
le principe restreint aux clercs (les documents que j'ai cités sont,
en effet, presque tous relatifs à des monastères ou à des églises),
s'étendit bientôt même aux actes émanés de laïques.

207. — L'intervention du serment emportait, du reste, une
conséquence d'une haute gravité. Elle donnait entre toutes personnes compétence aux tribunaux ecclésiastiques, qui doivent
connaître du parjure (37), et soumettait ainsi à cette juridiction
la connaissance des résolutions civiles pour inaccomplissement
des charges. Dumoulin (38) se demande si l'on peut appliquer au
fief des règles prises dans le droit canon. Les obligations du vassal, dit-il, ne sont-elles pas sanctionnées par le serment? Il repousse cependant le secours dangereux des doctrines canoniques.
Mais l'argument même qu'il écarte, par cela seul qu'il est présenté, montre combien la seule intervention du serment légitimait
facilement, pour les esprits de l'époque, l'immixtion de l'Église.

208. — Il ne faut pas croire que le droit canon s'en tint au
procédé théorique. Il l'appliqua; et le résultat conventionnellement accepté de l'inexécution du contrat, l'excommunication à

raison de matières purement civiles, est, aux xii° et xiii° siècles surtout, un fait attesté par les Décrétales elles-mêmes (39), établi par les historiens (40) et justifié par les canonistes : « Tout acte illégal, violant la règle spirituelle de la justice chrétienne, peut être atteint par une peine spirituelle. » (41)

On excommuniait ceux qui ne payaient pas leurs dettes; et le débiteur (42), chassé de l'Église, était privé à sa mort des prières publiques (43). Ainsi s'étendait chaque jour le cercle des attributions de l'Église. Le fief est un contrat, disent les canonistes. Le vassal ne devient vassal qu'après la prestation du serment. La commise du fief, quand le seigneur la demande, suppose la violation de la foi promise et le parjure du vassal. Donc l'Église est compétente pour connaître du fief.

Ici les feudistes combattirent la doctrine de l'Église, arrêtèrent la marche du droit canon; et la réaction, que je vais bientôt étudier, commença.

209. — DEUXIÈME CAUSE. Le Code Théodosien n'avait pas rangé parmi les causes de révocation de donation pour ingratitude l'inexécution des charges. Aussi le droit barbare, qui ne connut que le Code Théodosien, n'exagéra pas l'effet pénal de la résolution.

Le Code de Justinien, au contraire, classe parmi les faits d'ingratitude l'inexécution des charges.

Le droit canonique reproduisit les termes plus restreints du Code Théodosien (44). Mais la glose (45), par une maladroite extension, commenta le texte d'après l'esprit du Code de Justinien; et l'inexécution des charges fut de nouveau un fait d'ingratitude. On comprend dès lors comment il parut équitable de sévir contre l'ingrat; *ut delinquens punitur* (46).

210. — *Conséquence du caractère pénal.* Cette rigueur du droit canonique, dans les effets de la résolution, entraîna cependant une conséquence au premier abord singulière. L'Église, obéissant à la convention des parties, excommunie celle d'entre elles qui n'exécute pas ses obligations et se rend coupable d'un délit. Or, le délit procède d'une intention mauvaise. L'excommunication est une peine; elle ne doit frapper que les coupables, n'atteindre que la faute (47). La faute n'est pas dans l'inaccomplissement par le débiteur de ses obligations, mais dans son refus de les exécuter·

211. — Donc : 1° le créancier (j'entends par là celui qui a exécuté ses obligations) devra déclarer son intention d'user de la clause résolutoire, et d'obtenir l'excommunication du débiteur, suite indivisible de la résolution. Cette disposition entraînait déjà par elle-même la concession d'un certain délai, et une chance de plus pour le débiteur de ne pas voir son droit résolu.

2° Le débiteur devra être mis en demeure.

3° Il pourra purger sa mise en demeure en satisfaisant les demandes du créancier. Une résolution par défaut de l'accomplissement des obligations à jour dit aurait quelque chose d'usuraire. Si les canonistes ont attaqué si vivement le réméré, c'est que, entre autres inconvénients, la déchéance de la faculté de rachat, qui atteignait fatalement le vendeur à l'expiration du terme conventionnel, semblait faciliter l'usure * (48);

4° Une sentence judiciaire sera indispensable pour opérer la résolution (49);

5° Ceux qui n'auront pu être personnellement coupables de l'inexécution de leurs obligations, comme les mineurs, seront facilement restitués contre la résolution du contrat;

6° Les héritiers ne pourront ni exercer, ni subir la résolution des contrats passés par leurs auteurs. C'était une conséquence de l'assimilation de l'inexécution des charges avec les faits d'ingratitude.

212. — L'esprit de ces dispositions est complexe sans être contradictoire. L'Église, par la lenteur de sa procédure, donnait au débiteur la possibilité d'échapper à la résolution. Mais si le débiteur ne tenait pas compte de la sommation qui lui était faite et refusait d'obéir, alors elle frappait avec sévérité. « Son autorité, pour être toute de douceur et de charité, n'en est pas moins puissante contre les rebelles. » (50) Ce n'est que la traduction de la devise romaine : *parcere subjectis et debellare superbos.*

213. — § III. *Conclusions.* — 1° Quant à son influence sur les matières civiles, le droit canon prépare dans une décision d'é-

---

* Brunnemann (*ad L. 6, de lege comm.* D.) se demande si l'on peut en toute sûreté de conscience passer un pacte commissoire avec une personne inexpérimentée.

quitté la généralisation des résolutions pour inaccomplissement des charges (51).

2° La résolution est unilatérale contre celui qui n'exécute pas ses obligations; vis-à-vis de celui-ci le contrat tombe dès qu'il veut l'invoquer, est maintenu dès qu'il veut s'en défaire (52).

3° Mais les canonistes ne semblent déclarer les rigueurs de cette résolution qu'à regret, et après avoir fourni au débiteur l'occasion libéralement offerte de satisfaire son créancier.

Article II. — Théorie du regrès bénéficial.

214. — **§ I.** *Cas de résolution.* — Le regrès est, suivant Ferrière, le retour à un bénéfice ecclésiastique dont on s'est dessaisi. Il y a résolution du droit du nouveau bénéficiaire. Le premier exemple historique que nous en ayons est celui d'un prêtre qui s'était démis au cours d'une maladie et était revenu à la santé (53).

Mais il est des applications qui rentrent directement dans notre sujet. Il y a regrès :

1° Lorsque dans un échange l'une des parties, après avoir reçu de son co-contractant le bénéfice convenu, refuse de lui transmettre le sien (54). « Les permutations sont respectives, et elles ont une liaison si étroite qu'elles ne peuvent manquer d'un côté sans être en même temps nulles pour le tout. » (55)

2° Lorsque le résignataire ne paie pas la pension due au résignant (56).

En un mot, il y a regrès « toutes les fois qu'il y a inexécution des conditions de la résignation, en sorte qu'elle semble être au rang des contrats ordinaires. » (57) Ces causes de résolution eurent dans le principe besoin d'être déterminées par des conventions expresses. Seulement, voici la difficulté qui surgit : le regrès n'opérerait-il pas plutôt comme une condition suspensive que comme une condition résolutoire? — Certains canonistes semblent l'enseigner. — On leur oppose avec succès la règle : *actus legitimus suspensiram conditionem non recipit.* (58). Or, la résignation est pour les canonistes un *actus legitimus* (59).

215. — Le regrès opère donc comme condition résolutoire. Il va en résulter : 1° que le résignant, pour effectuer le regrès, aura besoin de provisions nouvelles; 2° qu'il ne redeviendra titulaire qu'à la date de la seconde collation. Il paraît que dans les premiers temps ces conséquences furent acceptées (60); mais la lutte s'engagea. Il nous est même resté sur un cas de regrès pour guérison une curieuse décision judiciaire (61).

216. — Un chanoine de Clermont, Levessier, ayant résigné en maladie et étant revenu à la santé, voulut recouvrer le bénéfice dont il s'était dessaisi, mais qui, conféré à un autre clerc, avait été refusé par celui-ci. Il voulut de plus reprendre sa place au chapitre et exercer les droits de petit banc attachés à son rang. Le chanoine Hureau, qui le suivait dans l'ordre des dates, résista à cette dernière prétention. Levessier avait, pour effectuer son regrès, sollicité et obtenu de nouvelles provisions, et Hureau en argumentait : 1° Levessier, disait-il, a par là reconnu lui-même ne point venir *jure antiquo;* 2° Il a résigné; or, sa résignation est purement et simplement consommée; 3° une clause résolutoire expresse serait même illicite. On peut remarquer que Hureau négligea cette circonstance, que le bénéfice n'avait pas été, dans l'*interim,* accepté par un tiers. La question fut donc discutée dans toute sa généralité, et les auteurs n'hésitèrent pas à décider que le débat eût eu la même solution, alors même que le résignataire eût été investi et mis en possession (62).

On répondit pour Levessier : 1° qu'il n'avait pris des provisions nouvelles que par précaution, mais qu'il eût pu s'en dispenser; 2° que la résignation renfermait une condition tacite de regrès, que dès lors Levessier devait reprendre son rang primitif; 3° qu'il n'était même pas nécessaire d'argumenter des clauses résolutoires expresses, insérées dans l'acte de résignation. La pratique avait en effet débuté par formuler des clauses expresses de regrès; mais bientôt elle les multiplia tellement que les collateurs essayèrent de les rendre impossibles. Ils prétendirent que ces clauses gênaient leur liberté dans le choix d'un bénéficiaire nouveau (63), et qu'elles étaient entachées de simonie, en ce sens qu'émanées des parties elles constituaient un véritable marché des choses saintes (64). Le Concile de Trente les proscrivit toutes;

seulement les collateurs, dans le but de protéger l'intérêt du résignant, insérèrent souvent dans les lettres d'institution la clause
que le résignataire n'était investi qu'à la charge de payer la pension *v. g.* due au résignant. C'est le pape qui accorde le regrès,
disait-on (65). Les Gallicans maintinrent toujours le regrès *ob
permutationem* et *ob non solutionem*, qui pouvaient s'appuyer sur le
droit civil; et la jurisprudence déclara que, même sans stipulation, elle les accorderait (66). Dumoulin fit une restriction à cette
doctrine, et soutint que le regrès *ob non solutionem* était abusif (67).

Mais s'il y avait doute sur certaines causes de résolution, il était
au moins certain qu'il en existait pour la résignation, alors même
qu'on ne les eût pas exprimées, et c'était précisément là l'argument de Levessier dans l'espèce que j'étudie. La résignation,
disait-il, est affectée de conditions résolutoires tacites, abstraction
faite des conditions résolutoires expresses.

Levessier gagna son procès devant les premiers juges. Sur
l'appel, il y eut transaction. Levessier aurait donc pu effectuer
le regrès sans provisions nouvelles (68); il rentrait au chapitre
comme s'il n'en était jamais sorti. Grâce à la rétroactivité, la condition résolutoire arrivait indirectement aux mêmes résultats
qu'eût directement atteints la condition suspensive.

217. — Cela est si vrai que plusieurs canonistes eux-mêmes ne
savent que décider. La résignation pour échange est affectée d'une
condition suspensive, disent Van Espen (69) et Flaminius (70).
Dans l'échange de bénéfices, écrit plus loin Van Espen (71), l'éviction équivaut à une condition résolutoire. Le regrès, dit à son
tour (72) Flaminius, constitue une manière d'acquérir; donc le
résignant s'est dessaisi, et il reprend : *fingitur quod nulla interve-
nerit vacatio.* On feint que le bénéfice n'a jamais été vacant (73).
Donc en réalité il l'a été, et le regrès est une condition qui résout
le droit du résignataire.

218. — § II. *Caractère du regrès accompli.* — Le résignataire
s'obligeait souvent à servir une pension au résignant, déclarant
qu'à défaut de paiement il se soumettait à l'excommunication (74)
et à la censure civile (75). Les canonistes français adoucirent ces
clauses de style qu'ils proclamèrent abusives, et ne permirent le

regrès que si le résignataire se refusait au paiement et non pour
un simple retard (76). C'était appliquer aux matières canoniques
les règles que le droit canon appliquait aux matières civiles.

219. — § III. *Conclusions.* — La théorie du regrès, cette condition résolutoire canonique par excellence, apporte au droit
romain des modifications théoriques et pratiques.

220. — ..... *Théoriques.* — L'incompatibilité de l'*actus legitimus*
et de la condition suspensive, encore respectée comme règle abstraite, est tournée par la théorie de la rétroactivité qui efface le
dessaisissement intérimaire de l'aliénateur.

221. — ..... *Pratiques.* — 1° Le regrès constitue un certain
nombre de conditions résolutoires légales; 2° qui se réalisent
avec des concessions possibles de délais; 3° la pénalité des effets
de la résolution augmente, car l'excommunication atteint celui
qui n'exécute pas les charges acceptées.

222. — Toutefois, la valeur de ces innovations, dans une matière spéciale, ne doit pas être exagérée. La théorie du regrès a
subi par contre-coup les conséquences des réformes que le droit
canonique, et plus tard le droit coutumier, apportaient dans les
résolutions civiles. On doit donc se référer aux développements
déjà donnés et à ceux que nous exposerons bientôt.

PÉRIODE DE RÉACTION.

SECTION I.

Droit féodal.

223. — § I. *Cas de résolution.* — Le fief est un contrat. Le seigneur donne (77) au vassal un bénéfice, une tenure sous la condition de services et de fidélité.

Si le vassal n'exécute pas ses obligations (78), s'il se rend coupable de félonie ou bien s'il désavoue son seigneur, la donation
sub modo qui lui est faite est résolue; il y a commise du fief (79).
Une clause résolutoire est inutile.

Les feudistes finirent par décider presque partout que la commise serait réciproque. Si le seigneur manque à ses obligations envers son vassal, il perd sa mouvance, et le vassal, sans posséder en franc alleu, relève désormais du suzerain de son seigneur (80).

221. — § II. *Caractère de la Commise.* — La source principale, je crois même unique, du fief, est le bénéfice, cette concession du chef de bande faite à ses antrustions. Il fut aisé d'appliquer à la résolution du bénéfice ou du fief les règles de la révocation des donations (81).

1° La commise fut donc une peine qui ne dut sévir que contre ceux qui pouvaient être et étaient coupables d'ingratitude (82);

2° La commise n'opère pas *ipso jure* (83). En faisant triompher cette solution quant au fief, les seigneurs pensaient sans doute qu'ils pourraient la faire accepter par analogie dans les matières civiles, et demander alors un double droit de lods et ventes, l'un pour l'aliénation intérimaire, l'autre pour la retranslation.

225. — Mais un fait historique se produisit qui donna un caractère propre à la commise.

J'ai indiqué par quel moyen les tribunaux ecclésiastiques avaient essayé d'englober dans leurs attributions les questions féodales. Les seigneurs résistèrent à cette entreprise, et les barons convoqués par Philippe-Auguste proclamèrent énergiquement leur volonté. *Cognoscant clerici de perjurio et transgressione fidei, sed ne propter hoc se capiant ad feodum* (84). Les officialités ne touchèrent plus au fief. Aussi est-il remarquable que pas un acte, pas une coutume, à ma connaissance du moins, ne sanctionne par l'excommunication l'accomplissement des obligations du vassal.

226. — **A.** Les seigneurs veulent donc écarter à tout prix les juridictions ecclésiastiques. Ils cherchent à leur enlever tout prétexte d'immixtion dans les matières féodales, et à « ne point se rendre trop servilement sujets aux décisions des canonistes. » (85)

1° Aussi ils effacent la nécessité du serment (86), qu'on cesse de considérer comme un élément essentiel du contrat constitutif de fief (87); et de cette suppression tirent immédiatement une conséquence. Le fief peut être commis par l'ingratitude du vassal, alors même qu'elle se produirait avant la prestation de serment

qui l'instituait légalement vassal (88). S'il n'y a pas ici ingratitude
et parjure, il y a tout au moins inexécution de la condition fonda-
mentale du fief, à savoir, de la fidélité du vassal, qui doit commencer avec la possession du bien inféodé. Cette idée fut subtilement exploitée contre le seigneur qui ne protégeait pas ses
vassaux. Ceux-ci, qui n'auraient pu à titre de donateurs et pour
ingratitude agir contre le seigneur en résolution de sa mouvance,
fondèrent leur demande sur l'inexécution des charges que lui
imposait le contrat de fief; de là naquit la réciprocité de la
commise.

2° Les seigneurs durent de plus en plus vivement soutenir que
la commise n'opérait pas *ipso jure* (89). Et en effet, quant aux
fiefs concédés aux vassaux à titre onéreux (et à une époque un
peu avancée (90), on sait que cette forme du fief devint plus
fréquente); la résolution *ipso jure* eût pu sembler usuraire aux
yeux de l'Église, qui se serait alors prétendue compétente.

227. — **B.** Les vassaux consentirent à éliminer la juridiction
ecclésiastique, mais ils éliminèrent du même coup les rigueurs
excessives qu'elle faisait découler de ses résolutions de droits.
Aussi, on peut constater dans les effets de la commise une atté-
nuation que justifie d'ailleurs une autre considération. L'infidélité
ou le désaveu du vassal n'empêchait pas qu'il ne se fût presque
toujours acquitté pendant un certain temps de ses obligations
envers le seigneur ou ses auteurs. Toutefois, même avec ces restrictions, la commise n'en fut pas moins considérée par les vassaux dans tout le royaume, et même par les seigneurs dans les
provinces où la commise était réciproque, comme une sanction
pénale (91), et dès lors comme une disposition *haineuse* qu'il fallait toujours restreindre et chercher à proscrire (92).

228. — De cette manière d'envisager la résolution, les feudistes tirèrent toutes les conséquences qu'en avaient déduites les
canonistes : 1° Quant à la nécessité de la faute pour entraîner la
commise; 2° d'un jugement pour constater la faute (93); 3° quant
à l'intransmissibilité active et passive de l'action de commise;
4° quant à la possibilité pour le vassal de purger sa demeure.
C'était là l'intérêt le plus grave qu'il y avait pour lui à consacrer
la théorie seigneuriale de la résolution *per sententiam*. Quant au

double droit de lods et ventes que les seigneurs espéraient obtenir en appliquant leur doctrine aux matières civiles, les légistes l'écartèrent en faisant dépendre la légitimité d'une double perception de la question de savoir si la résolution opérait non pas *ipso jure* ou *per sententiam*, mais *ex tunc* ou *ex nunc*. Et ils finirent par déclarer très-compatible la résolution opérant *ex tunc* et *per sententiam*.

229. — § III. *Conclusions.* — 1° Les causes de la commise du fief n'ont pas besoin d'être conventionnellement déterminées;

2° La résolution n'opère pas de plein droit;

3° Il n'y a plus exagération dans le caractère pénal de ses effets. Cependant la résolution n'efface pas encore *utrinqué* les droits nés, pour les parties, du contrat, bien que l'idée d'inexécution se dégage et se substitue dans une certaine mesure à l'idée d'ingratitude. Mais le droit féodal n'en tire qu'une seule conséquence : la réciprocité de la commise.

SECTION II.

Droit civil.

Article I. — Pays de coutume.

230. — § I. *Cas de résolution.* — En outre des causes résolutoires conventionnelles, qui sont consacrées, les causes de résolution légale se multiplient.

— (1re catégorie.) Le louage est résolu si le locataire ne paie pas (94), ou abuse de l'objet loué (95), si le locateur ne fait pas les grosses réparations (96), si le locataire d'industrie n'exécute pas le travail promis (97); — l'emphytéose (98), si l'emphytéote cesse pendant un laps de temps de payer le canon; — la société (99), si l'un des associés administre mal; — l'albergataire (100), ou le preneur à bourdelage (101) perdent leur droit s'ils cessent de remplir leurs obligations.

Enfin, il y a résolution de toutes les « convenances faites pour une cause, et dont la cause n'est pas següe. » (102)

— (2ᵉ catégorie.) Les donations sont révocables pour ingratitude (103) et pour inexécution des charges (104). Ici, je constate un fait important par ses conséquences. L'inexécution des charges, longtemps confondue parmi les causes d'ingratitude, prend peu à peu une place à part (105).

— (3ᵉ catégorie.) En l'absence d'une clause commissoire, qui eût certainement été valable (106), la vente est-elle résoluble par cela seul que l'acheteur ne paie pas le prix convenu? Et pour généraliser la question, l'inexécution des charges est-elle dans les contrats intéressés une cause toujours sous-entendue de résolution?

Le droit coutumier finit par adopter l'affirmative. Essayons de préciser : 1º quelles circonstances favorisèrent cette solution; 2º à quelle date elle triompha.

231. — I. 1º La pratique prépara les esprits à généraliser la résolution pour inexécution des charges par l'emploi répété de pactes commissoires (107). Le regrès bénéficial légal ne doit-il pas de même sa naissance au fréquent usage de clauses expresses?

2º La division romaine des contrats nommés et innommés n'avait plus de raison d'être. Aussi les jurisconsultes confondirent-ils la donation *sub modo* avec les contrats *do ut facias* ou *do ut des* (108), et rapprochèrent-ils souvent l'échange de la vente; *venditio contractus est innominatus per quem fit commutatio rei cum pretio ex consensu* (109). Or, si l'échange est résoluble, il est irrationnel que la vente ne le soit pas. Paul de Castro (110) avait, dès la fin du xivᵉ siècle, remarqué que la vente devrait être résoluble, au moins comme contrat innommé. Ainsi, par l'argument d'analogie, l'école coutumière ramenait les lois à l'unité.

3º L'intention du vendeur, en contractant, n'a-t-elle pas été que, si l'acheteur ne le payait pas, le contrat ne tiendrait pas? Or, les jurisconsultes coutumiers se sont à juste titre occupés du rôle de l'intention. Pour repousser certaines traditions historiques qu'on leur opposait, et qui ne faisaient découler la résolution que de clauses spéciales, ils créèrent la théorie de la *cause finale*. Si dans certains textes la résolution est refusée, c'est que l'exécution des charges imposées à l'acquéreur n'était exceptionnellement que le *motif* de l'aliénation ; elle était au contraire la *cause finale*, c'est-à-dire le but intentionnel et précis de l'aliénation dans les textes où elle est accordée (111). (6 C. *de pactis inter...*) Or, dans la vente, le palement du prix est pour le vendeur la *cause finale* du contrat ; *fidem non servanti fides non servatur.*

4° Les coutumiers adoucirent les effets de la résolution ; et par là ils furent amenés à en multiplier les équitables applications.

232. — II. On prétend que la généralisation de la résolution légale ne remonte pas au-delà du xvi° siècle. Je crois pouvoir établir que si, au xvi° siècle, elle passe à l'état de fait incontesté, elle naît en réalité à la fin du xiii° siècle, et à cette date a déjà pour elle l'appui de la doctrine et de la législation.

233. — *Monument doctrinal.* « Si une meson ou autre coze, dit Beaumanoir (112), est faite de cozes qui furent à plusieurs, et que chacun redemande sa coze parcequ'il n'est pas paié du prix qu'il la vendit, et parcequ'on ne veut ou qu'on ne peut paier, la meson ne doit pas être dépécée, pour rendre à l'un son merien, et à l'autre sa pierre, et à l'autre sa tuille, aucun se doivent cil qui la coze baillèrent ou vendirent sans prendre pleige et à telle personnne qui ne pot paier souffrir de leurs damaces quand ils le baillèrent. Mais voir est si chacun trueve sa coze entière, avant qu'elle soit mise en œuvre et *après le terme* qu'il dut être paié du prix, et ele est encore à celi qui l'aceta, on le pot *redemander arrière,* si li aceteres ne fet plein palement ; car male coze serait si je treuvaie mon merien que j'auraie vendu sans être mis en œuvre et en la main de l'aceteur, et je ne pooie avoir le pris ni le merrien qui fut mien. »

Ce texte montre la résolution *légale*, pour non palement du prix, admise dans la vente *à terme*. Le vendeur qui ne peut avoir le prix doit au moins reprendre l'objet.

Cependant, à une date postérieure, des jurisconsultes (113) disent formellement que le vendeur, par défaut de palement du prix, n'a pas pouvoir de « revendiquer la chose vendue, mais seulement action de la somme du prix. » Il n'y avait donc pas dans le texte de Beaumanoir l'expression d'une théorie unanimement acceptée.

234. — *Monument législatif.* Notre très-ancienne Coutume de

Bretagne, dont Hévin (114) place la rédaction en l'année 1330,
formule comme principe général, dans son chapitre 326, la résolution des contrats pour inaccomplissement des charges qu'ils
renferment.

« Quant à dépécer le contrat (115), il conviendrait que la partie qui le veut dit qu'elle fut deceue outre moitié du juste prix,
ou deceue par vin, ou par folle entente, ou que fraude y eût, ou
qu'elle fût mineure, ou que le marché fût conditionnel, *ou qu'il y
eût conditions qui ne fussent pas accomplies deuement de l'autre partie*,
desquelles conditions adviendrait que celui qui voudrait dépécer
le contrat ou marché qu'il les enseignât. »

On peut donc *dépécer* un contrat si le marché est conditionnel,
c'est-à-dire est affecté d'une condition suspensive, ce qui n'est
pas notre cas, — ou bien encore si l'une des parties n'exécute pas
ses obligations. Et ce second membre de phrase, distinct du premier, ne peut évidemment faire allusion qu'à une condition résolutoire. Autrement il n'aurait pas de raison d'être.

A la réformation de 1539, à laquelle participèrent des conseil-
lers du Parlement de Paris (116), le chapitre 326 fut morcelé. On
détailla dans plusieurs articles la possibilité de rescinder les contrats pour cause de lésion, de dol ou de minorité. Quant à ce qui
touchait à la résolution du contrat pour inexécution des charges,
ce passage du texte fut effacé, comme tout ce qui se référait aux
conditions. Le droit commun à cette époque acceptait en effet la
solution de la T. A. Coutume, et dès lors la disposition de celle-
ci devenait inutile.

235. — Je rapporte donc à la T. A. Coutume de Bretagne l'honneur d'avoir, par son initiative, généralisé la résolution légale du
contrat pour inaccomplissement des charges, deux siècles avant
que Dumoulin n'ait prêté à cette théorie l'autorité de son enseignement.

236. — Voici maintenant le passage où Dumoulin (117) expose
sa doctrine : « On soutient, dit-il, qu'il n'est pas permis de résoudre les contrats nommés pour inexécution des charges, et l'on
invoque la loi 12 C. *de rei vindic.* Cette loi est manifestement
fausse si on veut l'appliquer au louage. Il faut également se garder de l'appliquer avec trop de facilité à toutes les ventes, et il

est sage de faire une distinction. Le vendeur n'a-t-il intérêt qu'à toucher son prix et ne se plaint-il que des retards de l'acheteur, il aura l'action pour contraindre celui-ci au paiement. C'est l'espèce de la loi 12. — A-t-il au contraire un intérêt spécial à recevoir le prix ; voulait-il, par exemple, l'employer à racheter la maison de ses pères, et court-il ainsi le risque de ne pouvoir réaliser son intention et de perdre en même temps le fonds qu'il a vendu, alors la cause finale du contrat manque et sa résolution est possible. Cette règle est vraie pour tous les contrats nommés. Il n'est pas indispensable de dire subtilement avec Paul de Castro que l'intervention d'une cause finale déterminée change la vente en un contrat innommé. Le vendeur, en outre de la *condictio*, peut, en effet, intenter l'action qui sanctionne le contrat ; *quia non solum locus esse potest condictioni ob causam ex natura sua generali, sed etiam actioni ex vendito vel ex contractu nominato.* »

Sur l'article 23 de la Coutume de Paris, il est encore plus expressif.

237. — Cette théorie entra peu à peu dans la pratique des Parlements. Carondas (118), dans ses notes sur Bouteiller, nous atteste qu'en l'absence de pacte commissoire il avait vu plusieurs fois consacrer la résolution par les tribunaux. Guy Coquille (119), Domat (120), Furgole (121), Henrys (122), Bourjon (123) et Pothier (124) formulent dans toute son étendue le principe nouveau.

238. — La résolution n'a plus besoin d'être expressément réservée dans les contrats synallagmatiques. Le contrat ne peut manquer d'un côté sans manquer de l'autre (125). Les engagements de l'une des parties ne tiennent que si ceux de l'autre ne sont pas anéantis, tant est grande l'indivisibilité de telles conventions (126).

239. — § II. *Caractère de la résolution accomplie.* — J'ai montré comment le droit canonique fut amené à ralentir l'accomplissement de la résolution, mais à en exagérer les conséquences rigoureuses. Le droit féodal repoussa rapidement l'influence canonique. Une prompte et complète victoire lui permit de se développer par ses propres forces. Sa résistance fut calme. Il se contenta de protéger contre l'autorité ecclésiastique son indépendance.

Tout autre fut la marche du droit coutumier. Attaqué, restreint, presque annihilé par les canonistes, après avoir longtemps subi leur domination, il entreprit un jour de se défendre. La lutte fut ardente. Aussi, quand il triompha, il réagit avec passion ; et les doctrines de l'Église, même en matière civile, furent sévèrement critiquées et combattues.

210. — Je constate la lutte.

L'excommunication atteignait ceux qui n'exécutaient pas leurs obligations civiles. L'emploi des peines spirituelles était si fréquent, que les Conciles de France (127) croyaient nécessaire d'ordonner la tenue de registres où l'on constaterait le nom des excommuniés, celui de leur créancier, la somme due, les termes du paiement. L'excommunication était devenue un *plebeium mandatum* (128).

En vain les jurisconsultes rappelaient ce mot d'une prêtresse païenne, qu'elle était née pour bénir, et non pas pour maudire (129) ; en vain les synodes et les canonistes recommandaient de ne point excommunier *pro parca re* (130) *ne eradicendo zizaniam eradicetur et triticum* (131) ; il fallut que des édits royaux (132), fermement appliqués par la jurisprudence (133), reproduits par l'article 35 des libertés de l'Église gallicane, vinssent interdire dans les matières civiles l'emploi de l'excommunication, et restituer sa compétence à la justice royale *énervée* (134).

D'Argentré contribua largement à cette réforme, déjà préparée du reste en Bretagne par une ordonnance du duc et par la jurisprudence (135). Il fit insérer dans l'art. 9 de la nouvelle Coutume « la défense aux gens d'église de procéder par censure et excommunication contre aucun detteur séculier par faute de paier sa dette, » et effaça les tempéraments que la rédaction de l'ancienne Coutume avait cru devoir conserver (136). Toute clause conventionnelle par laquelle le débiteur laïque se soumettrait à l'excommunication, au cas d'inexécution du contrat, est sans effet. « Le séculier ne peut ainsi proroger la juridiction du juge ecclésiastique. » (137) C'est là une preuve nouvelle d'une proposition importante que j'ai soutenue : les parties, en soumettant à l'excommunication celle qui n'exécuterait pas ses obligations, donnaient, pour peu que la convention relative à l'excommunication fût maintenue, compétence aux tribunaux ecclésiastiques. *

241 — Le droit coutumier finit donc par écarter l'excommunication, dernier débris de la résolution du droit canonique, et voici les conséquences qui en résultèrent.

1° La résolution pour inexécution des charges fut généralisée.

2° Après avoir admis la *purgatio moræ*, et le système des clauses et des jugements comminatoires « qui, suivant l'expression de Henrys (2ᵉ vol., liv. 4, quest. 68), faisaient presque toujours plus de peur que de mal; » le droit coutumier donna plus de force à la volonté expresse des parties; et quelques jurisconsultes tendirent, aux xviiᵉ et xviiiᵉ siècles, à accélérer dans une certaine mesure l'accomplissement des résolutions.

3° On diminua la rigueur de la résolution contre celui qui l'avait occasionnée. L'anéantissement du contrat cessa d'être unilatéral pour s'appliquer désormais aux obligations nées de part et d'autre. Le caractère pénal disparut. L'idée d'inexécution, et non plus celle d'ingratitude, fut le principe des résolutions.

242. — § III. *Conclusions.* — 1° La résolution devient légale pour les contrats synallagmatiques;

* Je remarque toutefois que si la validité de la stipulation d'excommunication est appréciée par un jurisconsulte breton, la question ne se soulève qu'à une époque assez récente. Si l'on consulte les sources primitives du droit breton, on verra que les diplômes ne contiennent ni la mention de la stipulation arcadienne, ni la clause d'excommunication, fait qui prouve, suivant moi, de plus en plus l'origine romaine de la *stipulatio subnixa*, ainsi proscrite des documents d'origine celtique (Preuves de Dom Maurice, *Histoire de Bretagne*, tome 3, p. 299, donation de 837; — p. 403, vente de 1030; — p. 720, vente du 13ᵉ siècle).

Trois actes contiennent cependant, sinon la clause d'excommunication, du moins de simples imprécations, et cette singularité s'explique.

Le premier de ces actes constate une donation faite au monastère du Mont Saint-Michel (p. 572, *op. cit.*). Mais le nom même du lieu indique que nous avons dépassé les frontières de la Bretagne. De plus, la donation est de l'an 1032. L'influence du reste de la France a pu se faire sentir; et je trouve, en effet (p. 520), une donation faite au monastère du Mont Saint-Michel, à la date de l'an 990, qui ne contient aucune imprécation.

Le second acte (p. 548) rapporte une donation faite par l'évêque de Cornouailles au monastère de Landévennec. Ici je suis en pleine Bretagne. Mais je crois pouvoir placer l'acte au 13ᵉ siècle. A la fin du diplôme, en effet, les malédictions sont dirigées contre celui qui ne voudra pas tenir le contrat, *nisi digna satisfactione emendaverit*. Ces mots me paraissent la reproduction des termes analogues des chapitres 3 et 4 *de locato*, *Extra*, de l'an 1233. Et ici encore je rencontre (p. 467), à la date de l'an 1090, une autre donation faite au monastère de Landévennec, et qui ne contient aucune formule imprécative.

Le troisième acte renferme également des imprécations, et se termine par ces mots : *quæ firma permaneat*, souvent placés dans les diplômes du recueil de Canciani. Il me suffit de constater qu'il s'agit d'une donation faite à l'abbaye de Bourgueil, sur la limite du Poitou, et que l'abbaye ayant été fondée en l'an 990, la donation se trouve forcément reportée à une époque plus rapprochée de nous.

Ces documents établissent que l'influence canonique n'avait pas été aussi énergique sur le droit bre-

2º Elle reste judiciaire, mais elle se réalise plus rapidement ;
3º Elle opère *utrinque*.

Article II. — Pays de droit écrit.

243. — § I et II. *Cas de résolution et caractère de la résolution accomplie.* — L'adoucissement des effets de la résolution est si bien une réaction du droit coutumier contre les empiétements du droit canon, que dans les pays de droit écrit, où la partie coutumière de la législation reste dans l'ombre, la résolution accomplie a presque la même rigueur que si elle était réalisée par le pouvoir ecclésiastique. *

244. — Mais immédiatement les conséquences se produisent. La résolution, sauf quant au pacte commissoire de vente, opère avec lenteur. On multiplie les déchéances contre celui qui veut l'invoquer ; et l'effort des jurisconsultes, en la qualifiant de peine, est toujours de la rendre odieuse afin d'arriver à la proscrire.

245. — Ainsi, non-seulement pour qu'il y ait résolution de la vente, les légistes du Midi exigent un pacte commissoire exprès (138), au moins jusqu'au XVIIᵉ siècle, car, à partir du milieu du XVIIIᵉ, il y eut tendance à généraliser la résolution pour inexécution des charges (139) ; mais dans les cas même où la résolution était légale à Rome, ils essaient de l'entraver. « Nous avons les peines en horreur, dit Imbert (140) au XVᵉ siècle, et rejetons la commise de l'emphytéose pour cessation dans le paiement du canon. Elle n'est prononcée que s'il y a contumace affectée et judiciairement établie. » Despeisses (141) et Boutaric (142) professent la même doctrine. « A Toulouse, dit le pre-

---

ton primitif qu'elle le fut dans le reste de la France. Je m'explique d'autant mieux que la résolution pour inexécution des charges, n'ayant pas dès lors le caractère pénal qu'elle dut au droit romain et au droit canon, eût été facilement généralisée dans les habitudes juridiques de notre province, et y fut plus tard législativement consacrée dans le texte de la T. A. Coutume.

* L'influence ecclésiastique a dicté les Assises de Jérusalem. Aussi, voyez avec quelle énergie procède le principe dont le droit romain a, dans la loi 6 § 1 *de contrah. empt.* D., fourni le germe ! « On a pris un serviteur ou une chambrière à gage pour un terme, disent les Assises tome 2, p. 68). S'il veut congé, mais qu'il reste en Syrie et qu'on le rattrape, on lui perce la main avec un fer rouge, à moins qu'il ne jure d'achever le terme ; et il perd les gages du temps qu'il a servi, car il a menti à sa foi ; *et quia noluit adimplere quod debuit, merito amisit quod habuit.* » « Celui qui manque à son obligation dégage les autres envers lui, mais non ad envers les autres. » Livre de Jean d'Ibelin, édit. Beugnot, 1ᵉʳ vol. p. 380.

mier, la commise de l'emphytéose n'a pas lieu pour défaut de palement; et au restant du royaume elle n'est pas observée à la rigueur. » Il cite à cet égard Loyseau (143). Quant au second, son témoignage n'a pas la même valeur, car il ne distingue pas assez le bail à cens de l'emphytéose (144).

216. — Je me rends ainsi compte de la contradiction apparente qui existe entre les affirmations opposées d'un certain nombre d'anciens auteurs. Les uns (145) soutiennent que la commise de l'emphytéose a toujours eu lieu en France, tandis que les autres (146) le nient. Il suffit de rapporter l'avis des premiers à ce qui se passait dans les pays de coutumes, l'avis des seconds à ce qui se passait dans les pays de droit écrit. L'usage des jugements comminatoires devait d'ailleurs arriver, en fait, à l'anéantissement apparent des résolutions, qui n'étaient jamais définitives; et si en droit la commise existait presque toujours, il est certain qu'en pratique elle ne se réalisait presque jamais.

217. — La résolution des provinces de droit écrit, étrangère aux modifications du droit coutumier, a gardé le caractère de la résolution canonique. Le *Petrus* (147) confond l'ingratitude avec l'inexécution.

218. — § III. *Conclusions.* — 1° La résolution n'est pas sous-entendue pour inexécution dans tous les contrats. Elle est même restreinte dans ses applications;

2° Elle a besoin de la sentence du juge pour exister;

3° Elle est unilatérale dans ses effets.

TITRE I.

La condition résolutoire est pendante.

249. — Première règle. Tout s'exécute comme si le droit résoluble était pur et simple; *interim vera emptio et alienatio est* (1); *venditio pura est* (2).

1° Le titulaire du droit résoluble supporte la perte (3).

2° Il a désormais un titre qui, contre le véritable propriétaire de l'objet acquis, peut servir de base à l'usucapion (4), et en vertu duquel il effectue en Bretagne son appropriement (5).

3° Il exerce les actions, garantie de son droit (6).

4° Il peut constituer des droits réels, des hypothèques, des servitudes (7), aliéner la pleine propriété qui lui a été transmise (8); et l'acheteur ne pourrait avant l'éviction agir en garantie contre le titulaire du droit résoluble (9) qui aurait vendu en cette qualité. La vente peut sans doute tomber, mais elle peut aussi tenir.

5° Il peut faire les réparations (10).

6° Il passe les baux, par *a fortiori* des décisions précédentes. Quelques Coutumes avaient mis dans l'intérêt de ceux qui pouvaient exercer un retrait, des restrictions au pouvoir de passer des baux dans l'année de l'acquisition. Mais cette mesure ne tenait en rien à la nature résoluble du droit transféré, puisque la règle s'appliquait même aux acquisitions pures et simples.

7° Il gagne les fruits, les accessions (11).

8° Le bien acquis est soumis au douaire de la femme (12).

Le droit féodal applique également le principe : l'acquisition résoluble est intérimairement pure et simple. Ainsi :

9° L'acquéreur doit l'hommage (13).

10° Dans les Coutumes et à l'époque où l'aliénation du bien inféodé sans autorisation du seigneur emporte commise, il y a commise par l'aliénation sous condition résolutoire (14).

11° Le seigneur exige, à la mort de l'acquéreur résoluble du fief, un droit de relief (15).

12° Le seigneur a droit aux lods et ventes si l'aliénation porte sur une censive, au quint si elle porte sur un fief (16).

13° L'acquéreur, étant investi du droit, peut en subir la commise par désaveu ou félonie (17).

14° Ceux qui ont droit d'exercer des retraits peuvent en argumenter contre lui (18). Ils ne doivent donc pas laisser passer les délais, en dehors desquels ils seraient forclos.

250. — DEUXIÈME RÈGLE. La transmission du droit au profit de l'acquéreur n'est pourtant pas définitive.

Quelques jurisconsultes en ont conclu que le titulaire du droit résoluble ne pourrait expulser *per interim* le fermier ou le locataire. La décision existe au moins pour le réméré (19).

TITRE II.

La condition résolutoire ne s'accomplit pas.

251. — RÈGLE. *Resolutione non facta, remanet jus a principio purum* (1). *Manet emptio et incommutabilis efficitur* (2).

Ainsi, en matière féodale, les lods et ventes sont incommutablement acquis au seigneur (3).

Les actes du titulaire résoluble sont désormais inattaquables.

TITRE III.

La condition résolutoire s'accomplit.

———

CHAPITRE I.

COMMENT S'ACCOMPLIT LA RÉSOLUTION?

PREMIER ÉLÉMENT.

Existence du fait résolutoire.

SECTION I.

252. — Il faut l'accomplissement du fait résolutoire, le non-paiement par l'acheteur du prix de la vente, l'inexécution par le donataire des charges imposées; l'inexécution, même partielle (1), entraîne résolution.

SECTION II.

253. — Cet accomplissement effectif suffit-il, et la résolution opère-t-elle de plein droit?

C'est là un problème complexe, et qui, pour être nettement exposé, doit être décomposé en trois questions subsidiaires.

1° Faut-il une interpellation, une mise en demeure?

2° Le débiteur peut-il purger sa *mora?*

3° Est-il besoin d'une sentence judiciaire?

J'examinerai cumulativement le cas où le droit de résolution résulte de la loi seule, et le cas où il résulte d'une convention expresse.

PÉRIODE D'EXAGÉRATION.

254. — **A.** **PREMIÈRE HYPOTHÈSE.** Un terme a été fixé à l'accomplissement des obligations.

255. — § I. *Mise en demeure.* — Faut-il une mise en demeure, une interpellation?

Non, répondent presque (2) unanimement le droit barbare (3), le droit canon (4) et les jurisconsultes coutumiers (5). Cette solution est surtout vraie au cas où la convention expresse des parties, et non la loi, a précisé le terme (6).

Objectera-t-on qu'il n'est pas de mise en demeure sans interpellation? Les Décrétales répondent par un mot qui a fait fortune : *Dies statuta pro domino interpellat* (7).

Objectera-t-on que le délai existe le plus souvent en faveur du débiteur? Sans nier l'argument, on se contente de remarquer que la restriction du délai concédé est en faveur du créancier (8).

256. — Mais sous l'influence des idées générales que j'ai constatées, le droit canon, et pendant un certain temps le droit coutumier, voulurent ralentir autant que possible l'accomplissement de la résolution.

On exigea dès lors de la partie à laquelle profitait la résolution qu'elle déclarât au moins sa volonté d'en user. Pour couvrir cette innovation, qui rejetait en apparence la sommation pour la ressusciter l'instant d'après sous un nom différent, on argumenta de l'autorité du droit romain et d'une interprétation abusive de ses textes (9). Le droit romain avait dit que le créancier pouvait à son gré invoquer ou non la résolution sans préciser autrement sous quelle forme devait se produire sa volonté. Nos anciens auteurs soutinrent que cette volonté devait se manifester sous la forme sacramentelle d'un acte extra-judiciaire ou judiciaire (10). L'inconséquence était trop frappante pour n'être point signalée. La Décrétale : *Potuit* (chapitre IV *de locato*), en supprimant l'avertissement extra-judiciaire, n'a pu le conserver, et surtout rendre obligatoire la citation en justice (11). — L'argument resta sans réponse, et des motifs spéciaux de législation firent triompher l'avis le plus illogique. Aussi voyons-nous la pratique user prudemment de sommations, même dans les pactes commissoires (12), tandis que la théorie professe avec subtilité qu'une déclaration, sinon une sommation, est nécessaire de la part de celui qui profite de la résolution.

257. — § II. *Purgatio.* — Le débiteur peut-il exécuter utilement ses obligations après le terme fixé, et écarter ainsi la résolution? Peut-il purger?

C'était une pensée de l'Église (13), déjà législativement consacrée (14), qu'un prompt amendement efface la faute, que les pénalités de la résolution doivent, non pas surprendre la négligence, mais châtier l'obstination du débiteur (15). Aussi le texte des Décrétales que j'ai déjà cité permit au débiteur de purger sa demeure (16) *celeri satisfactione;* et ce droit, d'abord restreint à celui qui avait traité avec une église (17), fut bientôt étendu même à celui qui avait traité avec un simple particulier (18); sans qu'il y eût à distinguer entre la résolution tacite et la résolution expresse (19).

258. — Quelle était maintenant la limite supérieure de ce délai, en dedans de laquelle le débiteur pouvait purger?

Les canonistes et les coutumiers essayèrent d'abord de lui donner une précision arbitraire. La *purgatio moræ* fut admissible pendant quelques jours seulement (20), jusqu'au second, jusqu'au quatrième jour (21); puis jusqu'au premier mois (22); elle le fut bientôt tant que la partie qui devait profiter de la résolution n'eut pas déclaré sa volonté d'en user (23), ou n'eut pas effectivement souffert du retard que le débiteur avait apporté dans l'accomplissement de ses obligations (24). Quelques-uns ne virent une forclusion pour le débiteur que dans la *litis contestatio* (25), après laquelle il est pour le créancier un droit acquis. Enfin, l'opinion qui triompha fut celle qui laissait l'appréciation du délai et de l'opportunité de la *purgatio* à l'autorité du juge (26). C'était permettre à ce dernier d'admettre la *purgatio* jusqu'à la prononciation de la sentence; et cette extension fut bientôt consacrée par l'adhésion des jurisconsultes (27) qui, rejetant des distinctions un instant proposées (28), appliquèrent leur doctrine même au cas où le terme était précisé, non par la loi, mais par une convention expresse et spéciale des parties (29). *

Dans une espèce que rapporte Louët (30), la clause commissoire était répétée trois fois, et malgré cette manifestation si vive de l'intention des contractants, la *purgatio moræ* fut admise.

Au cas de pacte commissoire de vente, la résolution opérait de plein droit dans les pays de droit écrit. Aussi la *purgatio* était-elle impossible (31).

259. — § III. *Sentence.* — Faut-il une sentence judiciaire? Écarté par le droit barbare (32), par les pays du Midi en matière de pacte commissoire de vente (33), et par le droit commercial (34), le juge, sous l'influence canonique, intervint dans l'accomplissement de la résolution. Il se contenta tout d'abord d'en déclarer la réalisation (35), de constater qu'il y avait faute de la part du débiteur, et que le contrat n'était pas usuraire (36). La sentence devint ainsi dans tous les cas (37), sans distinguer entre la résolution tacite et la résolution expresse, un élément essentiel de la résolution; et ce fut bientôt un axiome coutumier que le principe : toutes peines requièrent déclaration (38).

A ceux qui étaient tentés d'invoquer les souvenirs du droit

* La Cour de Cassation (Sirey, 1815, 1, 462) a donc sainement apprécié l'effet d'une clause résolutoire insérée dans un bail à cens, en décidant qu'alors même que le défaut de service du cens se serait réalisé depuis le Code Napoléon, il fallait permettre la *purgatio* postérieure à la date fixée, mais antérieure à la sentence. Confer quant à l'emphytéose : Merlin, Quest., v° emphyt., § 3 n° 2, et M. Troplong, louage, n° 16.

romain pour proscrire la prétendue nécessité de la sentence, on répondait qu'une décision judiciaire est indispensable, sinon pour résoudre, du moins pour autoriser l'exécution effective de la résolution, et pour ne point donner lieu à des voies de fait que notre ancien droit a toujours sévèrement réprimées (39).

Je ne puis passer sous silence une modification intelligente que Coquille (40) patronnait de l'autorité de son nom, et qui était appliquée au regrès bénéficial (41). « Quand il y a convenance expresse, il ne faut pas en faire un procès ordinaire, mais le juge doit y répondre sur une simple requeste, ayant vu la convenance par écrit. » Il est regrettable que cette solution n'ait pas été acceptée par nos grands auteurs (42).

260. — DEUXIÈME HYPOTHÈSE. Aucun terme n'avait été fixé pour l'accomplissement des charges.

261. — § I. *Mise en demeure.* — Faut-il une sommation? L'affirmative a de tout temps été incontestée et appliquée à la résolution tacite comme à la résolution expresse (43).

262. — § II. *Purgatio.* — Le débiteur peut-il purger?

Oui, dans les résolutions tacites et dans les résolutions expresses. Sur ce point encore il n'y eut jamais doute. « Le débiteur est maudit, *nisi digna satisfactione emendaverit.* » (44)

Mais la difficulté se présenta de nouveau de savoir jusqu'à quel temps le débiteur pourrait purger. Tandis que les uns lui donnaient quelques jours seulement, le plus grand nombre lui accordait jusqu'à la *litis contestatio* (45), c'est-à-dire jusqu'à la prise de conclusions par la partie qui devait profiter de la résolution; quelques-uns enfin jusqu'à la sentence (46), et même jusqu'à l'arrêt d'appel (47). Cette dernière opinion prévalut dans le xviiiᵉ siècle; elle fut même un instant exagérée.

L'accord existe sur la formule théorique : le débiteur ne doit plus purger, et doit, au contraire, subir la peine de la résolution s'il s'obstine à ne pas accomplir les charges (48). Seulement la controverse existe sur la détermination du moment précis où la contumace du débiteur ne peut plus être supportée.

263. — § III. *Sentence.* — Faut-il une sentence?

La sentence judiciaire intervint également dans cette seconde hypothèse, que la résolution fût tacite ou expresse (49), et son

Intervention y fut même plus facilement acceptable que dans notre premier cas. L'expression incomplète de la volonté des parties, en ne déterminant pas d'avance une date fixe pour l'exécution des obligations, entraînait la nécessité d'une décision judiciaire. Présentée d'abord comme déclarative de la résolution (50), elle devint en réalité un élément constant de son accomplissement (51), tout au moins de sa mise à exécution (52).

264. — Mais au fond, la sentence était-elle *déclarative* ou *attributive* de résolution? Et la question se pose, que le terme pour l'accomplissement des obligations soit ou non fixé, que la résolution soit ou non légale.

Pothier appelle la sentence déclarative (53), que la résolution procède de la loi ou d'une clause expresse. Il est évident que les anciens jurisconsultes devaient ainsi la présenter dans le but politique d'en généraliser plus facilement l'emploi.

265. — De cet effet déclaratif découlent plusieurs conséquences précises.

1° La commise du fief profite au seigneur du temps de l'injure, et non à celui du temps de la sentence (54).

2° Le mari, vassal frappé de mort civile pour félonie, commet la totalité des fiefs, conquêts de communauté (55); car le droit de commise est acquis au seigneur dès le temps de l'injure.

3° Pothier (*vente*, n° 461) suppose un vendeur qui, ayant en vertu d'un pacte commissoire conclu à la résolution, veut changer ses conclusions et demander le paiement du prix, et il enseigne « que le vendeur ne le peut pas, alors même que l'acheteur n'aurait encore signifié aucun consentement aux conclusions du vendeur. L'acheteur les a suffisamment consenties d'avance par la clause qui est au contrat, et ce consentement anticipé a suffisamment opéré la résolution, de manière que la sentence ne fait plus que la déclarer et la confirmer. » (56)

266. — Si Pothier s'arrêtait là, sa théorie aurait au moins l'unité d'un système; et sans m'arrêter à faire remarquer combien il est singulier d'appeler déclarative une sentence qui, suivant

---

* Tiraqueau, v° *Revertitur*, nos 70 et 100 distingue : si la résolution opère *ipso jure*, la sentence est déclarative ; dans le cas contraire, elle est attributive, ou suivant son expression *dispositiva*.

son expression, *seule opère irrévocablement* la résolution et est exigée dans toutes les hypothèses, je constaterais la netteté de ses
principes. Mais Pothier accepte dans ces mêmes paragraphes une
solution qu'il essaie vainement, suivant moi, de concilier avec
celle que je viens de relever; et après avoir dit que la résolution
déclare la résolution, il va tirer toutes les conséquences, moins
une (*vente*, n° 461), qu'on aurait déduites du principe contraire.

Il admet, au cas de résolution tacite (57), comme au cas de résolution expresse (58), que le débiteur peut purger jusqu'à la
sentence, et même en appel (59). Or, l'admission de la *purgatio*,
surtout postérieurement à l'instance entamée, est, si je ne m'a-
buse, négative de l'effet déclaratif.

La résolution, en effet, a opéré ou n'a pas opéré; il n'y a pas
de milieu. Si elle a opéré, un contrat nouveau peut seul créer un
état de faits à peu près semblable à celui qui vient de s'évanouir.
Le débiteur ne peut par une *purgatio* tardive maintenir ce qui
s'est écroulé.

Si la résolution n'a pas opéré, le droit chancelant de l'acquéreur est guéri par la *purgatio*, mais la possibilité de la *purgatio*
montre que la sentence seule résout le droit qui n'était pas encore tombé et qui n'était que malade.

Cependant Pothier essaie de concilier l'effet déclaratif et la *purgatio*, car il sent trop bien l'objection que l'une de ces théories
fait immédiatement naître contre l'autre. « La *purgatio*, dit-il (60),
est une pure grâce que notre jurisprudence accorde à l'acheteur
et qui ne doit pas être rétorquée contre lui lorsqu'il ne veut pas
s'en servir. »

En outre, la théorie des délais que Pothier n'applique, il est
vrai, qu'à la résolution tacite, mais que Domat et Bourjon
étendent même à la résolution conventionnelle, rend selon moi
insoutenable le prétendu effet déclaratif de la sentence.

Il me paraît plus vrai que Pothier a cédé sans s'en douter à ce
mouvement de l'ancien droit essayant de ralentir sans cesse l'accomplissement des résolutions, et pour cela permettant toujours, même contre les conventions les plus précises, la *purgatio*
du débiteur.

Quoi qu'il en soit, je remarque que Pothier argumente déjà de l'énergie des conventions expresses pour leur faire produire au moins virtuellement la résolution du contrat, pour empêcher par là le vendeur de modifier ses conclusions (61), et le juge, comme je le montrerai bientôt, d'accorder des délais.

Mais je constate en même temps que Pothier, sauf en ce qui concerne le fief (62) et le droit pour le vendeur de se rétracter (63), agit comme si la sentence était attributive; et la sentence est en réalité attributive dans la résolution expresse, du moment qu'il y a *purgatio* possible; dans la résolution tacite, du moment qu'on permet la *purgatio*, et qu'en outre un délai peut être accordé au débiteur. L'appréciation du juge ne se reporte donc plus à l'époque où les charges imposées devaient être exécutées et ne l'ont pas été. Que devient alors cette prétendue *déclaration?*

267. — **II.** Si maintenant je rassemble sur l'une et l'autre hypothèses les questions que je viens d'étudier, j'arrive à ce résultat unique.

Pour que la résolution se produise, il faut :

1° Un avertissement du créancier, — une sommation s'il n'y a pas eu terme fixé; une déclaration dans le cas contraire;

2° Le débiteur peut purger jusqu'à la sentence;

3° Une décision judiciaire est indispensable.

Cette théorie s'explique tout entière par ce fait que le caractère pénal, rigoureux de la résolution accomplie, conduisit les jurisconsultes à en entraver le plus possible la réalisation.

268. — Cette tendance les poussa plus loin encore. Elle provoqua le système des concessions de délais et celui des jugements comminatoires, qu'on fit découler presque naturellement de l'intervention du juge; et qui du reste trouvent des antécédents historiques, pour le premier au moins, dans les œuvres de Beaumanoir (64) et de Bouteiller (65).

269. — § 1. — *Délais.* — Puisque le juge ne doit résoudre que s'il y a faute, puisqu'il peut admettre une *purgatio moræ* même tardive, pourquoi ne pourrait-il pas par une première sentence accorder directement un délai avant de prononcer, par une seconde et dernière qui sera définire, la résolution? Toutefois, un pareil droit excède évidemment l'autorité déclarative d'un juge

ment; et c'est pour moi une preuve nouvelle qu'en réalité la sentence avait dans l'ancien droit une force attributive de résolution. Bien plus, nous voyons Domat (66) et Bourjon (67) permettre d'accorder un délai, même au cas d'un pacte commissoire exprès, avec un terme fixé. « Je l'ai toujours vu pratiquer ainsi au Châtelet, dît Bourjon ; et c'est là un usage équitable et préférable à la rigueur du droit romain, qui était peu politique. » (68).

270. — § II. — *Jugements comminatoires.* — Le pouvoir du juge fut encore étendu en un autre sens. La résolution ne devant atteindre que la contumace affectée du débiteur, quelques auteurs (69) pensèrent que le juge devait essayer contre ce débiteur quelques sentences comminatoires avant de prononcer définitivement ; que le vassal devrait être sommé et comminé par trois actes différents avant de subir la commise (70).

271. — Qu'on remarque bien en quoi la théorie des comminatoires allait plus loin que la théorie des délais. Je suppose qu'un jugement ait concédé un délai. Le délai est expiré sans que le débiteur ait purgé. Un second jugement définitif et pur et simple déclare le contrat irrévocablement résolu. Voilà la théorie des délais. — Je suppose maintenant qu'un premier jugement ait encore concédé un délai ; que le délai soit expiré ; un second jugement déclare le contrat résolu, sauf au débiteur le droit d'exécuter ses obligations dans un certain laps de temps que les juges limitent quelquefois expressément (71). Voilà la théorie des comminatoires ; avec celle-ci, on purge après l'arrêt (72).

272. — Si l'on veut voir les dernières exagérations du système, on n'a qu'à consulter Bourjon et Houard (73), nous montrant, jurisprudence en main, la possibilité pour le locataire, en payant toutefois avant l'expulsion des lieux les loyers échus, de maintenir, même après la résolution judiciairement prononcée, le contrat de bail « *cessante causa, cessat effectus.* » Bourjon constate partout l'excessive indulgence avec laquelle on statue sur les actions en résolution (74). Enfin, le Parlement de Bretagne admet pendant trente ans la procédure en restitution, dite *lief de comminatoire*, au profit de la partie qui répare l'omission par suite de laquelle elle a été condamnée ; « *cessante causa, cessat effectus.* » Tel était au

moins le motif invoqué. Carré me paraît nier à tort l'identité du lief de comminatoire breton avec la théorie générale des commihatoires français (75).

PÉRIODE DE RÉACTION.

273. — § I. J'ai déjà dit comment les coutumiers résistèrent à ces développements abusifs de l'équité canonique. Tandis que Henrys (76), Bouhier (77), à propos du réméré et de la commise de fief, avouent qu'ils ne peuvent *digérer* ces prorogations que les juges se croient en droit d'effectuer chaque jour, Argou (78), avec vivacité, avec *aigreur* même (79), combat cette doctrine arbitraire et injuste « qui fomente la mauvaise foi des parties, entraîne cette conséquence que les contractants ne peuvent plus prendre de mesures certaines pour l'exécution de leurs conventions, et ne déclare la résolution qu'après une infinité de procédures et de chicanes dont l'abus ruine et ceux qui ne peuvent payer et ceux qui ne peuvent l'être. » — « De quel front, dit-il, le locataire, par exemple, pourrait-il demander que le locateur fût obligé d'entretenir un bail auquel il ne satisfait pas lui-même? Le contrat est résolu par sa faute. En bonne jurisprudence, il faut le dire hardiment, lorsqu'un homme s'est obligé, par quelque contrat que ce soit, à faire quelque chose dans un certain temps, à peine de la résolution du contrat, il ne faut ni sommation ni jugement comminatoire, puisque la loi que les parties se sont faite n'a rien de contraire au bien public ni aux bonnes mœurs. » Ce plaidoyer énergique est tout au long reproduit dans Furgole, qui remarque avec raison (80) que le délai dans lequel le mode doit être accompli fait partie de la disposition, et que la disposition est indivisible.

274. — Partant de ces principes, Argou et Furgole apportent à la théorie généralement acceptée deux modifications :

1° Ils proscrivent dans tous les cas les jugements comminatoires (81).

2° Furgole, s'il y a eu terme conventionnellement fixé, dispense le créancier de sommation, et enlève au débiteur le droit de purger, et au juge le droit d'accorder des délais (82). Dans le cas contraire, il reconnaît avec Argou que le juge peut concéder un délai dont la limite extrême est la sentence de résolution, et en dedans duquel la *purgatio* est ouverte au débiteur, que le créancier a dû sommer.

275. — Pothier appartient aussi à cette école réactionnaire qui tend à accélérer la résolution. Et s'il ne lutte pas contre les jugements comminatoires, c'est que déjà, sur ce point, le triomphe de l'opinion nouvelle est certain. Ce qu'il attaque en partie, c'est la théorie des délais; et s'il permet au juge, quand il n'y a pas de terme fixé, par une première sentence d'impartir un délai, et par une seconde de résoudre contre le débiteur qui ne purge pas dans le délai, du moins lorsqu'il y a eu terme expressément fixé et pacte commissoire complet, il ordonne au juge, dès que le créancier le demande, après l'expiration du temps porté au contrat, de déclarer résolue (83) la convention. Mais jusqu'à la sentence, et même en appel, il reconnaît au débiteur le droit de purger, alors même, contre l'opinion plus rigoureuse de Furgole, qu'il y aurait eu pacte commissoire (84).

276. — § II. Il ne me reste plus qu'une observation à faire.

La résolution peut résulter de la loi : 1° sans qu'un terme soit fixé pour l'accomplissement des obligations, *v. g.* résolution de la vente pour défaut de paiement du prix ; 2° alors que le terme est fixé, *v. g.* commise de l'emphytéose pour défaut de paiement du canon pendant deux ans.

Elle peut résulter d'une convention expresse : 1° sans que le terme soit fixé (Pothier, *vente*, n° 474); 2° alors que le terme est fixé (Pothier, *vente*, n° 459).

Mais, en fait, les résolutions conventionnelles entraînant presque toujours fixation d'un terme, et à l'inverse, les résolutions légales l'entraînant rarement, on généralisa ce qui arrivait le plus souvent; et l'on entendit techniquement par pacte commissoire celui qui était expressément convenu et qui fixait un terme (85), et par résolution légale celle qui ne résultait pas d'une convention expresse et qui ne fixait pas de terme (86).

277. — Je prends maintenant la question ainsi simplifiée, et je me demande en résumé quelles différences séparent dans le der-

nier état du droit la résolution légale sans terme fixé, de la résolution conventionnelle avec terme fixé?

— Aucune, suivant Domat et Bourjon. Il faut dans tous les cas une sommation, ou tout au moins une déclaration de volonté de la part du créancier; la *purgatio moræ* est admissible; des délais peuvent être concédés; la sentence est exigée.

— Une seule, suivant Pothier. Les délais ne peuvent être concédés qu'en l'absence de pacte commissoire.

— Deux, suivant Furgole. S'il y a clause résolutoire avec terme fixé : 1° la *purgatio moræ* n'est pas possible après l'échéance du terme; 2° des délais ne peuvent être concédés.

DEUXIÈME ÉLÉMENT.

Exercice de l'action résolutoire.

SECTION I.

Qui peut l'exercer et contre qui?

278. — § I. *Qui peut intenter l'action?* — I. Il faut avoir qualité.

— L'aliénateur du droit résoluble peut exercer l'action résolutoire.

279. — Ses héritiers le peuvent-ils?

L'affirmative n'a jamais fait doute à l'égard de la clause commissoire de la vente, ou de la rente foncière (87), et à l'égard du louage.

Mais la question a été débattue en dehors de ces contrats. J'en ai déjà indiqué la cause.

280. — *Premier système.* Justinien (88), et après lui les commentateurs des Décrétales, avaient mis sur la même ligne l'exécution des charges et les faits d'ingratitude. Or, les lois romaines décidaient que les héritiers du donateur ne pourraient intenter l'action (89). Les législateurs barbares appliquèrent cette solution à la résolution d'affranchissement (90); les jurisconsultes coutumiers, par l'argument d'analogie à la commise du fief (91) et de

l'emphytéose (92), et directement à la révocation des donations (93).

Toutefois les héritiers peuvent, suivant quelques-uns, intenter l'action si le défunt avait protesté de son intention formelle de l'exercer (94), ou s'il est mort sans avoir connu son droit (95) ou sans avoir pu en user (96). De l'aveu de tous, les héritiers peuvent continuer l'action s'il y a eu *litis contestatio* (97).

281. — *Deuxième système.* Cette doctrine, tant qu'elle se restreint aux faits d'ingratitude proprement dits, peut se concevoir. Les injures personnelles au défunt ont peut-être été méprisées ou oubliées par lui. Les actions, *quæ vindictam spirant*, s'éteignent par la mort (98). Mais elle devient difficilement applicable aux révocations de donations pour inexécution de charges.

Déjà certains jurisconsultes avaient voulu déclarer transmissibles au moins les résolutions qui opèrent *ipso jure* (99). Mais, d'une part, nous savons que, grâce à la théorie de la résolution judiciaire, les résolutions *ipso jure* étaient devenues des abstractions théoriques (100). Puis les partisans de ce système avouaient que dans les résolutions même *ipso jure*, qui exigeraient une déclaration du créancier, les héritiers du défunt ne pourraient le remplacer pour faire cette déclaration. Or, j'ai montré que la déclaration avait fini par être toûjours exigée.

282. — Ce fut à l'aide d'une autre idée qu'on rectifia les principes, et c'est l'honneur des romanistes d'avoir corrigé le mal que des romanistes avaient fait. Doneau enseigna hardiment que l'intransmissibilité de l'action révocatoire des donations pour inexécution ne se justifiait par aucune bonne raison (101). Toute donation avec charges, dit-il, est un contrat innommé, jusqu'à concurrence des charges. L'inexécution du contrat doit donc faire naître une action que les héritiers du créancier peuvent non-seulement continuer, mais intenter (102).

283. — II. Il faut que l'aliénateur veuille user de la résolution (103).

Il ne peut dépendre du débiteur, en n'exécutant pas les charges, de s'en débarrasser. Le créancier peut, à raison des détériorations de la chose, ne plus vouloir résoudre le contrat.

J'ai déjà montré le parti que l'ancien droit avait tiré de cette déclaration du créancier. De plus, l'impossibilité prétendue pour les héritiers de déclarer la volonté de leur auteur fut le motif rationnel à l'aide duquel on justifia l'intransmissibilité du droit à la résolution, motif qui, s'il eût été vrai, eût éteint par la mort de l'aliénateur toutes les actions résolutoires. Or, l'intransmissibilité n'existait que dans certains contrats, qui puisaient directement ou par analogie leurs règles dans la théorie des donations, et spécialement dans la loi 10 C. *de revoc. donat.*

284. — § II. *Contre qui peut-on intenter l'action?*

On peut demander la résolution contre l'acquéreur du droit résoluble.

285. — Le peut-on contre ses héritiers?

Oui, dans la *lex commissoria*, le louage.

Mais la question est encore débattue à propos du fief, de l'emphytéose et des donations. Du reste, les arguments et les dissidences se répètent du côté passif, tels que je les ai relevés du côté actif.

286. — *Premier système.* On ne peut commencer l'action résolutoire contre les héritiers (104). Les peines ne doivent pas frapper ceux-ci (105), qui ne sauraient où trouver des témoins pour se justifier des faits d'inexécution qu'on leur impute (106); comme si cette difficulté empêchait le législateur dans les autres matières du droit de faire actionner les héritiers pour tous les faits de leurs auteurs.

L'action peut cependant être commencée contre les héritiers, si le débiteur est mort sans que le créancier ait connu son droit, ou sans qu'il ait eu le temps de l'exercer (107), ou bien encore si les héritiers se sont enrichis (108).

Mais l'action intentée peut être continuée contre les héritiers (109).

287. — *Deuxième système.* Tandis que quelques auteurs font dépendre la transmissibilité de l'action du point de savoir si la résolution opère *ipso jure* ou non (110), d'autres interprètes (111) reprennent l'argument que j'ai indiqué : toute donation avec charges se résume en un contrat innommé *do ut reddas.* Or les obligations, qui naissent d'un contrat innommé, passent contre nos héritiers.

288. — Peut-on intenter l'action résolutoire contre les tiers? Cela dépend de la question de savoir si l'aliénateur dispose d'une action réelle, mixte ou personnelle.

SECTION II.

Quelle est la nature de l'action?

289. — **A.** *Solution.* — En principe, l'action résolutoire est personnelle; ainsi dans le louage, la société.

Mais une controverse sérieuse s'agite au cas où il faut résoudre un contrat translatif de droit réel, alors que l'objet du contrat est un corps certain.

290. — § 1. L'action est-elle personnelle, réelle ou mixte?

Ces trois solutions ont eu et ont encore de nos jours leurs partisans. Pour ne pas faire double emploi avec la discussion rationnelle que je ferai bientôt de cette question, je me borne à constater dans l'ancien droit les opinions diverses qui s'étaient formées.

291. — 1° *Législation barbare.* Le donateur, pour révoquer une libéralité dont les charges n'ont pas été exécutées, peut *vindicare rem* (112). S'agit-il d'une *vindicatio* technique, ou de ce qui eût été à Rome une action personuelle arbitraire? Le premier avis est plus probable. La Fleta (113) enseigne que les pactes de donation affectent la chose même.

292. — 2° *Législation féodale.* L'action en commise du fief est réelle (114). Les conditions (suspensives et résolutoires) suivent les fiefs à l'égal d'une servitude (115).

Quant au fief, la question me paraît avoir peu d'intérêt toutes les fois qu'il ne s'agit que de faire tomber les aliénations intégrales que le vassal aurait pu faire de son droit. L'acquisition d'un fief ne peut se faire d'une manière irrévocable que du consentement du seigneur. Le seigneur a-t-il acquiescé à l'aliénation du fief, l'aliénateur cesse d'être vassal et l'acquéreur seul est tenu des liens de la vassalité. L'action de commise n'est donc jamais dirigée que contre un vassal; le fief commis, le seigneur peut revendiquer son domaine éminent contre tout détenteur. Mais il suffit pour expliquer ces faits que l'action de commise soit personnelle.

Je montrerai bientôt, au contraire, que les hypothèques et servitudes constituées par le vassal sont maintenues après la commise, suivant la majorité des auteurs. Ce résultat est négatif de la réalité de l'action en commise.

293. — 3° *Législation canonique*. L'action en regrès bénéficial est également réelle (116). Seulement certains canonistes (117) ont le tort de justifier leur solution en disant que le détenteur a en quelque sorte consenti à payer la pension imposée sur le bénéfice au profit du résignant.

294. — 4° *Législation coutumière*. Nos anciens auteurs sont d'accord sur quelques points.

De l'aveu de tous, le vendeur impayé dans le pacte commissoire (118) ou même en l'absence d'un pacte commissoire (119), le concédant (120) au cas d'emphytéose ont l'action réelle, utile ou directe. Le scrupule qui empêche plusieurs d'accorder l'action directe se devine. L'aliénateur s'est dépouillé, *pura quæ sub.....*; or, il ne peut redevenir propriétaire sans rétrotradition.

295. — Mais le débat s'établit à l'égard des révocations de donations.

296. — *Premier système*. Les causes de révocation se ramènent toutes à l'ingratitude du donataire. L'action révocatoire est personnelle (121).

Mais, quoique personnelle, l'action permet au donateur de se faire restituer, même *manu militari*, l'objet donné s'il se trouve aux mains du donataire. Il n'y a pas sur ce point de difficulté en droit français.

Ce premier système concède cependant, en se fondant sur le droit romain (122), l'action réelle au cas où il y aurait eu pension alimentaire stipulée; ou plus généralement toutes les fois qu'il existe une clause résolutoire expresse (123). Dans ce cas, la volonté précise du donateur n'a point opéré une translation incommutable. Le tiers acquéreur a dû connaître la qualité du droit et du titre de son auteur. La révocation se fait alors en vertu du contrat (124).

297. — *Deuxième système*. L'idée d'inexécution se détache de l'idée d'ingratitude. La charge affecte le fonds (125), et le donateur est redevenu propriétaire, puisque le donataire n'a plus de titre (126). Donc il a l'action réelle (127). Quant aux distinctions proposées par le premier système, les partisans de cette seconde opinion les réfutent aisément. La cause finale équivaut à l'existence d'une clause expresse (128). Or, l'inexécution des charges n'est-elle pas la condition *sine qua non* de l'aliénation? Une rétro-tradition ne serait nécessaire au donateur que s'il s'était à tout jamais dépouillé. Mais une aliénation résoluble n'entraîne pas un dessaisissement absolu. « L'ancien propriétaire avait CONSERVÉ *in traditione* le droit de reprendre son fonds, » (129) et l'acquéreur ne pouvait aliéner ce fonds qu'avec la charge qui le grevait.

298. — L'ancien droit finit donc par concéder, suivant l'opinion la plus générale, à peu près dans tous les cas où il s'agissait de résoudre un contrat translatif d'un droit réel sur un corps certain, une action résolutoire réelle.

299. — § II. Cependant, les jurisconsultes donnent rarement avec netteté à l'action résolutoire un caractère de pure réalité. Ils lui attribuent plus volontiers le caractère d'une action *mixte*.

Que comprenaient-ils sous cette dénomination d'action mixte?

Ils y comprenaient tout d'abord les trois actions divisoires du § 20 *de actionibus* de Justinien (130). Pourquoi? Ils n'en savaient trop rien. Est-ce parce que l'un et l'autre adversaires sont respectivement demandeurs et défendeurs (131)? parce que l'action mixte procède dans son origine d'un droit de copropriété, et dans ses effets conduit à une condamnation personnelle (132)? ou à l'inverse, parce qu'elle procède dans son origine d'un quasi-contrat d'indivision, et dans ses effets, conduit pour ainsi dire à une translation de propriété (133)? Serait-ce parce que nous demandons à la fois par cette action ce qui nous est dû et ce qui nous appartient (134)? Ce que l'on sentait confusément, c'est que l'action mixte produisait des résultats identiques à ceux d'une action réelle et d'une action personnelle. On n'osa pas définir, et je vais montrer qu'on ne voulut pas définir l'action mixte avec une précision théorique; aussi cette nature d'action fut-elle une formule élastique dont les applications ont toujours été exagérées.

Les trois actions divisoires furent plus particulièrement appelées actions mixtes. Mais on leur assimila bientôt des actions qu'on nomma *personales in rem scripta* (135), et parmi lesquelles je trouve au premier rang les actions révocatoires, rescisoires et résolutoires (136).

300. — D'où venait ce principe nouveau de l'action *mixta personalis in rem scripta?*

Les mots existent dans les fragments du droit romain (137). La pétition d'hérédité, action réelle, n'étant donnée que contre ceux qui détenaient *pro possessore* ou *pro herede,* c'est-à-dire contre certains détenteurs, ressemblait en cela aux actions personnelles qui ne sont données que contre les débiteurs spécialement obligés; de là sa qualification de *mixta personalis actio* (138). L'action *quod metus causa,* personnelle par son origine, étant donnée contre tout détenteur de l'objet aliéné sous l'empire de la violence, est appelée *in rem scripta,* parce que son *intentio* était conçue *in rem.*

La généralisation du mot, sinon l'invention, appartient à la glose (139). Dans la théorie de la résolution, deux faits embarrassaient surtout les glossateurs. Tandis que plusieurs textes n'accordaient à l'aliénateur qu'une action personnelle, d'autres proclamaient l'anéantissement des droits réels intérimairement conférés par l'acquéreur. J'ai exposé leur système des *verba directa et obliqua,* par lequel ils avaient cru trancher la difficulté. Quelques-uns d'entre eux, plus habiles romanistes, l'écartèrent; seulement, ne pouvant nier l'existence de ces deux points contradictoires : nature personnelle de l'action attestée par plusieurs textes, effets réels de l'action affirmée par d'autres textes non moins explicites — au lieu de les expliquer par la nature diverse des conventions et de les appliquer à des cas différents, comme le faisaient les autres glossateurs, — ils voulurent les faire coexister, et l'action résolutoire devint *personalis in rem scripta* (140) à la fois réelle et personnelle (141), personnelle dans son origine et réelle dans ses conséquences. Conception singulière, mais qui permettait de concilier des textes du Digeste! Fallait-il d'autre motif pour l'accepter? L'action mixte ou *personalis in rem scripta,* une fois reconnue, prospéra.

301. — L'action résolutoire fut rangée parmi ces actions mixtes ou *personales in rem scriptæ*, « Ne suit-elle pas la chose, et les conclusions n'atteignent-elles pas la personne du défendeur? » (142) Je n'approuve pas, je cite cette phrase de Loyseau pour constater le fait.

302. — Mais l'action résolutoire était-elle mixte dans tous les cas?

A l'égard du détenteur, elle est considérée comme réelle (143). Aussi la prescription peut avoir lieu au profit du détenteur par dix ans et non par trente (144).

A l'égard de celui qui a passé le contrat translatif d'un droit réel, qu'on veut résoudre, elle est considérée comme mixte (145).

Cependant Furgole, qui adopte cette solution au cas de révocation de donation pour inaccomplissement des charges, considère ailleurs la même action révocatoire et dans le même cas comme action personnelle (146). Quelle est au juste sa doctrine? Je suis convaincu que Furgole, au moins quand il s'agit d'action résolutoire, ne croit pas aux actions mixtes. Il voit dans la main de celui qui veut résoudre deux actions parfaitement distinctes, l'une personnelle, l'autre réelle.

« Les actions révocatoires, dit-il (147), sont mixtes : elles produisent l'action personnelle pour faire résoudre le contrat, et par voie de conséquence l'action en revendication dès que le contrat est rescindé..... La *condictio ob causam datorum* compète d'abord pour résoudre le contrat ou le legs, *après quoi* la propriété, revenant de plein droit au donateur ou à ses héritiers, ceux-ci peuvent sans contredit intenter l'action réelle contre le tiers acquéreur, dont le droit se trouve résolu par la résolution de celui de son auteur. » — « Les lois ne donnent pas la revendication directe, dit-il ailleurs (148); on doit agir contre le donataire pour l'engager à remplir les engagements par lui contractés, en acceptant un legs ou une donation *sub modo;* mais dès que le legs ou la donation est résolue, le droit de vendiquer appartient au donateur ou à ses héritiers, tout de même que s'ils n'avaient jamais cessé d'être propriétaires, même vis-à-vis des tiers acquéreurs. »

Sur une question analogue, tandis que Loyseau (149) voit dans l'action personnelle hypothécaire « l'*union* de deux actions personnelle et réelle qui se *joignent* et se *mêlent,* » Pothier (150) enseigne qu'il y a là « deux actions *différentes* qui conservent chacune leur nature, alors même qu'elles s'intentent *concurremment* et par une même demande. »

Cependant Pothier semble abandonner cette théorie intelligente et exacte, quand il traite de l'action résolutoire de la vente (151) et de la donation entre-vifs (152); sa doctrine devient subtile et son expression s'embarrasse.

303. — **B.** *Intérêt de la solution.* Quel était maintenant l'intérêt pratique de toutes ces controverses sur la nature de l'action résolutoire?

304. — § I. L'action personnelle n'entraîne pas anéantissement des droits réels conférés par l'acquéreur intérimaire. Il en est différemment de l'action réelle et de l'action mixte, qui à cet égard se ressemblent.

305. — § II. Le tribunal, compétent *ratione personæ* pour connaître de l'action personnelle, est celui du domicile du défendeur.

Dans l'action réelle (153), et suivant quelques auteurs, même dans l'action mixte, le demandeur peut opter entre le tribunal de la situation et celui du défendeur. Jusqu'ici, par conséquent, l'action mixte et l'action réelle se confondent.

Cependant la nouvelle Coutume de Bretagne consacre, sous l'inspiration de d'Argentré, un autre système qui a passé dans le Code Napoléon.

L'action réelle se poursuit devant le tribunal de la situation, l'action mixte devant ce tribunal ou celui du domicile du défendeur.

306. — § III. Nous avons déjà rencontré sur notre question le conflit des juridictions cléricales et séculières. Les tribunaux ecclésiastiques avaient obtenu le droit de connaître des actions personnelles relatives aux clercs, et bientôt même aux laïques. Ils essayèrent de développer leur compétence. Que fallait-il pour cela? — Trouver dans les actions réelles au moins un élément personnel. L'action mixte fut le biais à l'aide duquel l'extension se fit. Désormais fut mixte, et dès lors, à raison de son élément personnel, soumise à la juridiction ecclésiastique (154), toute

action, même réelle, dans laquelle le demandeur requérait une prestation personnelle, un rapport de fruits, une indemnité pour détériorations, un paiement d'arrérages (155). Or, quelle est la revendication dans laquelle on ne demande pas le rapport de certains fruits, l'action hypothécaire dans laquelle on ne conclut pas à un paiement d'arrérages?

307. — Mais quand la période de réaction s'ouvrit, les théories de l'Église furent tournées contre elle. La juridiction séculière, s'armant du principe proclamé par les ordonnances (156), que les actions réelles lui doivent être soumises, accepta le système de la généralisation des actions mixtes; et argumentant de la nature à la fois personnelle et réelle que l'Église leur avait reconnue, elle les revendiqua toutes à raison de l'élément réel qu'il lui appartenait d'apprécier (157).

Les coutumiers lancés dans cette voie allèrent jusqu'à l'absurde. « Il y a, dit Beaumanoir, trois sortes d'actions : les unes personnelles, les autres réelles, d'autres enfin *mellées*, c'est-à-dire personnelles et réelles. Elles commencent personis et deschendent en la fin à estre reeles, comme si Pierre demande à Jehan un arpent de vigne qu'il li vendit ou qu'il li donna ou qu'il convenencha à garantir. Ces demandes touquent le fet de la personne et sont reeles, parce que la fin de demande deschend sur l'héritage. » (158) Il est difficile d'exagérer davantage les applications de l'action mixte.

Je m'explique dès lors l'ambiguïté du langage de nos anciens jurisconsultes, qui discutent soigneusement le point de savoir si l'action résolutoire est personnelle ou réelle, mais semblent n'avoir pas eux-mêmes d'idées bien arrêtées sur le point de savoir si l'action résolutoire est réelle ou mixte. L'action réelle et l'action mixte n'ont-elles pas des règles communes quant à l'anéantissement des droits réels conférés par l'acquéreur et quant à la compétence *ratione personæ*. En ce qui touche la compétence *ratione materiæ*, dans la première période, l'action résolutoire est indifféremment appelée action personnelle ou mixte. Dans la seconde période, elle est indifféremment qualifiée d'action réelle ou mixte.

308. — Quant aux actions résolutoires, considérées de l'aveu de

tous comme réelles dès la première période (*lex commissoria*), elles ne rentraient pas dans la compétence ecclésiastique à raison de la nature de l'action résolutoire proprement dite; mais en fait elles y rentraient le plus souvent. Il suffisait pour cela : 1° que le contrat de vente *v. g.*, qu'on voulait résoudre, eût été contracté sous la garantie du serment; 2° ou que le demandeur joignît à son action résolutoire réelle des conclusions tendant à quelques prestations personnelles.

309. — **O.** Quelle est donc, en résumé, la théorie de notre ancien droit sur l'action mixte?

Trois systèmes principaux se divisent la doctrine.

310. — § I. Un premier système arrive à confondre les actions immobilières et les actions réelles, et va jusqu'à nommer action mixte l'action personnelle immobilière. Je ne m'explique pas autrement la singulière opinion de Beaumanoir que j'ai relatée. Cette confusion de l'action immobilière et de l'action réelle existait aussi dans la Coutume de Bretagne (159); aussi d'Argentré attaqua-t-il avec sa rudesse habituelle cette ignorance des praticiens, devenue presque une erreur nationale, *error patrius* (160). Ses efforts eurent plein succès à la réformation de l'ancienne Coutume.

311. — § II. L'action mixte est ainsi nommée parce que sa nature tient le milieu entre la nature de l'action réelle et celle de l'action personnelle. Elle réalise un type *sui generis*. * Seulement la controverse existe sur la détermination plus ou moins précise des caractères que l'action mixte emprunte à l'une ou à l'autre (161).

312. — § III. Il n'y a pas rigoureusement d'action mixte. Il

---

* L'expression la plus nette de ce second système se trouve dans le nouveau Denizart (v° action) : « Il arrive souvent qu'on a tout à la fois pour le même objet une action personnelle et une réelle, sans que ces deux actions forment une mixte, parce qu'elles ne sont pas dirigées contre une même personne; ainsi l'action du créancier hypothécaire, alors que l'immeuble hypothéqué n'est pas dans les mains du débiteur. » Retenons cette formule : l'action mixte existe lorsque le demandeur, relativement au même objet, dirige tout à la fois contre le même défendeur une action réelle et une action personnelle. Il est toutefois regrettable qu'après avoir ainsi posé un principe qui a du moins le mérite de la netteté, le nouveau Denizart nous cite comme application de l'action mixte le cas suivant : « Je demande qu'une personne soit condamnée à rendre un héritage avec les fruits consommés. La demande de l'héritage rend l'action réelle, celle des fruits consommés la rend personnelle, et l'action entière, composée des deux parties, est mixte. » C'est que l'action mixte, si tant est qu'elle existe, exigeait, pour être juridiquement définie, l'indication d'une circonstance que les anciens auteurs ont tous omise : la réunion *substantielle* des deux éléments réel et personnel.

peut y avoir concours de l'action réelle et de l'action personnelle, mais il n'y a pas fusion de ces deux types en un type intermédiaire. Toute action prétendue mixte se décompose, en effet, en une action personnelle contre le débiteur, réelle contre un détenteur (162). Les jurisconsultes qui se rangent à ce système en tirent des conséquences quant à la prescription (163), ou quant à la compétence ecclésiastique, à laquelle l'un d'eux (164) voudrait au moins soumettre les difficultés relatives aux arrérages d'une rente, contestation, à ses yeux, de nature personnelle.

SECTION III.

Fins de non-recevoir contre l'action.

313. — L'action résolutoire peut être repoussée par plusieurs fins de non-recevoir.

314. — *Première fin de non-recevoir : Renonciation.* Le demandeur a expressément ou tacitement renoncé au bénéfice de la résolution.

315. — I. Quelle capacité faut-il avoir pour faire une renonciation valable? Il faut être capable d'aliéner l'action résolutoire. Ainsi, la femme ne peut remettre sans autorisation du mari; le titulaire d'un bénéfice ecclésiastique sans l'assistance de son Chapitre (165). On pourrait m'objecter deux textes. Le premier est de Dumoulin (166) : « La remise de la commise n'est pas une aliénation. Le droit du seigneur ne reste-t-il pas entier pour user des commises futures? » L'argument du maître est évidemment mal fondé. Que la remise de la commise soit ou non une aliénation, le fief n'en a pas moins sa nature de fief, et dès lors reste susceptible de commise. Dumoulin, d'ailleurs, applique à la femme ce principe que, pour remettre la commise, il faut être capable d'aliéner l'action résolutoire. — Le second texte est de Tiraqueau (167) : « La remise de commise n'est pas une donation, mais une simple indulgence; » et il en tire la conséquence qu'elle n'est pas sujette à la révocation pour survenance d'enfant. J'accepte la conséquence. Le non-usage de l'action résolutoire a con-

solidé le *fief*, en tant que fief ; et le fief n'est pas révocable pour survenance d'enfant. Sans soutenir donc qu'il y ait dans la remise de commise aliénation directe d'un bien actuel du donateur *v. g.*, je puis dire qu'il faut au moins être capable de l'opérer.

316. — II. De quels faits résulte la renonciation ? Le droit ancien multiplia contre le demandeur les causes de déchéance. Il était dans son esprit de rendre le moins souvent applicables les règles rigoureuses de la résolution.

La renonciation expresse n'offre pas de difficultés.

317. — Il en est différemment de la renonciation tacite.

1º L'action judiciaire tendant à l'exécution du contrat, ainsi au paiement des intérêts (168), efface le droit à l'action résolutoire (169).

Il n'en est pas de même de la sommation extra-judiciaire, que nous avons vue presque toujours exigée avant de procéder à l'action résolutoire (170).

2º Tout fait, duquel résulte la preuve que le créancier ne veut pas employer la résolution, entraîne renonciation (171).

Ainsi, les jurisconsultes considèrent comme faits de renonciation tacite : — dans la commise du fief, l'admission du vassal félon à l'hommage (172). Quant à la simple saisie, opérée après la commise ouverte, elle ne suffit pas, suivant Dumoulin ; car la saisie tend à diminuer le droit du vassal, et non à le confirmer (173). « Je tiens le contraire, dit Boubier (174). Le seigneur ne saisit que ses vassaux. C'est une voie d'exécution forcée, contradictoire de la résolution. » La différence des dates explique ces solutions diverses : la commise devient chaque jour de plus en plus rare.

— Dans le regrès *ob non solutionem* (175), le paiement accepté de la pension, quelques démarches contraires à la résolution ; *

— Dans la *lex commissoria* (176) ou les donations à charge de rente viagère (177), la réception du prix ou des arrérages après le terme échu ;

* Certains canonistes décident que si une cause de regrès s'est ouverte sans que le résignant en ait argumenté, il ne peut plus argumenter d'une cause nouvelle de regrès qui viendrait à s'ouvrir plus tard (Flaminius, livre 3, q. 3). C'est exagérer les effets de la renonciation. Le résignant a pu vouloir ne pas argumenter de sa guérison *v. g.*, alors qu'il eût volontiers argumenté du non-paiement de la pension, si le non-paiement s'était produit.

— Dans l'emphytéose, l'acceptation du canon qui a couru depuis l'expiration des deux ou trois ans après lesquels il y a déchéance (178). Le paiement des termes échus n'étant pas incompatible avec la résolution du contrat pour l'avenir, la réception des termes offerts n'est plus considérée comme fait de renonciation (179). Cependant, pour favoriser le débiteur, quelques auteurs exigent du concédant qu'il constate par une protestation formelle, en recevant les termes échus, la volonté de se réserver le droit d'expulsion. La réception pure et simple des termes échus entraînerait déchéance de l'action résolutoire (180).

On finit par décider, en vertu de la maxime : *qui protestatur nihil agit*, que, même au cas de protestation, le concédant et le seigneur avaient renoncé à l'action résolutoire par leur participation volontaire à l'exécution du contrat. Ce dernier avis, *æquior et humanior*, prévalut en pratique (181). Ainsi s'interprètent peu à peu plus favorablement et dès lors se multiplient les renonciations à la commise.

.L'ingratitude du donataire est remise par le pardon du donateur ; *et le pardon se présume facilement* (182).

318. — *Deuxième fin de non-recevoir : Prescription*. L'action résolutoire n'est plus recevable si elle est prescrite.

Elle est prescrite au profit du tiers détenteur de bonne foi par un délai de dix à vingt ans (183), au profit du débiteur en général par un délai de trente ans (184).

Cependant, des restrictions existent quant au dernier point. En matière de regrès, le résignant qui restait un an sans le demander, après que le fait résolutoire s'était produit, était forclos (185).

La jurisprudence décida que le silence, gardé pendant deux années depuis le jour où le vendeur eût pu argumenter d'un pacte commissoire de vente, entraînait déchéance (186).

Enfin, dans les donations révoquées pour ingratitude, tandis que les uns exigeaient une prescription de trente ans (187), d'autres établissaient des distinctions suivant la gravité des faits (188). Mais quant aux révocations de donation pour inexécution de charges, l'opinion qui tendait à prévaloir fixait à trente ans la prescription (189).

319. — *Troisième fin de non-recevoir : Faute du demandeur.*
L'inexécution des charges, si elle a eu pour cause une faute du
créancier ou le fait de ses ayant-cause, est légitimée.

1° Ainsi les créanciers du vendeur font saisie-arrêt aux mains
de l'acheteur, celui-ci est à l'abri (190).

2° Il ne serait pas davantage inquiété si le créancier avait lui-
même manqué aux obligations qu'il devait accomplir le premier (191).

3° Le créancier s'est caché pour ne pas recevoir le prix dû
v. g. Le débiteur subit la résolution, à moins qu'il n'ait fait des
recherches et consigné son argent (192).

320. — *Quatrième fin de non-recevoir : Excuse du défendeur.* Le
débiteur peut, après l'accomplissement du fait résolutoire, être
relevé pour certaines causes, qui se résument toutes en une idée :
la résolution dans l'ancien droit ne doit punir que la contumace
affectée du débiteur, et non le fait involontaire de l'inexécution.

1° Le cas fortuit qui a empêché le débiteur d'exécuter ses
obligations l'exonère de la résolution (193).

2° Il faut que le débiteur sache bien la nature résoluble de son
droit. Cette condition est surtout exigée pour la commise du
fief (194) ou de l'emphytéose (195). La Coutume du Nivernais
avait appliqué cette idée au bail à bourdelage; la commise ne
frappait, parmi les héritiers du bourdelier, que ceux qui avaient
commencé de payer au moins pendant deux ans, et montré par
là qu'ils connaissaient leurs obligations (196). Cependant, nous
verrons que les tiers détenteurs peuvent être inquiétés par l'action résolutoire, sans qu'ils aient toujours connaissance de la résolubilité du droit de leur auteur.

3° L'impubère est excusé des commises qui se réalisent durant
sa minorité (197). Le pubère mineur n'est, suivant quelques-uns,
restituable contre la commise que si les administrateurs de sa
fortune sont insolvables (198). Le plus grand nombre des auteurs
ne fait aucune distinction entre les diverses classes de mineurs (199). Pothier, sur tous ces points, adopte des solutions
plus rigoureuses contre le mineur (200).

4° L'héritier est excusé. Il est présumé n'avoir pas connu la
nature fragile de son droit (201).

321. — Je fais toutefois deux observations.

322. — 1° Lorsqu'un de ces débiteurs excusables persistait frauduleusement (202) dans la volonté de ne pas accomplir les charges ou dans sa faute, la résolution opérait alors contre lui.

323. — 2° Toutes ces causes d'excuse, que l'équité canonique et coutumière multipliait à plaisir, * sont plus spécialement appliquées par les auteurs aux révocations de donation pour ingratitude, et aux commises de fief et d'emphytéose; c'est-à-dire aux résolutions qui ont par-dessus toutes les autres le caractère pénal.

Mais du jour où le droit coutumier vit dans la résolution plutôt l'effet régulier de l'inexécution du contrat que la conséquence de l'ingratitude du débiteur, les jurisconsultes furent moins portés à rendre faciles les excuses ou les restitutions *in integrum*. Je n'en voudrais d'autre preuve que le caractère plus rigoureux des solutions de Pothier relativement au mineur.

CHAPITRE II.

DES EFFETS DE LA RÉSOLUTION ACCOMPLIE.

324. — L'ancien droit se rattache presque tout entier à la troisième théorie que le droit romain avait reconnue. La condition résolutoire accomplie rétroagit. *Habet oculos retro, videlicet ad tempus dispositionis* (1).

325. — Mais cet anéantissement rétroactif de l'aliénation du droit est-il absolu? Aucun jurisconsulte n'ose et ne veut aller jusque là; aussi, pour ne pas laisser exagérer les conséquences d'une règle à laquelle une formule générale et abstraite donnerait trop d'extension, je suis contraint d'entrer dans les détails. Cette manière de procéder m'est d'ailleurs commandée par ce fait, que les jurisconsultes les plus éminents ne sont pas toujours

---

* On sait quelle guerre acharnée l'ancien droit fit à l'admission de la compensation, comme défense à l'action principale; mais quand il s'agit d'écarter la commise, le débiteur est déclaré recevable à opposer la compensation (Coquille, p. 163).

d'accord avec eux-mêmes dans leurs diverses solutions; je ne pouvais, par exemple, prêter l'apparence d'une unité réelle aux doctrines parfois contradictoires de Dumoulin.

SECTION I.

Situation de l'acquéreur.

Article I. — Vis-à-vis de l'aliénateur.

326. — *Principe.* Celui qui subit la résolution doit restituer ce que lui a fait gagner le droit qu'on lui enlève (2).

327. — § I. *Chose.* — L'acquéreur restitue les corps certains (3) ou l'équivalent des genres qui lui ont été remis. S'il avait reçu la chose d'autrui, et que, après en avoir obtenu rétrotradition, l'aliénateur réintégré se vit attaqué en revendication par le véritable propriétaire, il pourrait, pour compléter la prescription, joindre la possession de l'acquéreur à la sienne (4).

328. — § II. *Accessions.* — L'acquéreur restitue de même les alluvions, augments extrinsèques de l'objet (5).

329. — § III. *Fruits.* — Dans l'adjudication sur folle enchère (6) et dans le pacte commissoire de vente (7), l'acheteur doit restituer les fruits qu'il a perçus *ab initio*. Il ne faut pas de *demi-résolution,* pour prendre la vive expression de Bouhier (8) sur une question analogue. Comment l'acheteur bénéficierait-il d'un contrat qu'il a lui-même violé (9)?

Si cependant il avait payé portion du prix, il pourrait retenir une quantité proportionnelle des fruits (10). Cette idée de compensation des fruits et des intérêts du prix reçoit sa plus large extension du temps de Loyseau (11), qui en constate l'emploi fréquent dans les rescisions de contrats.

330. — Une solution identique existait à l'égard de la réception d'hommage sous condition résolutoire. Il arrivait souvent que le seigneur, saisissant le fief du vassal qui tardait à remplir ses obligations, donnait main-levée de la saisie sous la condition que le vassal purgerait son retard. Celui-ci ne s'exécutant pas, le seigneur, concluait à la commise. Les fruits perçus par le vassal étaient restitués depuis la saisie (12).

331. — Quant à la donation, au fief et à l'emphytéose, dont les règles sont si fréquemment identiques en matière de résolution, les fruits perçus sont également restitués. Mais une controverse existe sur le moment à partir duquel cette restitution doit s'effectuer. L'acquéreur doit-il les restituer depuis le jour de la donation (13)? Les gagne-t-il au contraire jusqu'à l'instant où le fait résolutoire se produit *ex re*, que ce fait résolutoire consiste en une cessation de prestations, en un désaveu ou en un acte d'ingratitude (14)? Les gagne-t-il jusqu'au jour de la demande judiciaire (15)? Tout dépend, on le conçoit, du principe par lequel les jurisconsultes justifient le gain des fruits.

332. — *Premier système*. Pour Tiraqueau (16), le débat porte sur le point de savoir si la résolution opère *ex antiqua* ou *ex nova çausa*. Or, suivant quelques-uns, la *lex commissoria* opère *ex antiqua causa*, la commise de fief *ex nova causa*. Le droit utile ou direct de l'acquéreur est rétroactivement effacé dans la première hypothèse; il n'est effacé dans la seconde qu'après la réalisation du fait résolutoire.

333. — *Deuxième système*. Mais déjà Dumoulin, qui use de ce premier système (17), se préoccupe surtout de la bonne foi de l'acquéreur (18). « Le gain des fruits n'a rien à voir, dit Furgole (19), avec la résolution du titre et avec la rétroactivité. » Il suffit que l'acquéreur ait été, jusqu'à l'instant de la résolution, de bonne foi. C'est donc par la bonne ou la mauvaise foi du vassal, de l'emphytéote ou du donataire, que les jurisconsultes résolvent la question (20).

Jusqu'à quel instant maintenant peut durer cette bonne foi? Il semble qu'elle disparaisse quand l'acquéreur cesse, en fait, d'exécuter ses obligations (21). Mais l'acquéreur peut encore légitimement espérer son pardon ou se bercer de l'espoir que l'aliénateur n'exercera pas l'action résolutoire (22); et comme toutes les résolutions finirent par ne plus exister qu'à la suite d'une sentence déclarative, il en résulta que la demande judiciaire devint, dans l'opinion générale, le moment à partir duquel les restitutions de fruits furent obligées. La clause commissoire de la vente resta seule en dehors de la règle. L'influence précise du droit romain, indiquant une restitution plus complète, explique ce fait.

Ce qui domine toutes ces controverses, c'est la tendance des auteurs à considérer comme possesseur de bonne foi, jusqu'à l'instant où se réalise le fait résolutoire, et même jusqu'à l'instant où est demandée sa constatation judiciaire, l'acquéreur du droit (23).

334. — Aux fruits sont assimilés par Dumoulin les profits féodaux (24); les retraits par l'acheteur ou le donataire résoluble d'un fief, des immeubles de vassaux qui en peuvent dépendre. L'acquéreur les garde donc, pour peu qu'ils soient réalisés avant la demande de commise. Il n'a pas nui au seigneur, aliénateur du fief. Ne reste-t-il pas vassal de ce dernier, qui, à la première aliénation du fonds servant, usera de son droit de retrait (25)?

335. — § IV. *Risques et détériorations.* — Quant aux pertes partielles et aux détériorations fortuites, à raison de l'effet rétroactif de la résolution, elles sont toutes au compte de l'aliénateur. L'acquéreur en devrait raison, au contraire, si elles étaient survenues par sa faute (26).

Quant à la perte totale fortuite, certains jurisconsultes paraissent lui appliquer la même règle qu'à la perte partielle, et ne faire aucune distinction sur la question des risques. Il ne peut dépendre de l'acheteur *v. g.*, en ne payant pas, de mettre la perte au compte du vendeur (27). C'est donc que, si la résolution se fût opérée sur la demande de l'acheteur, le vendeur eût subi tous les risques.

On peut cependant induire du n° 266 de Pothier (*vente*), que la perte totale est au compte de l'acquéreur, acheteur ou donataire.

Je ne crois pas qu'il y ait contradiction. Le n° 266 est relatif à la vente à l'essai. La condition résolutoire est ici potestative de la part de l'acheteur; et Pothier ne lui permet pas, après la perte de la chose, de résoudre le contrat en soutenant que la chose vendue ne lui convient plus. Mais sa solution différerait certainement si la condition résolutoire dépendait, quant à son accomplissement, du vendeur, comme en dépend la condition résolutoire pour inexécution des charges. Voyons par analogie les règles du réméré (28). Les détériorations de l'objet vendu sont au compte du vendeur, « parce qu'étant maître de ne pas exercer le réméré, il pourrait, en ne l'exerçant pas, ne pas supporter la perte arrivée dans la chose. » Le même motif ne s'applique-t-il pas à la perte totale? La théorie de Pothier me semble ramenée à ces termes bien simples. Si le vendeur du droit ne demande pas la résolution du contrat, la perte totale est pour l'acheteur; mais si le vendeur demande la résolution, « il n'est plus en son pouvoir de ne pas supporter la perte. » Et la vérité me paraît réduite à cet axiome : que le vendeur subira rarement la perte totale, parce qu'il ne demandera que rarement, ou pour mieux dire jamais, la résolution du contrat.

336. — § V. *Frais du contrat.* — L'aliénateur doit-il rembourser à l'acquéreur dépossédé les frais du contrat, les profits féodaux ou censuels perçus par le seigneur, en admettant que celui-ci ait le droit d'en percevoir, les dépens de la procédure en résolution? — Non, la résolution est imputable à l'acquéreur et se fait par sa faute (29).

Il doit même rembourser à l'aliénateur les droits de quint que celui-ci aurait pu être obligé de payer pour le contrat résolu (30).

337. — § VI. *Confusion.* — Les droits qui avaient pu s'éteindre par le fait de l'acquisition intérimaire, comme des hypothèques, des servitudes, un usufruit, revivent-ils lorsque la confusion est résolue?

Oui, si la résolution se fait avec rétroactivité (31). Quand se fait-elle avec rétroactivité? (*Infra,* n° 342.)

Article II. — Vis-à-vis des tiers.

338. — Quel est le sort des actes passés par l'acquéreur intérimaire? Je les distingue en deux classes : 1° actes d'administration, 2° actes de disposition.

Première division. — Actes d'administration.

339. — L'ancien droit apporte ici une intelligente innovation. Il tend à les maintenir tous; et cette décision est d'une saine lé-

gislation. Rien n'est d'ailleurs plus conforme à l'intention naturelle des parties que de protéger les intérêts de tous. Les tiers doivent passer en toute sécurité avec le titulaire apparent ces actes répétés, qui ne compromettent jamais gravement un patrimoine, mais servent au contraire à sa gestion. L'aliénateur, au cas où il rentrerait en possession des biens dont il s'est dessaisi, est intéressé à les trouver en bon état de conservation. L'acquéreur, de son côté, serait responsable s'il laissait l'objet se détériorer (32).

340. — Nul n'a mieux posé ces principes nouveaux que Coquille, lorsqu'il traite des droits du seigneur féodal à l'instant où il saisit la tenure de son vassal, détenteur résoluble de la propriété utile du bien inféodé (33). « Il y a de la différence entre un bail ou autre aménagement perpétuel qui est espèce d'aliénation ou diminution de fonds, et un bail temporel au-dessous de neuf ans, qui a espèce de simple administration. Car au premier cas, se peut dire que le vassal ne peut rien faire au préjudice de la réversion et autres droits du seigneur féodal (loi 31 *de pignoribus* D.); mais au second cas, puisque le vassal avant la mainmise était comme propriétaire par la volonté du seigneur féodal, ledit seigneur doit avoir pour agréable le ménagement consistant en simple administration, tel que les seigneurs ont accoutumé d'en faire; ainsi du mari pour le fonds de sa femme. Et ce qui est fait selon l'usance et manière accoutumée du père de famille est censé être fait par bon ménage. D'autre part, quand bien même le vassal n'eût pas été propriétaire lors du bail, mais seulement possesseur de bonne foi, celui qui l'évincerait serait tenu d'avoir pour agréable le ménagement ou location *ad tempus*, faite par tel possesseur de bonne foi, comme aussi tous autres actes concernant le seul fait des fruits et la perception temporelle d'iceux. » Un jurisconsulte breton traduit plus brièvement la même pensée, qu'il applique à la théorie du retrait. « Pour la cause et le titre, pour ce qui concerne l'état de la chose * et sa *perpétuelle utilité ou incommodité*, l'effet rétroactif au temps du contrat a lieu. » Je rap-

* Il faut entendre par là la chose principale; quant aux fruits, ils n'ont pas été suivant notre auteur qui reproduit ici l'argument des glossateurs (*ut qui tempore contractus nondum essent in rerum natura*, Tiraqueau, v° *Revertatur*, n° 279 à 288), l'objet de la vente, Héris, 3, p. 421.

proche de cette théorie l'opinion de ceux qui pensent que la rétroactivité n'affecte pas les *res facti*, formule un peu obscure de la même idée (34).

311. — § I. *Baux*. — Coquille les maintenait (35) pour peu qu'ils ne fussent pas supérieurs à neuf ans. Cette solution était rejetée par la plupart des jurisconsultes qui voulaient appliquer à l'espèce la maxime : *emptor non tenetur stare colono* (36). Toutefois, l'opinion générale assimilait déjà le bail au-dessus de neuf ans à l'aliénation d'un droit réel et lui appliquait les mêmes règles (37); de sorte que Dumoulin, prenant le contre-pied de la doctrine de Coquille, validait au cas de la commise du fief les constitutions de droits réels et de baux au-dessus de neuf ans en vertu de la loi 7 C. *de revoc. donat.*, et faisait au contraire tomber les baux au-dessous de ce terme, simples engagements personnels qui ne liaient pas les successeurs à titre particulier (38).

Deuxième division. — Acte de disposition.

312. — § I. *Concessions de droits réels*. — Les aliénations de droits réels consenties par l'acquéreur tombent-elles?

En principe, elles tombent : *resoluto jure dantis, resolvitur jus accipientis*. Cependant, il y a des cas où les droits réels sont validés et où la résolution ne rétroagit pas. A quel *critérium* reconnaîtrons-nous donc si, dans une hypothèse donnée, nous devrons faire tomber ou non les aliénations de propriété, les concessions d'hypothèque ou de servitude émanant de l'acquéreur?

313. — *Premier critérium*. — Je ne fais que rappeler la théorie des *verba directa et obliqua*, formulée par les premiers glossateurs. Si la clause résolutoire était conçue en termes directs, la résolution opérait *ex tunc*; le droit de l'acquéreur était réduit *ad non causam*. Les hypothèques et les servitudes qu'il avait conférées croulaient. Si la clause résolutoire était conçue en termes obliques, la résolution opérait *ex nunc*. Les hypothèques et les servitudes tenaient (39).

J'ai déjà exposé que cette théorie, créée pour concilier des textes du droit romain, avait été tournée contre les seigneurs en matière de lods et ventes et dénaturée. Les seigneurs, ayant voulu la retourner contre les vassaux en matière d'hypothèques, les deux partis comprirent le danger de cette doctrine, et d'un mutuel accord les jurisconsultes des deux camps finirent par la répudier.

311. — *Deuxième critérium.* — Certains glossateurs avaient indiqué celui-ci : la résolution opère-t-elle *ipso jure*, les droits réels tombent. Opère-t-elle *per sententiam*, ils sont maintenus (40).

Après avoir été quelque temps une distinction nette, la résolution *ipso jure* ou *per sententiam* fut délaissée par la controverse comme ne pouvant mener à aucun résultat. Dans les cas, en effet, où la résolution opérait d'abord *ipso jure*, les jurisconsultes exigèrent bientôt que l'aliénateur manifestât sa volonté d'user de la résolution, et sur cette déclaration devenue indispensable, je crois avoir expliqué comment ils parvinrent à enter la nécessité d'une sentence. En quoi, d'ailleurs, la manière dont la résolution s'accomplit peut-elle influer sur les effets de la résolution opérée?

315. — *Troisième critérium.* Bartole distingue si la cause de la résolution est, au regard de l'acquéreur, nécessaire ou volontaire. Si elle est nécessaire, les droits réels tombent (41); si elle est volontaire, les droits réels sont maintenus (42). L'acquéreur ne peut par son fait anéantir des droits qu'il a conférés.

Cette opinion semble au premier aspect simple et rationnelle. « C'est une très-belle et générale théorie de droit, » dit en l'exposant Loyseau (43). Elle fut rapidement propagée. La *causa necessaria* et la *causa voluntaria* furent admises dans tous les ouvrages de jurisprudence. Mais on n'a jamais pu parvenir à s'entendre sur la moindre de ses applications; et avec un peu de bonne volonté, toutes les causes de résolution deviennent nécessaires ou volontaires au gré de l'interprète. Ainsi, Bartole, dans la généralisation qu'il fait de son *critérium*, considère la rescision de vente pour lésion comme procédant d'une cause volontaire. Balde (44) l'en reprend vivement, et cite comme exemple d'une cause volontaire l'hypothèse de la loi 31 *de pignoribus* D. Dumoulin, traitant une question de lods et ventes, voit une cause nécessaire dans la révocation des donations pour ingratitude (45). Mais, comme il argumente aussitôt de la loi *his solis* 7 C. *de revoc. donat.*, il arrive, quant au maintien des droits réels, au même résultat pratique que s'il avait déclaré volontaire la résolubilité des donations pour ingratitude.

346. — Les exemples, on le voit, sont malheureusement choisis; et quand les auteurs de l'idée en font de telles applications, on est bien fondé à ne l'accepter que sous toutes réserves. Que vaut-elle, en effet?

Voyons les solutions relatives à la commise du fief.

Les droits réels, conférés par le vassal, ne tombent pas, disent les uns (46), *ne sit in arbitrio debitoris, an res quam ipse obligavit, remaneat obligata necne* (47). Le délit du vassal est un fait volontaire de sa part. Les droits réels tombent, disent les autres (48); car si le délit du vassal est volontaire, la réunion de la mouvance est forcée (49). — Mais la collusion! le vassal désavouera son seigneur pour faire tomber les droits de créanciers légitimes (50)! La collusion est tout aussi à craindre entre le vassal et ses créanciers qui, par des conventions d'hypothèques, empêcheraient le seigneur d'user de son droit de réversion (51). — Mais les fiefs sont patrimoniaux en France! Oui, mais à la condition que les vassaux ne violent pas leurs obligations de vassaux (52).

347 — Qu'on donne raison à l'une ou à l'autre de ces solutions; et je crois qu'on peut faire sortir de l'une ou de l'autre la ruine de toute la distinction.

Vous attachez-vous, avec la première opinion, au fait qui réalise la résolution? Toutes les inexécutions de charges étant, sauf le cas d'excuse, imputables au débiteur, toutes les résolutions dont le créancier aura argumenté se font *ex causa voluntaria*, et toujours les droits réels tiennent. Personne ne l'admet.

Vous attachez-vous, avec la seconde opinion, à cette circonstance que l'aliénateur résout en vertu d'un droit qu'il s'est réservé ou que la loi a réservé pour lui? Toutes les résolutions deviennent nécessaires contre le débiteur, et toujours les droits réels tombent. Personne n'accepte cette autre alternative.

348. — Aussi le dogme des causes nécessaires et volontaires, exclusivement enseigné par Bartole, est-il critiqué et rejeté par d'Aguesseau (53), par Renusson au n° 91 de son *Traité du Douaire* (chap. 3), par Furgole (54), qui objecte heureusement la loi 31 *de pignoribus* D. elle-même, tandis que Dumoulin (55), Loy-

seau (56), Lamoignon (57) et Bourjon (58) se servent souvent de son principe, — surabondamment invoqué, qu'ils condamnent parfois sur des matières analogues (59) ou modifient à cet instant même (60), — pour confirmer des solutions qu'ils justifient d'ailleurs par d'autres motifs plus solides, et en général par le *critérium* suivant.

349. — *Quatrième critérium.* Il est aussi ancien, sinon plus ancien, que les deux premiers. La cause de la résolution est-elle contemporaine de la concession du droit, *primæva, antiqua*, inhérente au contrat, indivisible du titre de l'acquéreur; les droits réels conférés sont annulés. L'aliénateur a un droit antérieur qu'il oppose aux créanciers hypothécaires ou aux tiers détenteurs (61) *antiqua et dominica revocatio* (62). La cause de la résolution est-elle postérieure à la concession du droit de l'acquéreur, *nova;* les droits réels consentis aux tiers sont validés (63).

350. — Ce *critérium* n'a jamais été, à ma connaissance du moins, attaqué d'une manière générale. Il me semble cependant qu'il a des vices analogues à ceux de la théorie des causes nécessaires et volontaires.

Et, en effet, je reprends mon dilemme :

Vous attachez-vous au fait précis qui permet à l'aliénateur d'intenter sa demande en résolution? Il est toujours évidemment postérieur à la concession du droit au profit de l'acquéreur. Le défaut de paiement dans la vente est tout aussi bien postérieur que le désaveu du vassal ou l'ingratitude du donataire. Les droits réels seraient toujours maintenus. L'inexécution serait alors la cause de la résolution, et le titre serait l'occasion de cette résolution.

Vous attachez-vous au titre en vertu duquel vous agissez, et qui vous donne le droit de pouvoir intenter la demande en résolution? Il est toujours concomitant à la concession du droit de l'acquéreur, puisqu'il est le titre même de cette concession. Les droits réels seraient donc toujours anéantis. Le titre serait alors la cause de la résolution, et l'inexécution deviendrait l'occasion de son accomplissement.

Or, ces deux alternatives sont repoussées par tous.

351. — On reprend le *critérium* à un autre point de vue. Les

résolutions *ex causa antiqua* peuvent être prévues, tandis que les résolutions *ex causa nova* surprennent l'aliénateur : les délits, *causæ novæ*, ne se présument pas, ajoute-t-on; si l'aliénateur avait pu les prévoir, il ne se fût pas certainement dépouillé au profit de l'acquéreur d'un droit qu'il va bientôt être contraint de ressaisir.

Il y a beaucoup de choses dans cette amplification des *causæ novæ et antiquæ.*

Tout d'abord, qu'importe, en matière de résolution, un axiome emprunté à la théorie des preuves : les délits ne se présument pas?

L'aliénateur ne pouvait prévoir la résolubilité *ex causa nova;* s'il l'eût prévue, il n'eût pas aliéné! — Il est bien censé avoir prévu la résolubilité *ex causa antiqua;* et cependant il a aliéné. Le donateur ne doit pas s'attendre à l'ingratitude du donataire! — Mais le vendeur doit-il donc plus naturellement s'attendre au défaut de paiement de la part de l'acheteur? et, pour user de l'axiome des adversaires, doit-on, en l'absence de tout indice, présumer les faits accidentels ou les faits réguliers?

352. — *Cinquième critérium.* Dans la loi 31 *de pignoribus* D., où l'aliénateur fait tomber les hypothèques consenties par l'acquéreur du droit, le droit romain avait dit un mot que plusieurs jurisconsultes relevèrent. « Le concessionnaire d'un *ager vectigalis,* et les créanciers qui avaient reçu des hypothèques sur ce fonds *cessant de payer* le concédant, celui-ci fait résoudre la concession d'*ager vectigalis,* et les créanciers perdent leurs hypothèques. » Le droit du créancier hypothécaire tombe dans ce cas, parce que le fait résolutoire est arrivé autant par sa faute que par celle du débiteur des charges. Le créancier hypothécaire pouvait intervenir et, pour écarter la résolution, exécuter à la place du débiteur. Ce droit était reconnu au profit des créanciers de l'emphytéote (64) et du donataire (65), contesté aux créanciers du vassal (66). Le créancier, qui peut ainsi se prémunir par son intervention contre les actes du débiteur et ne le fait pas, est puni de sa négligence et voit son droit s'évanouir (67).

353. — Malheureusement, ce motif ne fut pas mis en avant avec assez d'énergie. Les jurisconsultes aiment mieux invoquer

la *causa antiqua et necessaria*, qui a pour elle l'autorité de la glose et des docteurs. Aussi ne donnent-ils jamais que comme raison accessoire, quand ils la donnent, l'explication rationnelle que j'indique, et qui seule eût suffi à la solution du problème.

Le fait résolutoire est-il tel que le créancier hypothécaire, que le détenteur ne puisse exécuter les obligations de l'acquéreur en son lieu et place; alors les droits réels consentis tiennent. La loi ne peut punir les tiers d'une faute imputable au débiteur seul (68). Ce *critérium* est vrai dans les résolutions pour inexécution d'obligations.

354. — On sent qu'avec des théories aussi discutées que celles-là, l'ancien droit ne put asseoir sur aucun point des solutions incontestées. Aussi est-il remarquable que presque tous les jurisconsultes présentent le plus souvent deux ou trois motifs pour justifier leur opinion, comme s'ils voulaient suppléer à la qualité par le nombre. Il n'est pas rare de lire, par exemple, qu'une hypothèque tombe, parce que la résolution a lieu *ex causa necessaria et antiqua, prout ex tunc* et même *ipso jure* (69).

Cependant, la doctrine qui tendait à prévaloir maintenait les droits conférés, lorsqu'il s'agissait de la commise du fief pour félonie (70), et de la révocation des donations pour ingratitude; faisait au contraire tomber les droits réels consentis, lorsqu'il s'agissait de la commise d'emphytéose (71), de la résolution de la vente pour défaut de paiement. C'est, en effet, dans ces dernières hypothèses seulement que les anciens jurisconsultes avaient à peu près concédé sans difficulté à l'aliénateur une action réelle ou mixte.

355. — § II. *Jugements.* — Chacun peut en plaidant compromettre ses droits, mais non ceux d'autrui. Aussi la chose jugée contre le vassal ne nuit pas au seigneur (72). La chose jugée contre l'acheteur à réméré n'est opposable au vendeur que si le vendeur a connu la procédure entamée, et l'a laissée suivre son cours. Dumoulin, qui donne cette solution, a bien soin de montrer qu'elle ne se justifie que par la nécessité de mettre une borne aux fraudes que les vendeurs pourraient commettre, en laissant, par un silence volontaire et coupable, les tiers engager une lutte peut-être stérile avec des contradicteurs apparents (73).

SECTION II.

Situation de l'aliénateur.

Article I. — Vis-à-vis de l'acquéreur.

356. -- L'aliénateur doit être replacé dans la situation où il eût été s'il n'avait jamais aliéné.

357. — § 1. *Impenses.* — L'aliénateur doit-il compte à l'acquéreur des impenses faites sur l'objet transmis?

Quant aux impenses voluptuaires, l'acquéreur peut les enlever, *si modo separationem adhibeant*. Quant aux impenses nécessaires et utiles, les solutions varient.

L'emphytéote les perd. Il est en faute. Que n'exécutait-il les charges (74). Dumoulin, restreignant la portée grammaticale des textes qui servaient de base à cette opinion rigoureuse, établit une distinction. L'emphytéote, comme le vassal après commise (75) arrivée par sa faute, doit sans doute perdre les améliorations qui ont pu amender le terrain; mais il ne peut être dépouillé sans indemnité des constructions, des édifices qu'il a pu élever. Un tel résultat serait contraire à l'équité; et si les textes romains en matière d'emphytéose ne sont pas favorables à cette distinction, Dumoulin l'appuie du moins sur la théorie générale des impenses faites sur un immeuble sujet à restitution (76).

En dehors de l'emphytéose, les jurisconsultes paraissent en effet avoir formulé une théorie unique : l'acquéreur a droit à toutes les impenses nécessaires et à la plus-value résultant des impenses utiles (77).

358. — Tels sont les principes que les circonstances de chaque affaire peuvent modifier. Il ne faut pas, par exemple, qu'au moyen d'impenses exagérées l'acquéreur paralyse le droit de résolution de l'aliénateur. L'arbitrage du juge est indispensable (78). Il est évident de plus que les frais dépensés pour la production et récolte des fruits, charges naturelles de leur perception (79), sont en dehors de ce débat, et qu'il ne s'agite qu'à l'égard des im-

penses réalisant une amélioration perpétuelle pour l'objet acquis.

359. — L'acquéreur a donc droit, dans une certaine mesure, à une indemnité pour ses impenses. Peut-on le contraindre à se payer avec les fruits perçus? Non. Lorsqu'il acquiert les fruits, il les acquiert *jure proprio*, et il ne peut être payé de l'indemnité qui lui est due avec des fruits qui lui appartiennent déjà (80). Il ne peut même pas être obligé de défalquer du chiffre de sa créance les excédants de fruits que l'impense a procurés. Dumoulin, après avoir critiqué cette dernière proposition, finit par l'accepter (81), à la condition que le juge n'en fasse qu'une application réservée et prudente.

360. — § II. *Arrhes.* — L'aliénateur ne restitue pas les arrhes qui auraient pu lui être données (82).

361. — § III. *A-comptes.* — Restitue-t-il au moins les prestations partielles effectuées par l'acquéreur?

Ici la tendance des jurisconsultes à atténuer les effets rigoureux de la résolution est sensible.

Grégoire de Toulouse (83) professe la négative; mais un jurisconsulte postérieur, Carondas (84), enseigne expressément la restitution des prestations réalisées.

La plupart des légistes admettent (85) le tempérament équitable d'une déduction à faire sur les fruits, que l'acquéreur devrait restituer, proportionnelle aux à-comptes payés.

362. — § IV. *Prestations successives.* — Je crois qu'il faut mettre dans une classe à part le cas où le contrat entraine non plus une obligation unique, mais des prestations successives.

Lorsque les prestations doivent être successives, la résolution ne rétroagit pas; mais il faut qu'elles soient successives *utrinque*, de part et d'autre, pour que cette règle s'applique. Je prends des exemples.

1º Je vous donne la maison **A**, si vous surveillez cette année l'exploitation de ma ferme. De mon côté, la prestation est unique; de votre côté, elle est successive. Vous quittez la ferme, la résolution opère *ex tunc;* l'inaccomplissement partiel, à ce point de vue, équivaut à l'inaccomplissement total. Restera maintenant la question de savoir si je ne vous devrai pas une indemnité pour le temps que vous aurez dépensé à mon service.

2° Je conviens avec vous que je vous paieral une somme de dix par jour, si vous surveillez cette année mes moissonneurs. Au bout d'un mois vous me quittez. Le contrat sera résolu *ex nunc*, sauf le droit que je pourral avoir de vous demander des dommages-intérêts pour le préjudice que me cause votre départ imprévu.

Dans cette seconde espèce, les prestations sont successives *utrinque*, corrélatives par conséquent. Il y a alors plusieurs dispositions distinctes, dont la substance dépend de plusieurs conditions également distinctes (86). Une partie de ces dispositions a été pleinement exécutée de part et d'autre. La résolution ne peut atteindre celle-là.

363. — Cette doctrine, — contredite dans le droit barbare où le recommandé, qui abandonne son patron, doit lui restituer tout ce qu'il en a reçu (87), à la charge par celui-ci de restituer au recommandé les libéralités que ce dernier aurait pu lui faire (88), — n'a parfois été accueillie qu'avec des doutes dans l'ancien droit. Ces hésitations se conçoivent lorsqu'on songe au cachet de pénalité imprimé aux effets de la résolution. Un canoniste se demande si, au cas de résolution du bail pour détérioration, le locateur a droit de garder la *merces* reçue par anticipation et finit par n'admettre l'affirmative qu'avec des distinctions subtiles (89). Je rappelle de plus la prescription, si sévère à la fois et si cruelle, que les Assises de Jérusalem (90) édictaient contre le serviteur à gages qui quittait son maitre. Sur ce point encore, je me range à la théorie plus sage de Furgole.

Art. II. — Vis-à-vis des tiers.

364. — *Principe.* — L'aliénateur vis-à-vis des tiers est réputé ne s'être jamais dessaisi de son droit. De là les conséquences suivantes.

365. — § I. Le résignant bénéficial recouvre sans nouvelles provisions, *vigore prioris tituli* (91), sa place au chapitre (92), son droit d'option parmi les bénéfices vacants (93). (*Supra*, n° 216.)

366. — § II. L'immeuble reprend sa qualité première. Avait-il été vendu avant le mariage et le contrat est-il résolu depuis,

faute par l'acheteur d'avoir payé son prix, le bien rentre comme propre dans le patrimoine de l'époux propriétaire (94).

367. — § III. Le vassal n'a pas besoin de rendre un nouvel hommage au seigneur (95).

368. — § IV. Comme il n'y a pas rétrocession lorsque la résolution s'accomplit, il n'est pas dû au seigneur de nouveaux droits de quint sur les fiefs, de lods et ventes sur les censives (96). « Il n'y a pas là nouveau contrat, mais plutôt *distrat* » (97), disaient nos vieux auteurs.

On ne pouvait, d'ailleurs, voir dans la résolution que l'exécution d'une convention inhérente au contrat primitif (98). Il n'y a pas à rechercher si la cause de la résolution est nécessaire ou volontaire (99), ajoutait même Dumoulin, rejetant ici par un singulier défaut de logique un argument, dont il usait dans la question du maintien des hypothèques conférées par l'acquéreur.

Sur ce point on était généralement d'accord : il n'est pas dû de nouveaux droits pour la résolution.

369. — Mais quelques auteurs, sinon des plus nombreux, du moins des plus illustres, allaient plus loin ; et pensaient que les premiers droits perçus par le seigneur pour la mutation de l'aliénateur à l'acquéreur devaient être restitués (100). C'était bien là, certes, nier que l'acquéreur eût jamais été investi du droit.

Les seigneurs défendirent leurs intérêts. Pour démontrer que les premiers droits avaient été légitimement perçus, ils argumentèrent de ce que l'aliénation résoluble équivalait *interea* à une aliénation pure et simple. — On leur répondit qu'il fallait distinguer. On n'invoqua pas la résolubilité *ipso jure* ou *per sententiam*. La théorie de la résolution *per sententiam* avait été appliquée contre les seigneurs dans le but de permettre au vassal négligent la *purgatio moræ*. Mais on reprit les dogmes des causes nécessaires ou volontaires, des causes anciennes ou nouvelles. Les partisans des droits seigneuriaux n'eurent pas de peine à montrer le vice de ces distinctions.

Toutefois, les seigneurs eurent un tort ; ils fondèrent leur système de défense sur la doctrine des *verba directa* et des *verba obliqua*, et prétendirent que les lods étaient dus lorsque la résolution était réservée en termes obliques ou même communs. S'ils avaient triomphé, ils regagnaient tout le terrain perdu; car, avec l'idée d'une rétrocession, ils recouvraient le droit de demander des lods et ventes, non-seulement pour la première aliénation, mais même pour la résolution.

370. — C'est ici que Dumoulin intervint, et formula une doctrine qu'il signa presque de son sang (101). Il accepta d'abord la question telle que la posaient d'ordinaire les seigneurs, mais lui donna une solution inverse. « Les termes communs ne sont au fond que des équipollents, qui prennent leur signification dans la volonté des parties (102). Quant aux termes obliques, la plupart sont des termes directs *per antecedens necessarium* (103). »

Puis, cette démonstration faite, et les seigneurs battus sur leur propre terrain par cette distinction qui anéantissait la base de leur système de défense, Dumoulin modifia la position du problème. « Au surplus, il importe peu que la résolution soit réservée en termes obliques ou directs, qu'elle opère *ipso jure* ou *per sententiam*. Toute la question, quant aux lods et ventes, se ramène à ce point : y a-t-il ou non rétroactivité dans les effets de la résolution? Le droit de l'acquéreur est-il ou non réduit *ad non causam : hic card resolutionis* (104)? C'est là le joint du débat. » Et Dumoulin profes que la résolution était rétroactive dans la clause commissoire de vente, par exemple.

Il convainquit d'Argentré (105) lui-même, qui sacrifia la théorie des *verba directa et obliqua* : j'ai rappelé avec quelles expressions. (*Supra*, n° 136.)

D'Argentré avait intérêt à se laisser convaincre. Logiquement, en effet, la solution de cette question et celle du maintien des droits réels conférés par l'acquéreur dépendent des mêmes principes, et se commandent l'un l'autre. Admettre l'effet rétroactif pour les lods et ventes, c'était, d'Argentré le croyait du moins, préparer l'admission de l'effet rétroactif quant aux hypothèques conférées par le vassal, et faciliter leur chute.

371. — D'Argentré fut logique en enseignant la restitution des lods et ventes perçus, et l'anéantissement des droits réels conférés par le vassal. Dumoulin fut illogique en professant l'affirmative sur le premier point, la négative sur le second. Sa haine contre la féodalité explique cette contradiction.

372. — § V. Quel est le sort des actes passés par l'aliénateur avant la résolution?

Je n'ai point rencontré de textes décidant expressément la question. Il faut donc recourir au raisonnement. Le problème se ramène à ceci : l'aliénateur avait-il un droit antérieur à la résolution ? S'il en avait un, il est indubitable qu'il en pouvait disposer sans que ses ayant-cause pussent toutefois acquérir de lui des droits plus solides que le sien. Or, tous nos anciens jurisconsultes attestent : 1º que l'aliénateur est nanti d'un droit à la résolution avant qu'elle s'accomplisse, droit qu'il peut céder (106), transmettre à titre de donation. — Hévin ajoute même : *en tant que droit réel* (107); — 2º qu'il reprend rétroactivement son titre. Donc les droits conférés par l'aliénateur sont maintenus, car ils ont été acquis de celui qui se trouve avoir été *ab initio* le titulaire du droit.

373. — Une objection peut m'être faite. Ce qui prouve pour moi la rétroactivité de la résolution, ce n'est pas l'anéantissement des droits émanant de l'acquéreur, mais le maintien des droits émanant de l'aliénateur. Or, j'ai bien justifié que notre ancienne législation reconnaissait le premier fait; je n'ai pas directement justifié qu'elle reconnût le second. L'ancien droit n'aurait-il admis que la théorie de Scœvola, de Marcellus et d'Ulpien, la théorie de la *translatio ad tempus?*

374. — J'écarte cette objection et ses conclusions pour plusieurs motifs : 1º aucun jurisconsulte ancien n'a professé d'une manière exclusive la théorie de la translation *ad tempus;* ceux-là mêmes qui en argumentent font immédiatement valoir le moyen de la rétroactivité dans lequel s'incarne pour eux, sous la forme la plus pure, le dogme de la résolution ; 2º le principe rétroactif de la résolution est affirmé avec une telle énergie d'expression dans l'ancien droit, qu'il n'est pas permis de ne pas lui faire produire toutes ses conséquences logiques; 3º la première aliénation elle-même, celle que l'aliénateur avait effectuée au profit de l'acquéreur, est réputée non avenue ; aussi les lods et ventes perçus à raison de cette première aliénation, qui resteraient certainement dus s'il y avait eu transmission temporaire, sont-ils restitués, d'après la doctrine de Dumoulin et de d'Argentré.

DROIT MODERNE.

TITRE PRÉLIMINAIRE.

CHAPITRE I.

NOTION THÉORIQUE DE LA CONDITION RÉSOLUTOIRE. — DES DROITS
QUE PEUT AFFECTER LA RÉSOLUTION.

375. — Le législateur moderne a consacré d'une manière exclusive la théorie de la rétroactivité. Lorsque la résolution s'accomplit, elle opère la révocation du droit, et remet les choses
au même état (1) que si le droit n'avait pas existé. Les deux
causes historiques qui ont créé la condition dite résolutoire sont
complétement oblitérées ; la volonté des parties, écartant le plus
souvent la solennité des modes translatifs, opère par elle seule
la production et l'extinction des droits réels ou personnels (2).
La perpétuité des droits n'est plus qu'un dogme à peu près stérile (3), qu'on affirme quelquefois parce qu'on ne voit pas de
grand avantage à le nier; mais, perpétuel ou non, le droit n'en
est pas moins, de l'aveu de tous, directement et essentiellement
affecté par la condition résolutoire. On garde par habitude la for-

mule que les premiers jurisconsultes romains avaient trouvée, *pura quæ sub conditione resolvitur;* mais je suis en droit de reprocher à cette doctrine, sinon de mauvais résultats pratiques, du moins une sérieuse contradiction théorique. La rétroactivité est toujours considérée comme une fiction.

J'ai suffisamment critiqué ces aperçus. Je me contente de renvoyer à mes précédentes observations; elles s'appliquent toutes au système français de la résolution. (*Supra,* n°s 4-18.)

CHAPITRE II.

DÉVELOPPEMENTS DE LA RÉSOLUTION POUR INEXÉCUTION DES CHARGES. — CAS DE RÉSOLUTION. — CARACTÈRE DE LA RÉSOLUTION.

SECTION I.

Cas de résolution.

La résolution pour inexécution des charges peut découler de la convention ou de la loi.

Article I. — Résolution conventionnelle.

376. — Celle-ci est évidemment licite; elle est telle que la font les contractants ou le disposant. La seule question délicate est celle de savoir si le créancier d'une rente viagère peut stipuler qu'à défaut de paiement des arrérages le contrat sera résolu. La difficulté me paraît tranchée d'une manière décisive par la déclaration formelle des rédacteurs du Code que rien ne prohibait cette clause (4), puisqu'elle n'était contraire ni à l'ordre public ni aux bonnes mœurs.

Article II. — Résolution légale.

377. — Je recherche dans quels cas un droit est résolu à raison de la seule inexécution des charges imposées à son existence.

La loi me répond : dans les contrats synallagmatiques, sources de droits réels et de droits personnels, la résolution est toujours sous-entendue, pour le cas où l'une des parties ne satisferait pas à son engagement.

Quelles sont les applications de ce principe?

1º Si l'acheteur ne paie pas le prix (5), le vendeur peut demander la résolution; et dans un cas spécial il le fera par la procédure de la folle enchère (6);

2º L'acheteur, si le vendeur ne livre (7) ou ne garantit pas (8);

3º L'échangiste (9), si le copermutant ne lui transfère pas la propriété de l'objet promis en contre-échange;

4º Le locataire, si le locateur ne le maintient pas en jouissance (10);

5º Le bailleur, si le locataire abuse de l'objet loué, ne paie pas la *merces* (11), ou ne garnit pas suffisamment l'immeuble affermé (12)

6º L'associé, même à terme, si son coassocié manque à ses engagements (13);

7º Le créancier, dans la rente constituée, si le débiteur reste deux ans sans payer les arrérages, ou s'il ne fournit pas les sûretés promises par le contrat (14).

378. — On m'arrête ici (15) pour me dire que la constitution de rente n'est pas un contrat synallagmatique, et que je ne puis la régir par l'art. 1184.

379. — Je crois pouvoir, au contraire, faire rentrer directement la rente dans les termes exprès de l'art. 1184; et pour établir que la constitution de rente à titre onéreux est un contrat synallagmatique, il me suffira de démontrer que le contrat de rente n'est pas réel.

Pourquoi certains contrats sont-ils réels en droit français? Je n'ai jamais vu faire de ce point de droit une justification rationnelle qui m'ait paru décisive. Mais enfin je prends la plus sérieuse de toutes, et dans l'espèce, elle est évidemment de toutes la plus mauvaise. Un contrat est réel, parce que le débiteur, obligé à une restitution, ne peut être tenu de l'effectuer, même en bon sens, que s'il a reçu; plus simplement, le débiteur doit *recevoir*, parce qu'il doit *rendre*. Or, le débiteur d'une rente peut-il être tenu de la restituer? L'inexigibilité du capital est au contraire un signe distinctif de cette espèce de créance.

D'ailleurs, le débiteur peut opérer le rachat de la rente. Il avait donc vendu l'obligation de la servir. Or, la vente, alors même qu'elle est au comptant, n'est-elle pas consensuelle? Pothier (16), Domat (17), Portalis (18), voyaient dans la rente une vente véritable. Cette idée n'effraie personne quand il s'agit d'une rente foncière; pourquoi serait-on plus susceptible à l'endroit de la rente constituée? Dans le premier cas, le créancier abandonne la propriété d'un immeuble, dans le second cas, la propriété d'un capital mobilier; où est la différence rationnelle entre les deux opérations?

380. — Rien ne justifie donc que la rente soit un contrat réel. Le débiteur est obligé au paiement des arrérages; le créancier à la translation de propriété du capital promis. Maintenant, il est certain que le créancier ne pourra demander paiement des arrérages que du jour où il aura lui-même rempli ses engagements; s'il agissait prématurément, il serait repoussé par l'exception *nundum adimpleti contractus.*

381. — Je ne fais guère d'ailleurs que formuler le principe, dont les auteurs tirent chaque jour des conséquences. Je prends, en effet, le second paragraphe de l'art. 1912. Le créancier d'une rente constituée peut exiger le capital, si le débiteur ne fournit pas les sûretés promises par le contrat. Presque tous les interprètes anciens (19) et modernes (20), d'accord avec la jurisprudence, voient là une véritable résolution de contrat fondée sur l'inexécution des obligations du débiteur. L'exigibilité du capital a dans ce cas « l'équité pour base » (21). Les règles de l'art. 1184 sont toutes acceptées.

Je passe maintenant au premier paragraphe du même article. Le créancier peut exiger le capital, si le débiteur cesse de payer pendant deux ans les arrérages. Pour ma part, je rattache également à l'art. 1184 cette nouvelle disposition. Mais ici je suis abandonné par presque tous les auteurs. Quels sont donc leurs motifs?

Ils en ont trois principaux : 1° La constitution de rente est un contrat unilatéral (22); donc il est impossible d'interpréter par l'art. 1184, relatif aux contrats synallagmatiques, le premier paragraphe de l'art. 1912. Je crois avoir établi que la rente, contrat consensuel, est synallagmatique; j'admets qu'on rejette cette manière de voir; mais alors, pourquoi ces auteurs si scrupuleux interprètent-ils par l'art. 1184 le second paragraphe de l'art. 1912? La rente pour eux change-t-elle de nature en passant d'un paragraphe à l'autre?

2° Autre est l'hypothèse du premier numéro de l'art. 1912; et autre l'hypothèse du second numéro (23). Dans 1912 2°, il peut se soulever des questions d'interprétation. Le créancier n'a peut-être pas tenu d'une manière bien rigoureuse à ce que le débiteur lui fournît à jour dit les sûretés promises. — Ou ces considérations d'équité sont inexactes, et alors il faut les rejeter; ou elles sont vraies, et alors il faut en étendre le bénéfice à la première partie de l'article. Le créancier n'a peut être pas tenu d'une manière bien rigoureuse à ce que le débiteur payât à jour dit.

3° A quoi bon un délai, une *purgatio*? Il s'agit là d'un débiteur qui est resté deux ans sans payer (24)! La négligence n'est-elle pas assez lourde?— Que les auteurs de l'objection veuillent bien se reporter à ce qui se passait dans l'ancien droit. L'emphytéote ne subissait la commise que s'il était resté sans payer deux ou trois ans, suivant une distinction qu'il est inutile de rappeler ici. Cela empêchait-il les jurisconsultes d'autoriser l'emphytéote à purger postérieurement à la cessation des paiements? La *purgatio* les délais, les comminatoires étaient si bien admissibles que les jurisconsultes écrivaient : Il n'y a plus commise d'emphytéose que s'il y a contumace du débiteur. Le droit moderne, sous l'inspiration d'Argou et de Furgole, est revenu de ces exagérations, mais il a dans l'art. 1184 déposé une théorie plus modérée à a fois et plus intelligente, à laquelle il est bon de se tenir. Ne commettons pas à notre tour d'excès dans la rigueur.

382. — Certains jurisconsultes (25), d'accord avec la jurisprudence (26), font sur l'art. 1912 2° une distinction que plusieurs canonistes (27) avaient indiquée. Ou la rente est *portable;* l'échéance de la seconde année vaut interpellation pour le débi-

teur; il n'a pas offert paiement, il est déchu *ipso facto*. Ou la
rente est *quérable;* le créancier doit sommer le débiteur; mais la
sommation faite, si le débiteur ne paie *in continenti* suivant les
plus sévères, dans un délai moral, en général limité à vingt-
quatre heures suivant la jurisprudence, l'anéantissement de la
constitution de rente est opéré.

Je ne puis accepter cette distinction. Alors même que la rente
est stipulée *portable*, le débiteur, en résumé, ne doit qu'un *fait*,
porter ou faire porter l'argent chez son créancier. Or, pourquoi
l'obligation de faire suivrait-elle des règles différentes, suivant
qu'il s'agirait d'un rente ou d'un autre créance? « Lorsque le
créancier ou le débiteur, dit Pothier (28), demeurent dans le
même lieu, le paiement doit se faire à la maison du créancier. Le
débiteur lui doit cette déférence. » Est-ce une théorie bien sérieuse que celle qui a pour fondement une mesure de politesse?
Fait-on du droit avec des questions de convenance?

383. — Quant à la rente viagère, elle n'est pas résoluble
pour défaut de paiement des arrérages. Les rédacteurs du Code
en ont donné plusieurs raisons : 1° Ce serait enlever aux contrats
toute solidité (29); ils seraient rompus pour la plus légère infraction. 2° Le contrat est consommé au cas de l'art. 1978; si l'a-
néantissement est prononcé au cas de l'art. 1977, c'est que le
contrat n'est pas consommé (30). 3° Le remboursement de la
rente nuirait au créancier, en le forçant de chercher un nouvel
emploi et en l'exposant au danger de perdre peut-être sa dernière
ressource (31).

Ces motifs, ou ne sont pas exacts, ou ne sont pas assez *pro-
fonds* (32). La première raison donnée conduirait à ne jamais
permettre dans aucun contrat la résolution pour inexécution des
charges. La seconde rendrait incompréhensible la résolution des
rentes perpétuelles constituées. La troisième ne se conçoit même
pas. L'orateur qui la présente veut-il parler des dangers de la
résolution du contrat? Il dépend du créancier de ne les point
courir. Ne peut-il pas toujours contraindre au paiement des arrérages arriérés le débiteur qui s'oublie? — Fait-on allusion à la
faculté de rachat essentiellement réservée au débiteur? Mais cette

faculté de rachat est de l'essence de la rente. L'ennui de chercher un nouvel emploi de ses fonds est une éventualité à laquelle doit toujours s'attendre le créancier d'une rente.

M. Troplong (33) justifie la disposition de l'art. 1978 par l'idée que la rente viagère est un contrat aléatoire. Les rédacteurs du Code y ont-ils songé? La négative est certaine. Ils ont reproduit le système de l'ancien droit, mais en laissant dans l'ombre le principe qui dominait toute cette matière. Les anciens juris-consultes, craignant que la rente ne dégénérât en prêt à intérêt, avaient prohibé à peu près toutes les clauses qui pouvaient rendre exigible le capital versé (34); et, de la rente constituée, ce scrupule passa dans la rente viagère.

384. — Ainsi, tous les contrats synallagmatiques, sauf la rente viagère, sont résolubles pour inexécution des charges.

Est-ce à dire que le débiteur, tenu en vertu d'un contrat uni-latéral, pourra impunément violer son obligation?

385. — Non; le créancier aura toujours, bien entendu, l'ac-tion tendant à l'exécution du contrat; mais, de plus, il pourra faire cesser l'aliénation s'il en avait fait une dans l'espérance d'un équivalent qui ne lui a pas été transmis. Le débiteur, de son côté, fera disparaître l'obligation qu'il avait contractée, si sa situation a été compromise par un acte imputable au créancier.

386. — N'est-ce pas en effet une véritable résolution légale que cette déchéance du terme qui résulte pour le débiteur de sa fail-lite (35) ou de sa déconfiture? Le créancier se fait relever ou est directement relevé, par cette manifestation de l'insolvabilité du débiteur, de la concession qu'il avait faite d'un terme. N'est-ce pas encore une résolution légale que cette libération de la cau-tion (36), lorsque, par le fait du créancier, la subrogation aux droits de celui-ci est devenue impossible? Le créancier gagiste détériore l'objet dont il est nanti; là encore le débiteur fera tomber le contrat de gage (37). La femme a laissé au mari l'ad-ministration de la société conjugale; sa dot est mise en péril : la femme peut demander la séparation de biens (38). Le nu-pro-priétaire fait tomber le droit de l'usufruitier qui dégrade l'im-meuble (39), etc...

387. — Il n'y a pas sans doute dans ces hypothèses une corré-

lation aussi intime que dans les contrats synallagmatiques, entre les obligations principales d'une partie et les obligations accidentelles de l'autre. Mais le caractère intéressé de l'opération suffit pour lui donner une indivisibilité conventionnelle. Le contrat est synallagmatique : je ne m'engage à livrer mon cheval que s[i] vous vous engagez à en payer le prix. La loi, par une sage interprétation de la volonté des contractants, et non par une conséquence juridique du principe de causalité (*supra*, no 55), me permet, si j'ai exécuté et que je n'obtienne pas la contre-prestation promise, de répéter ma prestation. Dans le contrat réel unilatéral, le créancier est une partie qui a réalisé son obligation; il est donc semblable au vendeur qui dans un contrat synallagmatique a livré l'objet vendu, au locateur qui a fourni la maison louée. Si le locateur, le vendeur, peuvent faire résoudre, pourquoi le créancier, — à raison d'un contrat unilatéral, — qui n'a pas plus qu'eux (je le suppose), traité dans une intention de libéralité, ne pourrait-il ressaisir le droit qu'il a transféré?

388. — On a tort de voir dans l'art. 1184 un article restrictif; il est au contraire extensif, si on le rapproche du droit romain et du très-ancien droit français. La *condictio ob rem dati re non secuta* s'appliquait à Rome à des contrats unilatéraux; c'est la généralisation de son principe qui faisait difficulté. L'art. 1184 a changé en texte législatif la doctrine des auteurs qui tenaient pour ce dernier parti. Sachons maintenir toute la portée d'une telle disposition.

389. — Je crois donc que pour interpréter la résolution légale, la formule la plus large sera la meilleure; et je n'en connais pas de plus simple que celle-ci : les charges sont corrélatives du droit (40). Le bénéficiaire d'un droit ne peut en conserver les avantages qu'à la condition d'acquitter les obligations qu'il impose.

390. — Pour peu qu'une aliénation soit intéressée, il faut qu'elle ait son prix, sa contre-valeur. Le prix manque-t-il, la charge est-elle inexécutée, le droit n'appartient plus, ou plutôt n'a jamais appartenu à l'acquéreur; il y a résolution légale de l'acquisition, sauf maintenant au juge le pouvoir, par la *purgatio* ou par une concession de délais, d'adoucir la rigueur d'une dé-

chéance trop rapide (41). Il faut donc, en cette matière, se rattacher surtout au caractère intéressé et commutatif de l'opération.

391. — Peut être même est-ce là ce que le Code a voulu dire dans son art. 1184, quand il parle des contrats synallagmatiques. Qu'on rapproche, en effet, la définition du contrat synallagmatique et celle du contrat intéressé, qu'on remarque combien elles se confondent; et peut-être pourrions-nous, pour notre manière de voir, invoquer la lettre même de la loi. Dans tous les cas, nous serions en droit de l'appuyer sur des expressions caractéristiques émanées d'auteurs anciens et de commentateurs modernes (42).

SECTION II.

Caractère de la résolution.

392. — Tout principe de pénalité a disparu. Le Code partage complètement sur ce point les doctrines de l'école réactionnaire.

393. — Mais la résolution se révèle sous un nouveau jour dans ses rapports avec l'organisation du crédit. Elle affecte trop profondément la circulation des biens pour que celle-ci n'en soit pas entravée. Les théories économiques viennent alors heurter les principes juridiques, et ce n'est pas une étude dépourvue d'intérêt que celle du conflit qui s'élève entre les deux sciences, l'économie politique et le droit.

394. — J'essaierai de suivre les diverses phases de cette lutte qui s'agite de nos jours dans toute son énergie, et d'indiquer nettement le système transactionnel dans lequel la question paraît devoir s'engager. (*Infra*, tit. 3, sect. 3)

TITRE I.

La condition résolutoire est pendante.

395. — PREMIÈRE RÈGLE. Tout s'exécute comme si le droit résoluble était pur et simple (1).

1° Le titulaire du droit résoluble supporte la perte (2), en ce sens qu'il n'est pas libéré des contre-prestations qu'il doit;

2° Il a un titre pour prescrire contre le véritable propriétaire de l'objet acquis (3);

3° Il peut plaider au pétitoire et au possessoire (4);

4° Constituer des servitudes (5), des hypothèques sur l'objet acquis (6);

5° Il peut passer les baux, faire les réparations (7);

6° Il gagne les fruits et les accessions;

7° L'immeuble est frappé de l'hypothèque légale de la femme de l'acquéreur (8);

8° Les droits de mutation sont dus;

9° L'acquéreur fait transcrire son titre, si le titre pur et simple est susceptible de transcription.

396. — DEUXIÈME RÈGLE. La transmission du droit n'est pas définitive.

Le titulaire du droit résoluble peut-il expulser le fermier? L'excellente règle de l'art. 1751, au cas de réméré, ne peut malheureusement être généralisée.

L'aliénateur peut sauvegarder son droit éventuel en faisant des actes conservatoires. Il interrompra les prescriptions qui courent, prendra inscription sur les immeubles affectés à la garantie du droit qu'il aurait cédé sous condition résolutoire.

TITRE II.

La condition résolutoire ne s'accomplit pas.

397. — RÈGLE. Le droit résoluble est dorénavant considéré comme ayant été *ab initio* pur et simple (1).

TITRE III.

La condition résolutoire s'accomplit.

CHAPITRE I.

COMMENT S'ACCOMPLIT LA RÉSOLUTION?

PREMIER ÉLÉMENT.

Existence du fait résolutoire.

SECTION I.

398. — Il faut l'accomplissement du fait résolutoire, c'est-à-dire l'inexécution totale ou partielle (1) des charges imposées à l'acquéreur du droit résoluble : ainsi, le défaut de paiement du prix dans la vente, des loyers dans le louage, etc. L'acquéreur est responsable à cet égard du fait des sous-acquéreurs qui violeraient les conditions insérées dans le premier contrat (2).

SECTION II.

399. — Cet inaccomplissement effectif suffit-il, et la résolution opère-t-elle de plein droit?

Je rappelle que pour traiter ce problème il faut le décomposer en plusieurs questions, et distinguer la résolution qui naît de la loi de la résolution qu'a réservée une clause conventionnelle. Le Code s'est inspiré de l'intention des parties pour consommer, avec plus ou moins de rigueur et de rapidité, l'accomplissement de la résolution.

Article I. — Résolution légale (3).

400. — PREMIÈRE HYPOTHÈSE. Aucun terme n'a été fixé pour l'accomplissement des obligations. C'est le cas le plus ordinaire quand la résolution est légale. (*Supra,* n° 276.)

401. — § I. *Mise en demeure.* — Il faut que le débiteur soit mis en demeure; mais la sommation, qui n'est pas le procédé exclusif à l'aide duquel on peut mettre en demeure, ne dispenserait pas le créancier d'une demande judiciaire, qui est exigée dans le double but de constater légalement le retard du débiteur et de provoquer l'intervention du juge (4).

402. — § II. *Purgatio.* — Le débiteur peut purger sa mise en demeure. Qu'il le puisse avant la sommation et l'ajournement, cela n'est pas contestable. De quoi se plaindrait le créancier qui, en restant inactif, semble autoriser le débiteur à ne pas s'exécuter plus rapidement? Mais enfin, jusqu'à quelle date celui-ci peut-il purger? — Jusqu'à l'expiration du délai que peut concéder le juge.

403. — § III. *Délais.* — Le juge est investi en notre matière d'un pouvoir quasi-discrétionnaire (5). Il s'agit d'anéantir un droit que la volonté des deux parties ou l'intention libérale du disposant avait conféré, alors que peut-être le débiteur est malheureux, de bonne foi, et ne demande qu'un peu de répit pour pouvoir accomplir ses obligations. Le juge peut donc, usant avec prudence du principe trois fois écrit dans la loi, accorder des délais modérés (6). Une pareille concession ne compromet la situation de personne. Le créancier qui n'a pas précisé de terme pour l'exécution des charges montre qu'il ne comptait pas user trop strictement de ses droits.

Que si ses intérêts pouvaient être en danger, le juge ne doit pas concéder de délais. Le danger existera presque toujours dans les ventes et donations de meubles, le débiteur pouvant, par une aliénation précipitée, faire passer l'objet vendu ou donné à des tiers (7), que couvrirait ensuite l'art. 2279. Il existera quelquefois dans les ventes et donations d'immeubles, si l'on suppose que l'acquéreur fait des coupes insolites ou commet des dégradations.

404. — Je me place après le premier délai expiré ; le débiteur ne s'est pas encore exécuté : 1° pourra-il obtenir un second délai? 2° pourra-t-il au moins, même contre la volonté du créancier, purger avant que la sentence en premier ressort n'ait été portée, avant que l'arrêt d'appel n'ait été rendu? La négative résulte, pour la première (8) comme pour la seconde question, du texte de l'art. 1655. De quel droit le juge renouvellerait-il, au détriment du créancier, une épreuve qui, déjà tentée, n'a pas réussi? « Le créancier a, dès l'expiration du premier délai (9), un droit acquis à la résolution? »

405. — Quelques-uns admettent volontiers qu'un second délai ne peut plus être concédé, mais pensent que la *purgatio* est encore possible après le délai, tant que la sentence n'a pas été prononcée. Cette opinion ne peut tenir contre les textes, ni même en raison. Quel est le but du délai? de permettre au débiteur d'échapper à la résolution en exécutant. Limiter le délai, n'est-ce pas restreindre dans le temps le droit de purger? En quoi la lenteur du magistrat à rendre sentence peut-elle enlever au créancier « le droit à la chose que l'expiration du délai, suivant l'énergique expression de Grenier, a consommé? » Le délai passé, dit l'art. 1655, la résolution *sera* prononcée.

406. — Si cependant, au cours du premier délai, le débiteur se trouvait en droit de ne pas payer; si, par exemple, l'acheteur d'un immeuble avait juste sujet de crainte d'être troublé par une action en revendication (10), l'expiration matérielle du délai n'entraînerait pas pour lui déchéance; et, le trouble ou la crainte du trouble venant à cesser, le débiteur pourrait purger pendant un certain temps qu'il est facile de déterminer.

Le cours du premier délai a été suspendu à la date où la juste crainte d'un trouble est survenue; le premier délai, dont le chiffre n'a pas été modifié, recommence à courir et s'achève à partir du jour où cette crainte disparaît. Je n'admets donc pas, même dans cette hypothèse, pour le débiteur le droit de purger postérieurement à l'expiration du premier délai, pour le juge le droit d'accorder un nouveau répit. Mes solutions ne sont pas contradictoires. Toutefois, comme à raison de sa situation les justes craintes du débiteur seraient naturellement suspectes, il agirait prudemment en se faisant autoriser par justice à ne pas accomplir *interea* ses obligations.

407. — § IV. *Sentence.* — Le juge intervient nécessairement pour résoudre contre l'acquéreur le droit qui ne lui avait été transmis que sous certaines charges aujourd'hui inexécutées.

408. — Quelle est la valeur de cette décision judiciaire? Est-elle déclarative ou attributive de la résolution? Il ne faut pas s'exagérer l'importance de cette question; ses conséquences principales sont assez bien réglées par les textes pour que la détermination du principe ne soit plus d'un intérêt majeur. Si le juge ne faisait qu'apprécier : 1° si la mise en demeure est régulière; 2° si les causes du retard du débiteur sont sérieuses; 3° si le préjudice que le créancier prétendait avoir subi, par suite de l'inexécution, est assez grave pour entraîner la résolution (11), son rôle serait purement déclaratif. La sentence ne serait pas, pour la partie qui gagne, cause immédiate de la résolution.

409. — Mais le juge peut accorder des délais, admettre une *purgatio moræ.* Dans ce cas, il intervient entre les deux parties, modifie, en l'élargissant dans une certaine mesure, leur convention, suspend arbitrairement la demande en résolution, puis prononce définitivement la résolution qu'il accorde. La décision du juge est donc attributive.

410 — A cette théorie, deux objections peuvent être faites.

411. — 1° Il semble que le tribun Grenier (12) professe une doctrine contraire. « La seule circonstance de l'expiration du délai consomme le droit du vendeur à la chose, la résolution devient forcée; le juge n'a qu'à prononcer que le droit est acquis. »

412. — Le but de Grenier, en écrivant ces lignes, est de montrer que la concession d'un délai est le dernier sursis que la loi accorde à la négligence du débiteur, et que, ce délai une fois concédé et expiré, la position du débiteur ne mérite plus aucun intérêt. Son droit ne tient plus. On le conçoit aisément : l'exercice du pouvoir qui rend surtout attributive la sentence, c'est-à-dire la concession d'un délai par le juge, a eu lieu. On peut désormais soutenir sans danger que le juge ne fait plus que déclarer, puisque, avant d'arriver là, on a déduit et appliqué toutes les conséquences du principe, que la sentence était attributive, à savoir, que le débiteur peut purger et obtenir des délais. Mais, pour arriver là, une sentence déclarative eût été impuissante; il fallait donc que la sentence fût réellement attributive. De sorte que la théorie de Grenier revient à ceci : en vertu de la force attributive de l'intervention du juge, admettre la *purgatio* et les délais; puis par une sentence, quand on ne pourrait plus rien déduire désormais du pouvoir attributif épuisé du juge, déclarer résolu le contrat. Cette manière confuse d'énoncer son avis se résume en une formule très-nette : la sentence est attributive. Seulement, Grenier procède ici à la façon de Pothier (13) qui, je crois l'avoir prouvé, ne mettait pas en parfait accord sur ce point les expressions dont il se servait et les solutions qu'il adoptait. (*Supra*, n° 266.)

413. 2° Le jugement (14), dans l'art. 1184, déclare si le fait résolutoire existe ou non; mais ce n'est pas lui réellement qui prononce la résolution. En effet, s'il résolvait la vente, il en résulterait que la revente de l'immeuble par l'acheteur serait toujours un obstacle à la reprise de l'immeuble; car le jugement ne pourrait avoir effet, s'il créait un droit, que du jour où il a été prononcé. Le jugement déclare seulement que les conditions n'ont pas été accomplies, et que dès lors, en vertu de l'art. 1179, l'acheteur est réputé n'avoir jamais été propriétaire.

414. — L'objection n'est pas heureuse; car dans ses termes mêmes elle nous fournit la réponse. Elle nous accuse de ne faire dater la résolution qu'à partir du jugement, et nous impose, au nom de la logique, le maintien des droits réels conférés par l'acquéreur jusqu'à la date du jugement qui, suivant nous, accomplit seul la résolution. Que font les adversaires? Ils font courir la résolution à partir de l'inexécution des charges; ils ne pourraient la placer à une époque antérieure. Le jugement ne peut déclarer l'existence de la résolution que pour le jour où les charges n'ont pas été exécutées. Jusque-là, le droit de l'acquéreur tenait évidemment.

Nos adversaires doivent donc, sous peine d'être illogiques à leur tour, maintenir les droits réels conférés par l'acquéreur jusqu'à l'époque de l'inexécution des charges, qui pour eux accomplit la résolution. — Mais l'art. 1179, disent-ils, annulle tous les actes passés par l'acquéreur depuis l'acquisition du droit jusqu'à l'accomplissement de la résolution! Nous ne le contestons pas, et nous prenons le même argument. Oui, les actes intérimaires de l'acquéreur tombent jusqu'au jour de l'accomplissement de la résolution. Seulement, c'est là où nous nous séparons des partisans de l'objection. Pour eux, l'accomplissement de la résolution est au jour où les obligations ne sont pas exécutées; pour nous, au jour où la sentence a prononcé qu'il y avait inexécution des obligations. L'art. 1179 couvre donc l'une et l'autre opinion, et écarte les inconvénients dont on veut bien prêter le principe exclusif à notre système, et dont nos adversaires doivent fraternellement partager avec nous la responsabilité, après tout fort légère (15).

415. — Le caractère attributif de la sentence explique logiquement, et sans qu'il soit besoin de recourir aux subtilités de Pothier, plusieurs conséquences qu'en ont tirées la loi et la jurisprudence :

1° Le créancier, après avoir conclu à la résolution, peut se rétracter et demander l'exécution du contrat, ou réciproquement, tant qu'il n'y a pas eu déclaration de l'autre partie qu'elle acquiesçait aux premières conclusions prises, ce qui formerait une nouvelle convention, ou un jugement qui constituerait un quasi-contrat judiciaire (16).

2° Tant que la résolution n'est pas prononcée, le droit de l'acquéreur tient, et personne ne peut invoquer la résolution que le créancier, dans l'intérêt exclusif duquel elle existe. Un acheteur qui aurait traité avec le débiteur pourrait seulement user, à propos d'un immeuble, de la mesure conservatoire de l'art. 1653. Il lui serait interdit d'agir en garantie, avant toute éviction, pour peu que l'acquéreur ne se fût pas prétendu titulaire d'un droit pur et simple.

3° La *purgatio moræ* proprement dite, j'entends par là postérieure à la sommation (*infra*, n° 423), est possible dans une certaine mesure. (*Supra*, n° 403.)

4° Un délai peut être concédé. (*Supra*, n° 403.)

416. — DEUXIÈME HYPOTHÈSE. Les obligations doivent être ac-

complies avant une date déterminée, sinon la résolution doit s'ensuivre.

L'art. 1657 édicte une disposition exceptionnelle à tous égards.
Il décide en matière civile que s'il y a eu un terme fixé par
la convention (17) (et non par la sommation (18)), pour le retirement des denrées et effets mobiliers vendus; et si l'acheteur
ne retire pas au jour dit, la résolution du contrat s'effectuera,
pour peu que le vendeur le veuille, sans sommation et de plein
droit. La loi résout elle-même.

En dehors de l'art. 1657, il faut, je crois, s'en référer à l'article 1184. Je rappelle que j'y ai rattaché la disposition de
l'art. 1912, relative aux rentes constituées.

Article II. — Résolution conventionnelle.

417. — PREMIÈRE HYPOTHÈSE. Un terme a été fixé, et le pacte
résolutoire porte qu'il opèrera de plein droit.

Furgole, luttant avec l'école réactionnaire contre l'indulgence
excessive de l'ancien droit, devait décider dans ce cas — par *a fortiori* de ce qu'il décidait lorsque la résolubilité de plein droit
n'était pas même formellement stipulée (19), — que l'échéance
du terme résolvait le contrat, et enlevait au débiteur le droit de
purger et l'espérance d'un délai. Le Code Napoléon n'a reproduit
ce système qu'autant que les parties auraient expressément stipulé que la résolution opérerait de plein droit, et lui a même fait
subir une modification qui résultait pour lui d'un principe général (20). Il a attaché non pas à l'échéance du terme, mais au fait
de la sommation restée sans réponse immédiate, la résolution du
droit conféré.

418. — § I. *Mise en demeure.* — Le créancier doit sommer le
débiteur d'exécuter ses obligations. La nécessité de cette sommation a été justifiée de deux manières.

419. — 1° La résolution pour inexécution des charges n'est
pas stipulée « dans un but absolu, mais dans un but purement
relatif au stipulant, et avec faculté pour celui-ci de n'en pas
user. » (21) Il faut donc que la volonté du stipulant soit connue;
et le Code, acceptant les errements pratiques de l'ancienne jurisprudence, a exigé que cette déclaration se produisît sous la forme

d'une sommation. Cette explication est ingénieuse; elle a eu sa valeur dans l'ancien droit; elle n'est plus celle de notre loi. Il n'y est fait aucune allusion dans les travaux préparatoires. De plus, est-il bien intelligent, si la sommation n'a pour but que de déclarer la volonté du créancier, d'exiger que celui-ci fasse une déclaration aussi solennelle de ses intentions? La résolution dont le vendeur peut argumenter dans l'art. 1657 est aussi réservée dans son intérêt personnel. Il faut donc qu'il manifeste aussi sa volonté d'en user : quelqu'un exigera-t-il de lui dans ce cas une sommation, alors que l'article l'en exempte? C'est que la sommation a une tout autre portée.

420. — 2° La maxime *dies interpellat pro homine*, qui paraît exister exceptionnellement à Rome, et qui révéla pour la première fois sa formule dans un texte du droit canon, a été, en thèse générale, abrogée dans notre Code (22). La loi suppose possibles l'oubli de la part du débiteur, l'indulgence de la part du créancier. L'art. 1656 reproduit donc une disposition de droit commun (23). La sommation a ainsi pour but de mettre en demeure.

421. — Les parties pourraient-elles valablement stipuler que la résolution aura lieu de plein droit, et même sans sommation? Oui (24). La sommation est exigée comme moyen de mise en demeure. Or, les parties peuvent conventionnellement, dans toutes les hypothèses, effacer la nécessité d'une sommation pour mettre en demeure. Pourquoi en serait-il autrement en matière de résolution? — Cela pourra devenir une clause de style! Qu'importe, si cette clause n'est pas contraire aux lois et aux bonnes mœurs. Ce serait une raison, au contraire, pour la supposer toujours comme passée dans les habitudes juridiques de notre pays. La résolution en matière de vente n'est-elle pas devenue légale, parce qu'elle était presque toujours réservée par des conventions expresses? Le système des clauses comminatoires était déjà, dans les derniers temps de notre ancien droit, trop vigoureusement battu en brèche pour qu'on essaie de le reproduire sous notre Code.

422. — § II. *Délais*. — Le juge ne peut concéder de délais; ce serait altérer la convention formelle des parties. Cette impossibilité de concéder des délais, que Pothier avait professée contre

Domat et Furgole, n'existe qu'après la sommation. Avant la sommation, la question des délais ne peut pas se soulever. Compren-
drait-on un débiteur suppliant les juges de retarder des poursuites..... qui ne sont pas commencées, et provoquant lui-même
aux coûteuses difficultés d'une lutte judiciaire un créancier pa-
tient qui n'a pas encore parlé? La sommation n'*enlève* donc pas
au juge le droit de concéder des délais, puisque le juge, au cas
de pacte commissoire, n'a jamais eu ce droit avant la sommation.
Si la loi dit qu'après la sommation le juge ne peut conférer des
délais, c'est qu'à ce moment seulement la question pouvait se
présenter, même en bon sens; et la solution de la loi ne pouvait
être douteuse. La prohibition d'accorder des délais est imposée
au juge par la détermination conventionnelle d'un terme pour
l'exécution des obligations. Pothier adoptait déjà cet avis (25), et
cependant il ne croyait pas la sommation nécessaire. Ainsi, personne ne soutiendra que la prohibition cesserait si, au lieu d'une
sommation, le créancier avait directement lancé une assignation;
et cependant il n'y a pas alors de sommation proprement dite;
mais la convention des parties est là, et la loi moderne, rejetant
le système abusif des clauses comminatoires, a su la respecter.

La convention n'attend plus que les voies d'exécution.

123. — § III. *Purgatio.* — La sommation étant exigée pour mettre
le débiteur en demeure, il est évident qu'avant cette sommation,
quoiqu'après le terme conventionnel, le débiteur peut s'exécuter, — je ne puis dire — purger, puisqu'il n'y a techniquement
purge qu'après la mise en demeure. Il faut même, après cette
sommation, laisser au débiteur, pour effectuer l'opération matérielle du paiement, un certain délai moral dont la limite extrême
sera l'expiration des vingt-quatre heures (26). La loi, autrement
comprise, ne s'explique plus. Le créancier somme le débiteur de
satisfaire ses obligations, il ne peut donc, si le débiteur interpellé
offre de se libérer sur-le-champ ou dans la journée, lui en refuser le droit, sans quoi l'huissier qui se présente pour sommer
pourrait dire, après s'être adressé au débiteur, ou peut être en
son absence à quelque personne de la maison : Je vous somme
de payer; et maintenant, la sommation étant faite, la déchéance
existe; je ne reçois donc plus le paiement que je venais demander.

424. — La concession d'un très-court répit, que je limite à vingt-quatre heures, me paraît logiquement indispensable; mais ce délai moral, postérieur à la sommation, expiré, la question se présente de savoir si le débiteur peut, contre la volonté du créancier, faire des offres valables, s'il peut techniquement purger? — Non (27).

425. — La loi permet, en effet, au débiteur de s'exécuter tant qu'il n'a pas été mis en demeure par une sommation (28). N'est-ce pas dire que dès que la mise en demeure s'est effectuée, le débiteur, à l'inverse, ne peut plus purger? Il est vrai que ce n'est là qu'un argument *a contrario*. Mais l'argument s'impose ici, car si on le rejette, on est obligé d'arriver à cette formule inacceptable : le débiteur peut s'exécuter tant qu'il n'a pas été mis en demeure par la sommation; il peut néanmoins s'exécuter, même après la mise en demeure qui résulte de la sommation. A quoi servirait donc la sommation si, après le délai moral que tout le monde concède, elle n'enlevait au débiteur aucun de ses droits?

426. — Mais on prétend expliquer la sommation. Elle enlève au juge le droit de concéder des délais. J'ai établi que la sommation, dans l'ancien droit comme dans le droit moderne, ne touchait en quoi que ce soit à la question des délais (*supra*, nᵒˢ 422 et 423). Si la sommation n'a aucun effet quant aux délais, à moins de n'avoir aucun sens quant à l'instance en résolution, il faut bien qu'elle produise son effet quant au droit de purger, comme le sens littéral de l'art. 1656 paraît le supposer. Car l'alternative est acceptée par tous : la sommation influe sur la concession des délais ou sur la *purgatio*, et je tiens pour le deuxième parti.

427. — On m'objecte la doctrine de Pothier, qui permet la *purgatio* jusqu'à la sentence.

428. — I. Je ne nie pas que telle soit la solution du nᵒ 459 de Pothier. Mais le Code a-t-il suivi cette doctrine? Je ne le pense pas. Que dit Pothier : « L'acheteur peut jusqu'à la sentence, quoique *après* l'expiration du terme (lisons aujourd'hui : quoique *après* la sommation qui, suivant l'art. 1139, *legalise* le terme), empêcher la résolution par des offres. » Quelle est la disposition de l'art. 1656? L'acheteur peut payer *avant* la sommation, tant qu'il n'y a pas eu mise en demeure résultant de la sommation. L'in-

tention de modifier la théorie de Pothier est évidente; et cette modification a déjà des précédents sérieux. Furgole (29) enseignait formellement cette prohibition de purger; il la faisait même naître dès l'échéance du terme. La mesure générale, comprise dans l'art. 1139, a changé le point de départ, mais non les effets. Aussi voyons-nous les rédacteurs du Code tout rapporter à la sommation. « Le projet, dit M. Faure (30), exige que s'il s'agit d'un immeuble, il ait été fait une sommation à l'acquéreur pour constater le retard. La sommation faite, l'exécution de la clause ne peut souffrir ni difficulté ni retard.

429. — II. Au surplus, il est, pour écarter l'autorité de Pothier, une réponse qu'on aurait dû faire depuis longtemps. Le nº 459 a bien trait au pacte commissoire; mais la clause des nᵒˢ 458, 459, si elle indique qu'il y aura résolution à défaut de payement au terme fixé, n'ajoute pas que cette résolution aura lieu de plein droit, et dès lors n'écarte pas l'intervention du juge ni ses conséquences habituelles. (*Infra*, nº 447.)

L'art. 1656 suppose au contraire que la résolution aura lieu de plein droit. L'espèce n'est donc pas la même, et dès lors l'argument d'analogie ne peut être invoqué. Le nº 459 de Pothier et l'art. 1656 peuvent donc très-facilement résoudre d'une manière différente deux questions différentes.

430. — Il est toutefois un fait qui n'a pas peu contribué à obscurcir cette question. La résolution, dans notre ancien droit, avait été rendue judiciaire. Les praticiens, voyant toujours le juge opérer l'anéantissement du droit, avaient fini par considérer son intervention comme un élément constitutif de la résolution. Il faut avouer que les idées confuses, et jusqu'à un certain point contradictoires, de nos anciens auteurs, même de Pothier, sur le caractère théorique de la sentence, étaient peu faites pour donner la lumière.

431. — Nos commentateurs modernes ont reçu ces traditions indécises. Ils font en général intervenir encore le juge, et alors pour eux la question se ramène à ces termes : le débiteur peut-il purger entre la sommation (première phase de la résolution) et la sentence (deuxième phase)?

L'affirmative s'appuie sur un semblant d'équité; puis enfin le juge, contraint par nos commentateurs de dire son mot dans l'affaire, doit avoir un rôle un peu sérieux à remplir. On l'occupe en lui permettant d'admettre la *purgatio* postérieure à la sommation et antérieure à la sentence. A ce compte, en effet, la résolution serait judiciaire et la sentence attributive de droit. *(Supra,* n° 415.)

432. — Mais si la sentence est déclarative, tout change; elle empêche la *purgatio (infra,* n° 447). Elle n'apparaît plus dans le but de créer la résolution, elle la constate; elle tranche les difficultés qui pourront surgir quant à l'interprétation des faits; elle n'est pas une condition de la résolution. Si enfin la sentence n'est pas indispensable, ni constitutive, si la loi permet de n'y point recourir, comment aurait-on pu, *a priori* pour toutes les hypothèses, placer dans le jugement, qui ne se réalisera plus que rarement et par exception, et ne placer que dans le jugement la limite de temps supérieure en dedans de laquelle le débiteur peut toujours opérer la *purgatio?*

Puisque la sentence n'est plus un élément obligé de la résolution, il arrivera parfois que la possibilité de purger n'aura plus de bornes dans le temps, qu'elle sera perpétuelle; la loi aurait oublié le délai *maximum* de la *purgatio!* Mes adversaires ne peuvent accepter cette solution. Voilà alors celle que la logique de leur système leur impose : pour limiter la *purgatio,* il faudra dans tous les cas une sentence, et j'ajoute une sentence attributive de droit. Il me reste à démontrer l'inexactitude, l'impossibilité de cette autre alternative; et quand je l'aurai fait, il faudra bien, concluant avec moi, adopter une doctrine qui simplifie tout.

La *purgatio* ne manque pas dans certains cas de limite légale : la loi n'est pas incomplète.

Elle n'entraîne pas toujours une sentence : la résolution, en vertu de notre pacte commissoire, n'est plus judiciaire.

Le fait est plus simple : dans notre hypothèse il n'y a pas de *purgatio.* La convention sévère des parties est respectée.

433. — § IV. *Sentence.* — Il n'y a pas non plus de sentence. La sommation étant restée sans réponse, il suffit de la manifestation de la volonté du créancier pour résoudre. La loi, en effet, nous

dit que la résolution opère alors de plein droit, et ces expressions équivalent aujourd'hui à l'exclusion de l'intervention du juge (31). Voici mes preuves :

434. — I. Suivant l'art. 1184, la résolution tacite n'opère pas de plein droit; et de ce principe se déduisent trois règles : 1° une interpellation du débiteur est nécessaire; 2° le créancier peut opter entre le maintien et l'anéantissement du droit; 3° la résolution doit être demandée en justice.

435. — Suivant l'art. 1656, la résolution opère de plein droit. Quelles solutions en découlent?

1° La sommation est toujours exigée;

2° Le droit du créancier d'opter entre le maintien ou la résolution du droit existe également;

3° Il n'y a donc de différence possible que relativement à l'intervention du juge, qui est supprimée dans l'art 1656.

436. — II. L'art. 1657 résout de plein droit *et* sans sommation, au profit du vendeur, la vente d'effets mobiliers pour défaut de retirement au terme convenu :

1° La sommation est effacée dans l'art. 1657, maintenue dans l'art. 1656, sans que la résolution cesse d'être de plein droit, ce qui montre que l'existence de la sommation ne dépend pas de la question de savoir si la résolution opère ou non de plein droit;

2° La résolution est encore facultative pour le créancier;

3° On ne peut donc, dans ce second article, traduire la maxime : la résolution n'opère de plein droit que par l'exclusion de la sentence et de ses conséquences habituelles (délai et *purgatio*). Aucun auteur n'enseigne dans le cas de l'art. 1657 la nécessité d'une sentence.

437. — III. L'antithèse des résolutions de plein droit et des résolutions par l'intervention du juge est surtout évidente dans les donations.

La donation n'est pas révoquée de plein droit pour inexécution des charges ou pour ingratitude (32); elle est seulement rendue révocable par une demande en justice dont l'art. 957 détermine les règles (33).

Elle demeure au contraire révoquée de plein droit par la survenance d'un enfant légitime. « De là vient qu'il n'est point nécessaire d'intenter un procès pour demander la révocation. » (34)

« La résolution n'est pas seulement encourue ; elle est accomplie par le fait de la survenance d'enfants et par le seul ministère de la loi. » (35)

438. — IV. L'art. 724 oppose encore, dans une autre matière il est vrai, la saisine, qui de plein droit confère aux héritiers légitimes la possibilité d'exercer les droits du défunt, à l'envoi en possession par lequel les successeurs irréguliers sont judiciairement investis de l'exercice des mêmes droits.

439. — Dans la théorie de l'usufruit, on oppose encore les déchéances de plein droit à celles que doit prononcer le juge (36).

440. — On sait enfin en quel sens la compensation se produit de plein droit (37).

441. — V. Tel est le sens grammatical que notre Code a donné à ces expressions ambiguës : *de plein droit*.

Les rédacteurs sont unanimes à cet égard. « Si le débiteur ne répond pas à la sommation par le paiement, dit Grenier (38), le juge ne peut accorder de délai, et la résolution de la vente *est opérée par la seule force de la convention*. » « La sommation faite (39), l'*exécution* de la clause ne peut souffrir ni difficulté ni retard. » Il peut surgir des difficultés sans doute, mais seulement des difficultés d'*exécution*. Le magistrat, s'il intervient, sera juge du fait.

442. — VI. Mon opinion n'a plus, pour être indiscutable, qu'à renverser une objection qu'on formule ainsi : l'art. 1656 décide qu'au cas de notre pacte commissoire le juge ne peut accorder de délais. Cette prohibition d'un pouvoir aussi exorbitant serait bien inutile et bien naïve, si le juge ne devait intervenir qu'accidentellement pour trancher des difficultés relatives à l'exécution du pacte.

Et l'objection devient d'autant plus sérieuse que, la reliant à la question de la *purgatio*, nos adversaires résument sur ces deux problèmes leur théorie en quelques mots.

Dans la résolution tacite comme dans la résolution expresse, il faut une interpellation du débiteur, une sentence, et la *purgatio* est possible. Une seule différence existe donc : la résolution légale n'est pas opérée de plein droit, *en ce sens* que le juge peut concéder des délais; la résolution expresse est opérée de plein droit, *en ce sens* que le juge ne peut concéder de délais.

443. — Je réfute l'objection dans ses rapports avec les deux questions qu'elle met en jeu; et maintenant que j'ai établi pas à pas toutes les parties de mon argumentation, je me résume à mon tour en ces mots :

Notre pacte commissoire opère de plein droit. Ces expressions doivent avoir un sens :

1° Or elles n'excluent pas la sommation, puisque la sommation est exigée jusque dans l'art. 1656.

2° Elles n'ont pas pour but, — j'attaque ici la base même de l'objection, — d'empêcher la concession de délais.

Pothier, en effet, — dans ce n° 459 à tort invoqué par nos adversaires, puisque ce numéro s'occupe d'une clause bien moins énergique que la clause prévue par l'art. 1656 (*supra*, n° 429), — enseigne formellement que le pacte commissoire n'opère pas de plein droit, et cependant il refuse au juge, dans ces mêmes cas, le droit de concéder des délais. Donc la résolution qui ne s'accomplit pas de plein droit peut coexister, sinon se concilier logiquement, avec la prohibition des délais, et dès lors la prohibition des délais ne peut pas être la conséquence exclusive du principe : la résolution opère de plein droit, puisqu'elle peut s'en passer.

3° Mais, du principe que le pacte commissoire ne s'accomplit pas de plein droit, Pothier tire deux conséquences, dont la première (il faut une sentence pour opérer irrévocablement la résolution, n° 459), engendre comme son corollaire la seconde (le débiteur peut donc purger jusqu'à la sentence, n° 459).

Le Code suppose une clause où, à la différence de celle du n° 459 de Pothier, les parties sont convenues que la résolution aurait lieu de plein droit.

Le principe de Pothier est donc renversé : le pacte commissoire qualifié de l'article 1656 s'accomplit après sommation de plein droit. Les conséquences doivent, par suite, être contraires à celles de Pothier;

1° Donc la sentence n'est plus indispensable;

2° Donc la *purgatio*, qui après tout ne peut pas être sans limite dans le temps, et qui ne pourrait en avoir qu'à la condition d'entraîner toujours après elle une sentence, n'est pas admissible.

414. — Et de même que la *purgatio*, lorsqu'une concession de délais est impossible, ne se comprend pas indépendamment d'une sentence, de même la sentence ne se comprend pas sans la *purgatio*.

Qu'aurait à examiner le juge si on le contraignait à intervenir dans tous les cas pour prononcer une résolution que la volonté des parties a déjà suffisamment prononcée? Il n'aurait qu'un fait à rechercher : les offres du débiteur sont-elles antérieures à la sommation? elles sont valables; — sont-elles postérieures à la sommation? elles sont nulles. Le calendrier suffit à pareille besogne. Le juge n'aurait ni *purgatio* véritable à apprécier, ni délais à concéder. Pourquoi donc se produirait-il?

445. — Et voilà pourquoi le Code, voulant l'exclure, a cru suffisant d'exclure l'attribution principale que lui eût conférée son intervention, le droit de concéder des délais. Le Code a tout simplement déclaré impossible pour le juge l'usage de ce droit, dans le cas où le débiteur aurait voulu solliciter à son profit l'autorité des magistrats. L'art. 1244 permet sous certaines conditions au juge d'accorder des délais modérés pour le paiement; s'ensuit-il de là que le juge intervienne dans tous les paiements et que sa décision soit à cet égard essentielle? L'article 1656 ne dit rien de plus expressif. Seulement, il statue en sens inverse et défend les délais que l'art. 1244 permet.

416. — Il fallait, d'ailleurs, que le Code s'expliquât sur la question des délais, tandis qu'il n'avait pas besoin de trancher expressivement la question de la sentence et de la *purgatio*. En faisant s'accomplir de plein droit la résolution dans notre pacte commissoire, il écartait la sentence; il écartait même la *purgatio*, à la condition qu'une concession de délais fût dans l'espèce impossible.

Or, cette question des délais restait entière, puisque sa solution ne dépendait pas aussi directement de la manière dont s'accomplissait la résolution (*supra* n° 413). Il lui a donné une solution dans l'art. 1656.

417. — Je pose donc, comme principe démontré, l'inutilité de la sentence dans l'hypothèse que j'étudie. Quand la sentence interviendra accidentellement, elle ne sera que déclarative, et non attributive de droit.

De ce principe, je déduis plusieurs conséquences :

1º La sommation faite et restée sans effet dans les vingt-quatre heures, le droit tombe ;

2º Les tiers intéressés peuvent argumenter de la résolution ;

3º S'il y a difficulté sur l'exécution de la résolution, le créancier qui, argumentant de la résolution, aura conclu à quelques restitutions de la part du débiteur, ne pourra pas, alors même que le débiteur n'y aurait pas encore acquiescé ou qu'il n'y aurait pas eu jugement, se rétracter et demander le maintien du droit. « La résolution de ce droit a été opérée par la seule force de la convention (40) ; »

4º La *purgatio* proprement dite n'est pas possible ;

5º Aucun délai ne peut être concédé.

448. — L'art. 1656 s'applique-t-il aux donations d'immeubles?

Non, dit M. Coin-Delisle (41). La loi décide expressément que la résolution des donations, soit en vertu de la loi, soit en vertu d'un pacte commissoire, n'opérera jamais de plein droit. On ne peut d'ailleurs appliquer par analogie les règles de la vente à la donation.

449. — Je comprendrais cette manière rigoureuse de raisonner, si l'art. 1656 était une de ces dispositions exceptionnelles qu'il est bon de restreindre. Mais l'art. 1656 est de droit commun. Il est l'inverse de l'art. 1184, auquel M. Coin-Delisle n'hésite pas à recourir lui-même pour compléter la théorie de l'art. 956. Je pense encore, contrairement à M. Troplong (42), que la théorie de l'art. 1656 peut fort bien s'appliquer à l'emphytéose. Je l'appliquerais également à la vente des meubles, bien que cela ait été contesté (43), au louage (44), au contrat d'assurance (45).

Quand la volonté précise des parties a formulé, dans un but honnête et licite, une clause résolutoire plus énergique que la résolution tacite, il n'est plus permis de voir, dans les règles de la résolution tacite, l'interprétation la plus vraisemblable de l'intention présumée des contractants. Il faut adopter toutes les solutions de l'art. 1656 (46), qui se justifient d'ailleurs toutes fort bien en dehors de l'article et par les principes généraux. En vertu de l'art. 1139, il faut une sommation. La détermination d'un terme conventionnel rend un délai impossible. La stipulation que la résolution opérerait de plein droit a écarté le jugement, et dès lors la *purgatio*, à raison de la corrélation établie, toutes les fois qu'un délai est impossible entre le jugement et la *purgatio*. (*Supra*, nᵒ 432.)

450. — La formule seule de la loi est embarrassante : la révocation n'aura jamais lieu de plein droit (47). Je crois que Furgole (48) nous donnerait deux explications pour une de cette règle trop absolue.

Il relate l'opinion de Favre, suivant lequel la révocation légale des donations pour inexécution des charges opérerait de plein droit. Puis, passant au pacte commissoire exprès, dans lequel il ne suppose pas la clause que le pacte opérera de plein droit, il distingue suivant que dans le pacte il y a ou non terme fixé pour l'exécution des obligations. Au premier cas, il enseigne que la résolution opère de plein droit et rejette la sommation, — à moins que l'action ne soit exercée contre l'héritier du donataire, — la *purgatio*, les délais et le jugement. Au second cas, il admet les quatre faits qui ralentissent l'accomplissement de la résolution.

451. — Je crois que l'art. 956 a eu pour but d'écarter :

1ᵒ Toutes les distinctions à l'égard du pacte commissoire exprès, dans lequel les parties s'étaient bornées à déterminer un terme pour l'exécution des obligations imposées. (*Infra*, nᵒ 453.)

2ᵒ L'idée que Favre avait émise sur l'accomplissement de plein droit de la révocation légale des donations pour inexécution des charges. La révocation n'aura jamais lieu de plein droit.

Mais lorsque les parties ont expressément stipulé, dans une clause résolutoire, que la résolution s'opérerait de plein droit et que leur volonté de modifier la règle de l'art. 956 est évidente, je donnerais force à cette convention des parties (49).

452. — Deuxième hypothèse. Les parties sont convenues que, à défaut par l'une d'elles d'exécuter ses obligations avant un terme fixé, le contrat serait résolu. Elles n'ont pas ajouté qu'il serait résolu de plein droit.

453. — Dans une première opinon (50), on applique néanmoins les dispositions de l'art. 1656. C'est dans cette hypothèse que, re-

lativement aux donations, Furgole (51) rejetait la sommation, la *purgatio*, les délais et le jugement. Le Code n'a pas été aussi sévère, même dans notre première hypothèse, où cependant les parties ont stipulé que la clause résolutoire opérerait de plein droit. (*Supra*, n° 417.)

Il serait inutile, a-t-on dit, que les parties aient stipulé purement et simplement le droit que l'art. 1184 leur conférait, même en l'absence de toute stipulation. Or, comme les clauses obscures doivent s'interpréter dans le sens avec lequel elles peuvent avoir quelque effet (52), il vaut mieux s'en référer dans ce cas à l'article 1656. La clause aura eu pour résultat d'écarter les règles de la résolution légale. On argumente d'ailleurs du texte, en apparence restrictif, de l'art. 1184, « *dans ce cas...*, » c'est-à-dire, lorsque le droit de résolution émane de la loi, la résolution n'opère pas de plein droit. Il en serait donc différemment au cas de résolution expresse.

454. — Je n'accepte pas cette opinion. Il est vrai que les expressions : *dans ce cas* indiquent une solution spéciale, et qu'il ne faut pas généraliser. Il est facile de les expliquer. Elles font contraste avec l'article précédent, où il s'agit de la condition résolutoire casuelle qui opère de plein droit.

455. — Mais si j'écarte ainsi l'application de l'art. 1656, dois-je par là même nécessairement adopter le système entier de l'art. 1184?

456. — Les parties ont sans doute déterminé un terme en dedans duquel l'obligation devait être accomplie; cela ne m'empêchera pas, avec l'art. 1139, d'exiger une sommation adressée au débiteur. De plus, la clause résolutoire ne porte pas qu'elle opérera de plein droit. Sans rentrer dans l'appréciation juridique de ces expressions, j'en conclus qu'une sentence judiciaire devra toujours intervenir; et puisqu'elle devient un élément constant de la résolution, elle doit être attributive. Or, le juge contraint de statuer doit avoir un rôle un peu sérieux à remplir; il me paraît difficile de borner ses fonctions à une simple constatation de la date fixée et de la régularité de la sommation. J'en conclus encore que le débiteur doit pouvoir purger, j'ajoute même jusqu'à la sentence (53).

457. — Mais le juge peut-il retarder cette sentence de résolu-

tion en concédant des délais? Bigot-Préameneu (54) malutient
l'affirmative. Dans ce système renouvelé de Domat et de Bourjon,
il n'y aurait aucune différence à établir entre la résolution légale
et le pacte commissoire ordinaire. Je préfère sur ce point spécial
l'avis contraire. Les expressions de l'art. 1656 : le pacte résolutoire opérera de plein droit, ne se réfèrent pas, dans le système
du Code, sinon en bonne logique, à la prohibition d'une concession de délais (*supra*, n° 443). Donc la prohibition peut exister
même avec un pacte n'opérant pas de plein droit. Elle ne résulte pas non plus de la sommation (*supra*, n° 422); elle ne dé-
coule que de la détermination conventionnelle d'un terme; or, le
terme est fixé dans notre hypothèse. L'insertion d'un pacte commissoire produit donc un effet qui n'eût pas produit la résolution
légale; et je réfute ainsi surabondamment l'objection, après tout
peu grave, que les partisans de la première opinion fondent sur
l'art. 1157.

« Entre le pacte commissoire et la résolution légale (55) il y a
cette différence que, lorsqu'il y a pacte commissoire, le juge, sur
la demande donnée après l'expiration du terme porté par le
pacte, doit prononcer d'abord la résolution; au lieu que, lorsqu'il n'y a pas pacte commissoire, le juge, sur la demande du
créancier, *peut* rendre une première sentence par laquelle il concède un délai; et, si l'acheteur ne paie dans ledit temps, le créancier doit obtenir une seconde sentence qui déclare le contrat nul
et résolu. » Je me range pleinement à toutes les solutions de
Pothier pour cette hypothèse.

458. — Troisième hypothèse. Les parties sont convenues que,
à défaut par l'une d'elles d'exécuter ses obligations, le contrat
serait résolu. Il n'y a pas eu de terme fixé, ni de clause que la
résolution opérerait de plein droit.

Cette clause ne me paraît être que l'expression du droit commun. Une concession de détails est possible (56). J'accepte les
règles de la résolution légale fondée elle-même sur l'intention
présumée des parties.

459. — Quatrième hypothèse. Les parties ont stipulé que la
résolution opérerait de plein droit, si l'une d'elles n'exécutait
pas ses obligations. Elles n'ont pas déterminé de terme.

En disant que la résolution opérerait de plein droit, elles ont écarté la nécessité d'un jugement. Toutefois, de ce qu'il n'y a pas eu fixation d'un terme, j'en déduis la nécessité d'une sommation qui mette en de[meure]   la possibilité d'une concession de délais par le juge que n[e] [illegible] pas la convention précise des parties, le droit même pour le débiteur de purger. Seulement, la *purgatio* ne devra pas être postérieure à l'expiration du délai concédé, sans quoi il faudrait, pour lui donner une autre limite légale, exiger toujours une sentence, et ce serait, par un détour, aller contre l'intention des parties qui ont voulu que la résolution opérât de plein droit.

La sentence, si elle intervient, ne sera donc que déclarative. 1° Le délai judiciaire expiré sans *purgatio*, les tiers intéressés pourront argumenter de la résolution; 2° le créancier qui aurait conclu à la résolution ne pourra plus se rétracter.

460. — Mais je confesse que, heurtant toute logique, je me crois forcé d'admettre la légitimité d'une concession de délai, d'une *purgatio*, restreinte il est vrai (*supra*, n° 459), alors que ces deux dispositions ne devraient jamais découler que d'une sentence attributive.

461. — Il me paraît pourtant impossible d'échapper à cette contradiction. Je l'ai constatée et critiquée chez Pothier, Domat et Bourjon. Les rédacteurs du Code, se préoccupant peu des aperçus théoriques, ont apprécié *ex æquo et bono* les solutions de détail, adopté celle-ci, rejeté celle-là, sans remarquer l'incohérence de leurs doctrines. Il n'appartient pas à l'interprète de refaire la loi.

462. — Je remarque, au surplus, que si l'on accepte mes solutions, l'incohérence n'existe que dans cette quatrième et dernière hypothèse, et que peut être était-elle une conséquence nécessaire des faits. Les parties n'ont pas stipulé de terme; il faut bien que le juge intervienne pour fixer le délai en dedans duquel le débiteur doit exécuter ses obligations; et, puisqu'il peut concéder un délai, il peut *a fortiori* admettre la *purgatio*.

463. — *Résumé.* Quoi qu'il en soit du caractère théorique de la sentence dans notre droit moderne, je crois pouvoir résumer aisément les solutions pratiques auxquelles je suis arrivé dans cette étude de la résolution légale et des clauses résolutoires conventionnelles.

1° La mise en demeure est, dans tous les cas, exigée;

2° Un délai peut être concédé toutes les fois que la volonté des parties ou du disposant n'a pas précisé de terme;

3° La sentence du juge n'est indispensable que si la résolution, réservée par les contractants ou le disposant, ne doit pas opérer de plein droit;

4° Quant à la *purgatio*, de deux choses l'une : — ou bien aucun terme n'était fixé à l'exécution des obligations, le débiteur purge jusqu'à l'expiration du délai que concédera le juge; — ou un terme était fixé, et alors si la résolution ne doit pas opérer de plein droit, la *purgatio* est ouverte jusqu'à la sentence; dans le cas contraire, la *purgatio* est impossible.

464. — Enfin, une observation générale doit être faite. Notre droit français ne reconnaît pas en général d'expressions sacramentelles. Il appartiendra donc au juge, avant d'appliquer les diverses solutions que j'indique, de rechercher dans quelle hypothèse les parties ont voulu se placer. Ont-elles entendu que la résolution opérerait de plein droit? Ont-elles, au contraire, mitigé les termes de la clause résolutoire? L'intention des contractants doit tout d'abord être interrogée.

DEUXIÈME ÉLÉMENT.

Exercice de l'action résolutoire.

465. — L'exercice de l'action résolutoire n'est pas toujours, dans notre droit français, un élément essentiel de la résolution.

SECTION I.

Qui peut intenter l'action et contre qui?

466. — § I. *Qui peut intenter?* — I. Il faut avoir qualité. Ont qualité :

1° L'aliénateur du droit résoluble, lorsque le fait résolutoire s'est produit, et, en vertu de l'art. 1166, ses créanciers. Quelques auteurs (57) leur refusent le droit d'exercer l'action en révocation de donation pour inexécution des charges, lorsque le débiteur ne veut pas en user.

2º Ses héritiers ou ayant-cause universels ou à titre universel, chacun dans la limite de sa quote-part *héréditaire*.

L'un d'eux peut-il l'exercer pour sa part, tandis que les autres s'abstiennent? (*Infra*, sect. 2.)

3º Le cessionnaire du droit *résoluble* (58); et j'ajoute immédiatement : le tiers subrogé (59) à l'aliénateur du droit. Car si, vis-à-vis du créancier, le tiers subrogé a payé la dette, vis-à-vis du débiteur il en est différemment, et le subrogé a reçu par transmission, comme le cessionnaire, les droits du créancier.

467. — La question se discute * pour le subrogé et le cessionnaire par les mêmes raisons de douter et de décider. Suivant un premier système soutenu par M. Marcadé (60), le cessionnaire de la créance et le subrogé ne peuvent exercer l'action résolutoire pour deux motifs :

1º Le droit de résolution n'est pas un accessoire de la créance. Quand je cède ma créance, je ne cède que mon action en paiement; toute autre action n'est ni la créance ni son accessoire. Quoique la résolution en dehors de son but direct ait pour effet d'obtenir paiement, elle ne coexiste pas avec la créance et ne prend naissance que quand l'action en paiement n'existe plus. La résolution implique la renonciation au droit de demander paiement. Or, un droit qui ne peut exister en même temps qu'un autre, n'en est pas un accessoire. Donc l'action en résolution n'est pas transmise par la cession ou la subrogation de la créance (61).

2º L'action en résolution, par la gravité de ses conséquences, est une sûreté qu'on ne peut facilement présumer le créancier d'avoir voulu céder.

468. — Je rejette ce système.

1º Le droit de résolution est un accessoire de la créance, ** et

---

* Pour ceux qui admettent notre théorie de la subrogation. (*Supra*, nº 466.)

** On a tiré une autre conséquence de cette proposition, que l'action résolutoire est un accessoire de la créance. Je suppose qu'il y ait eu élection de domicile relativement au contrat qu'il s'agit de résoudre. Peut-on poursuivre devant le tribunal du domicile élu une action en résolution?

Non, dit-on; car le domicile n'est élu que pour l'exécution de l'acte, et l'action résolutoire a précisément le moyen le plus énergique de pousser le débiteur à l'exécution de ses obligations. Certains jurisconsultes romains ne donnaient-ils pas, pour résoudre, l'action même du contrat?

Le droit de résolution ne peut vivre si la créance n'existe pas. Or, les sûretés « qui, lorsque la créance tombe, n'ont plus de raison d'être, sont (de l'aveu de Marcadé lui-même (62), qui applique ce principe aux cautionnements, hypothèques) des accessoires de la créance. » Il est vrai que le droit de résolution a un autre objet immédiat que le paiement du prix et l'accomplissement des charges ; mais l'action en dommages-intérêts qui s'ouvre, au cas d'inexécution de l'obligation principale, n'a pas le même objet que l'action tendant à l'exécution. Soutiendrait-on que l'action en dommages-intérêts n'est pas un accessoire de la créance? En droit, l'action en résolution, tout aussi bien que l'action en dommages-intérêts, coexiste avec l'action tendant à l'exécution des charges. En fait, elle ne coexiste pas plus avec l'action tendant à l'exécution, que ne coexiste avec cette dernière l'action en dommage-intérêts.

Il est inexact de soutenir, je le prouverai bientôt, que l'action en résolution implique renonciation au droit de demander l'accomplissement de l'obligation.

C'est au contraire le moyen le plus puissant de contrainte contre le débiteur, qui doit, après tout, s'attendre, ou à être obligé de s'exécuter, ou à être exproprié de ses biens. Le débiteur peut-il dès lors se plaindre, si on lui enlève le bénéfice du droit, alors qu'il n'accomplit pas la condition essentielle qui lui permettrait de le conserver? Si l'objet aliéné a acquis une plus-value, le débiteur subira une perte par suite de la résolution. La crainte de cette perte sera un motif de plus pour que l'expectative de sa réalisation engage plus vivement encore le débiteur à se libérer.

pour effet d'anéantir le contrat. On peut argumenter en ce sens d'arrêts du Parlement de Bretagne (de 1591, 1631, 1633, relatés dans Hévin, 1, p. 61), suivant lesquels « l'action *rescisoire* se doit intenter devant le juge du domicile, et non devant le juge prorogé pour l'exécution de l'acte entrepris. »

À ces arrêts, j'oppose un arrêt du même Parlement (de 1614, cité par Hévin, 1, p. 60), qui consacre la solution inverse pour l'action rescisoire. Quoi qu'il en soit de l'argument d'analogie, la question est plus simple au cas d'action résolutoire pour inexécution des charges. « Ce moyen est relatif à l'exécution même du contrat, si bien que les juges peuvent ordonner cette exécution en accordant un délai au débiteur. » Demolombe, I, n° 579. L'action résolutoire peut donc être portée devant le juge du domicile etc. *Sic*, Aubry et Rau, t. I, p. 526 ; arrêt de Cassation, 15 novembre 1843 (*Sir.*, 44, I. 252) ; *confer*, Cassation, 15 mai 1851, J. du P., p. 62.

2° Il est vrai que l'action résolutoire a des conséquences graves pour le débiteur. Mais la contrainte par corps n'est-elle pas tout aussi rigoureuse contre lui? En concluera-t-on que la cession de la créance n'entraine pas cession du droit d'employer la contrainte par corps? La cession d'un droit emporte implicitement la cession de tous les moyens susceptibles de faire valoir ce droit. Pour qu'il y eût exclusion de l'un de ces moyens, il faudrait qu'il y eût indication expresse que la cession du droit est limitée. Je ne distinguerais même pas, ainsi que plusieurs le font (63), entre la cession de la *créance* et la cession *des droits et actions du créancier.*

Je réserve sans doute aux tribunaux le soin d'examiner en fait si les parties n'ont pas eu l'intention d'exclure l'emploi de la contrainte par corps, de l'action résolutoire et autres moyens d'une nature plus compromettante que les moyens ordinaires; mais si le juge ne constate pas cette volonté de restreindre l'effet de la cession, je maintiendrais dans toute son étendue la transmission que le créancier a faite de sa créance, c'est-à-dire de tous ses droits au cessionnaire ou au subrogé. Le cessionnaire, dit l'article 2112, *exercera tous les mêmes droits que le cédant en son lieu et place.*

469. — Si d'ailleurs je refuse l'action résolutoire au cessionnaire, la laisserai-je au créancier? Mais celui-ci ne peut plus en user, car, quoi qu'on en ait dit, sans le droit à la créance, pas d'action résolutoire. L'éteindrai-je au profit du débiteur? Au nom de quel principe?

470. — II. Il faut que le créancier manifeste sa volonté d'user de la résolution (64).

Le droit de résolution est toujours réservé dans l'intérêt seul de la partie qui exécute ses obligations contre celle qui n'exécute pas les siennes. Il ne peut dépendre du débiteur, en ne payant pas *v. g.*, de se débarrasser des liens de son obligation.

471. — § II. Contre qui peut-on intenter l'action résolutoire?

1° Contre l'acquéreur du droit résoluble;

2° Contre ses héritiers ou ayant-cause universels ou à titre universel.

L'action résolutoire est-elle divisible ou non? (*Infra,* section 2.)

Le Code Napoléon a nettement distingué les résolutions pour

ingratitude ou indignité, et les résolutions pour inexécution des charges. Pour les premières, des difficultés d'interprétation existent (65). Pour les secondes, il n'y a pas de doute; l'action résolutoire est transmissible dans tous les cas.

3° Les tiers détenteurs de l'immeuble, objet du droit résolu, peuvent-ils être actionnés? La solution de cette question dépend de la nature de l'action résolutoire. Mais, à vraiment parler, les tiers ne sont jamais attaqués par l'action résolutoire; ils ne peuvent l'être que par l'action en revendication, conséquence de la résolution produite. (*Infra*, n° 504.)

SECTION II.

Quelle est la nature de l'action?

172. — Si l'action résolutoire tend à l'anéantissement d'un droit personnel, l'action est personnelle; si elle tend, par la résolution d'un droit personnel, à l'anéantissement d'un droit réel mobilier ou immobilier, est-elle personnelle, réelle ou mixte?

173. — L'intérêt de la question se résume en une difficulté relative à la compétence (66). La difficulté n'apparait pas si l'action tend à l'anéantissement d'un droit réel mobilier. Elle est portée devant le tribunal du domicile du défendeur, comme au cas où il s'agit de la résolution d'un droit personnel. Mais lorsqu'il s'agit de résoudre un droit réel immobilier, l'embarras commence.

174. — Je recherche d'abord quel sens il faut en général, dans notre droit moderne, attacher à ce mot d'*action mixte*.

Tandis que la loi du 26 ventôse an IV (art. 7) maintient les actions mixtes, Thouret (67) propose de les supprimer. Cette dernière mesure eût épargné à la théorie bien des incertitudes, et à la pratique bien des déclinatoires. Les rédacteurs du Code ne durent pas ignorer ces critiques de l'action mixte (68).

L'article du projet du Code de Procédure portait (69) : En *matière* réelle et mixte, le demandeur peut assigner le défendeur devant le juge de la situation de l'objet litigieux, ou devant le juge du domicile du défendeur.

La discussion s'engagea sur l'article en ce qui touchait l'action réelle (70). Muraire proposa de ne déclarer compétent dans ce cas que le tribunal de la situation de l'immeuble. Son avis prévalut après un vif débat. De l'action mixte, il ne fut pas dit un mot. Le Tribunat, le Corps Législatif, ne firent aucune observation. « Le titre de l'ajournement, énonçait laconiquement Treilhard au Corps-Législatif (71), ne contient ni difficulté ni disposition nouvelle. » Ainsi, l'intention d'innover ne peut être prêtée aux rédacteurs du Code. Il faut donc rechercher dans les traditions de l'ancien droit quelle est la doctrine qui doit triompher.

475. — A cet égard, je retrouve encore soutenus aujourd'hui les trois systèmes principaux dont j'ai constaté l'existence.

476. — *Premier système* (72). Les rédacteurs du Code ont confondu l'action personnelle avec l'action mobilière, et l'action réelle avec l'action immobilière. L'action mixte est donc celle qui réunit deux chefs, mobilier et immobilier, simultanés ou alternatifs. L'action mixte se reconnaît à la nature de son objet.

477. — Avec ce système, l'action personnelle immobilière devrait être intentée devant le tribunal de la situation de l'immeuble. Or, tout le monde est d'accord pour déclarer compétent le tribunal du domicile du défendeur.

478. — Cette opinion a pourtant quelque chose de vraisemblable. Les actions personnelles immobilières sont si rares dans notre droit français, qu'on a pu les perdre de vue et s'imaginer qu'il ne pouvait y avoir que des actions réelles immobilières. L'action réelle mobilière, de son côté, n'existe que par exception, la propriété elle-même ne conférant presque jamais droit de suite contre les tiers détenteurs d'un meuble. On est parti de là pour identifier dans la pratique l'action mobilière et l'action personnelle; mais il suffit de remarquer (73) que ces aperçus sont trop exclusifs, et qu'il n'est pas impossible de rencontrer des actions personnelles immobilières ou des actions réelles mobilières, pour rejeter cette théorie.

479. — *Deuxième système.* L'action mixte est une action *sui generis* distincte de toute autre. Elle participe de la nature des actions réelles et de la nature des actions personnelles. Les partisans de ce système croient à l'action mixte, mais ne justifient pas leur opinion de la même manière.

480. — § I. Pour les uns, toute action dans laquelle une demande de prestations est jointe à une action qui serait réelle au fond, est mixte (74).

Si cette doctrine était vraie, il faudrait accepter cet enseignement de Favard (75) : « Une action mixte n'est mixte que si la restitution des fruits ou autres prestations est demandée; si la demande principale est seule, elle est réelle. C'est le concours des deux actions personnelle et réelle qui constitue l'action mixte. »

Ne voit-on pas dès lors qu'il dépendra du demandeur de changer à volonté la nature de l'action, et par suite la compétence du tribunal, par une légère modification dans le texte de ses conclusions (76)? Le tort le plus grave de cette interprétation, qu'on voudrait (77) prêter au droit romain, est de se préoccuper outre mesure des accessoires pour déterminer la nature de la demande principale. Pour qu'une demande accessoire dût être prise en considération, il faudrait qu'elle fût un élément substantiel (78) et constant de l'action.

481 — La Cour de Cassation, dans ses observations sur le Code de Procédure (79), consacrait cette théorie, mais avec une restriction. Pour elle, l'action mixte est toujours mixte, pour peu que des demandes de prestations soient *habituellement* et *presque toujours* jointes à la partie réelle des conclusions. C'était, dans une certaine mesure, reconnaître comme nécessaire la substantialité des demandes accessoires. Il y avait là une amélioration du système, mais le système n'en était pas moins défectueux..

Avec une pareille doctrine, que deviennent en effet les actions réelles? La revendication n'est-elle pas presque toujours accompagnée d'une demande en restitution de fruits, tout au moins de ceux perçus depuis l'instance? la pétition d'hérédité, d'une demande en remboursement d'impenses? Les actions réelles s'effacent (80).

Et cependant les rédacteurs du Code avaient voulu que, dans l'action réelle immobilière, le tribunal compétent fût celui de la situation, et non pas celui du domicile du défendeur. Que ferait-on de cette intention précise des rédacteurs (81)?

482. — § II. Pour le plus grand nombre des partisans de ce

second système, l'action est mixte lorsque le demandeur invoque contre une même personne un droit personnel et réel,
c'est-à-dire lorsqu'il se porte en même temps créancier et propriétaire v. g. à l'encontre du défendeur. L'action mixte aurait
une nature propre, intermédiaire entre l'action réelle et l'action
personnelle (82).

483. — Cette opinion, qui a du moins une formule nette, est
celle qui gagne chaque jour du terrain, et à laquelle la doctrine
ramène de plus en plus la jurisprudence oscillante.

Je préfère cependant à cette dernière interprétation du second
système, la doctrine d'un troisième système que j'énonce ainsi :

484. — *Troisième système.* L'action mixte n'est pas une troisième espèce d'action. Tout au moins il n'y a pas d'*action* résolutoire mixte. Il peut y avoir *matière* mixte (83). La matière est
mixte lorsqu'il y a exercice simultané contre deux personnes, de
deux actions distinctes, mais connexes, l'une réelle, l'autre personnelle.

485. — Voici maintenant les applications du système.

486. — Première hypothèse. L'action résolutoire est dirigée
contre l'acquéreur du droit résoluble : acheteur, donataire, légataire, échangiste.

Solution adoptée.

487. — *Premier cas.* La résolution n'opère pas de plein droit ;
la sentence du juge est attributive. L'action est personnelle, et
s'intente dès lors devant le tribunal du domicile du défendeur.

Cette opinion (84) est peu soutenue aujourd'hui. Elle me parait
cependant rigoureusement exacte.

488. L'acquéreur ne peut, en effet, soulever que deux contestations pour se refuser à la restitution de l'immeuble au profit
de l'aliénateur : 1° ou bien il dira que la résolution n'est pas accomplie ; 2° ou il soutiendra que, en supposant la résolution
accomplie, il n'est pas tenu à restitution envers l'aliénateur. Il
faut supposer qu'aux réclamations de l'aliénateur il oppose une
force d'inertie dont celui-ci essaie de triompher judiciairement.

Examinons séparément ces deux contestations.

489. — § I. L'acquéreur ne conteste pas, je le suppose, que, si la résolution était accomplie, il ne fût tenu à restitution. Seulement il prétend que la résolution n'est pas accomplie.

L'aliénateur ne peut invoquer contre lui qu'un droit personnel, et dès lors qu'une action personnelle. L'action mixte, c'est-à-dire à la fois réelle et personnelle, est impossible contre l'acquéreur.

490. — Une action, en effet, ne peut être caractérisée que d'après son objet, son fondement ou ses résultats. D'après son objet..., elle est mobilière ou immobilière; mais cette division ne nous rend pas compte de l'action mixte (*supra*, n° 470). Il faut donc s'en référer au fondement et aux résultats de l'action pour en déterminer la nature; mais encore faut-il s'en tenir au fondement le plus prochain, aux résultats immédiats et directs de l'action. Or, pour rester dans notre sujet, quel est le fondement immédiat de la résolution? La convention des parties ou la volonté du testateur. Quel est le fondement médiat de l'action? La propriété de l'aliénateur qui crée son intérêt à la résolution de l'aliénation. Quel est le résultat immédiat? L'anéantissement du contrat ou du legs. Quel serait le résultat médiat? La réapparition aux mains de l'aliénateur ou de ses héritiers du droit réel conféré.

491. — Quel est maintenant, entre le vendeur qui intente l'action résolutoire et l'acheteur qui ne paie pas, le point litigieux? Où est le nœud du procès? S'agit-il de savoir si le vendeur a été autrefois propriétaire? Non, l'acheteur qui a traité avec lui ne le conteste pas, et n'aurait pas intérêt à le contester; le fondement médiat de l'action ne doit donc pas être considéré.

Le juge doit-il décider si, en supposant le contrat résolu, la propriété reviendra au vendeur? Non encore; le défendeur ne conteste pas cette conséquence juridique que la résolution doit produire dès qu'elle sera prononcée. Le résultat médiat de l'action importe peu. La controverse n'est pas là, et puisqu'il n'y a pas conflit sur ce point, l'action ne peut en aucune façon emprunter sa nature à la nature de ces questions, je dirai volontiers extérieures, lointaines, qui, n'étant pas débattues entre parties, ne sont pas soumises à l'appréciation du juge. Le procès se ramène à un seul fait : le vendeur prétend que le contrat doit être résolu; l'acheteur maintient que le contrat ne doit pas tomber. Le demandeur ne peut pas substituer, tout au moins accoler au premier procès qui s'est soulevé : — le contrat est-il résolu? un second procès : — en supposant le contrat résolu, la propriété revient-elle à l'aliénateur? Ce second procès n'est pas encore ouvert, puisque je suppose que le défendeur ne conteste pas ce point. En admettant même que le défendeur n'ait pas à cet égard manifesté ses intentions, ce second procès n'est après tout qu'éventuel et incertain. Il se peut en effet que le défendeur, accueillant ou subissant la décision du juge sur la première question, en tire lui-même, par une déduction logique et forcée, un principe de solution pour la seconde question. Avant de toucher au second procès, il faut passer par le premier; et il est mauvais de qualifier le débat actuel par le débat futur et possible, de caractériser l'obligation par les difficultés, qui ultérieurement peuvent se soulever relativement à son exécution. Il est évident qu'il faut aller au fond des choses, voir quelle est la question à juger, et ne pas se préoccuper des conséquences peu prochaines que le demandeur aurait pu, par une tactique habile, indiquer dans ses conclusions.

492. — Au surplus, alors même qu'on aurait le droit de déterminer la nature de l'action d'après ses résultats médiats, ma solution ne varierait pas dans l'espèce. L'existence d'une action pure personnelle aux mains de l'aliénateur l'autorise à contraindre l'acquéreur, son débiteur condamné, au délaissement. L'action personnelle suffit donc pour expliquer tout. (*Infra,* n° 491.)

493. — § II. L'acquéreur ne conteste pas, je le suppose, que la résolution soit accomplie; mais il prétend qu'en la tenant pour accomplie, il n'en résulte pas pour l'aliénateur droit à une réintégration dans le droit réel conféré. *

Au premier abord, il semble que la contestation soit, dans ce cas, relative à un droit réel. Il suffit de réfléchir un peu pour re-

---

* Je me place dans le cas où l'acquéreur aurait amiablement averti l'aliénateur de la contestation précise et limitée qu'il soulevait. Si l'aliénateur n'avait pas été averti, il serait évident qu'il intenterait l'action résolutoire personnelle proprement dite, et que, quel que fût le caractère des contestations soulevées par l'acquéreur, comme elles ne se produiraient jamais que sous la forme d'exceptions à l'action, elles ne pourraient modifier la compétence de l'action légalement introduite par le demandeur.

connaître la personnalité du droit, et par suite de l'action qu'invoquera l'aliénateur. Que dit en effet l'aliénateur? La résolution est accomplie; l'acquéreur est donc tenu, en vertu d'une obligation personnelle, à me restituer l'immeuble vendu ou donné. L'acquéreur conteste ce dernier point, et soutient qu'il n'est pas obligé à restitution. N'est-ce pas là la matière d'une action personnelle?

494. — On m'objecte que l'aliénateur peut contraindre au délaissement l'acquéreur, et que c'est là le signe des actions réelles. Le créancier de l'obligation de donner une chose individuellement déterminée peut prendre possession de l'objet *manu militari*. Il peut donc, en sa qualité de créancier, contraindre au délaissement son débiteur condamné.

495. — § III. Que si l'acquéreur 1° contestait l'accomplissement de la résolution, 2° niait, la résolution même admise, qu'il fût tenu de restituer, l'action ne cesserait pas d'être personnelle, car les deux éléments du débat ne seraien' relatifs qu'à l'existence d'une créance.

496. — L'aliénateur n'en souffre pas. Il obtient sa réintégration avec effet rétroactif dans la détention de l'immeuble; il ne craint donc pas le concours des créanciers de l'acquéreur. Il ne se trouve pas non plus en présence de tiers détenteurs. L'action réelle ne lui servirait donc à rien vis-à-vis de l'acquéreur, puisqu'il ne s'agit pas dans cette première hypothèse de faire valoir le droit de suite ou le droit de préférence, attributs généraux d'un droit réel (85).

497. — Au point de vue pratique d'ailleurs, notre solution aura presque toujours les plus grands avantages. N'est-ce pas surtout au tribunal du domicile du défendeur qu'il appartient le mieux d'apprécier la situation de ce défendeur, pour savoir s'il mérite une concession de délais, lorsque le juge peut lui en accorder?

498. — *Deuxième cas.* — La résolution opère de plein droit; la sentence est déclarative. Ici l'aliénateur a ressaisi le droit qu'il avait abandonné. Il peut donc, faisant abstraction de l'obligation personnelle de l'acquéreur, ne le considérer que comme un détenteur, et intenter alors une action réelle contre lui. Il peut à l'in-

verse, pour trancher le conflit que soulève l'acquéreur, en venir
à une démonstration judiciaire de la résolution, et se présenter
comme créancier. Vis-à-vis de l'acquéreur, il obtiendra tout ce à
quoi il a droit en usant de ce raisonnement que j'ai dédoublé
pour en montrer le caractère éminemment personnel : la résolution est accomplie ou doit l'être, l'acquéreur est donc tenu à
restitution; et je conclus à la dissolution du contrat et à la restitution de l'objet aliéné.

L'aliénateur a donc en main une action réelle et une action
personnelle. Il peut recourir à l'une ou à l'autre; mais il ne
peut concurremment exercer l'une et l'autre; les deux prétentions sont contradictoires.

Solutions rejetées.

499. — **A.** Suivant la plupart des auteurs (86) qui suivent le
deuxième système, l'action résolutoire dirigée contre l'acquéreur
est mixte.

500. — **B.** Suivant quelques autres (87), il faudrait distinguer.
Elle serait mixte tant que l'acquéreur posséderait, personnelle
dès qu'il ne posséderait plus.

501. — Cette dernière opinion doit être écartée. Pothier (88),
dont on invoque l'autorité, ne distinguait pas : « Cette action,
quoique personnelle principalement, tient de la nature des
actions réelles en ce qu'elle suit l'héritage et qu'elle peut se
donner contre les tiers détenteurs de l'héritage. »

Puis, si l'action est mixte à raison de son fondement, parce que
l'aliénateur est à la fois titulaire d'un droit réel et d'un droit
personnel, elle doit l'être toujours. L'aliénateur cesse-t-il d'être
propriétaire *v. g.* vis-à-vis de l'acquéreur, parce que l'acquéreur
ne possède plus?

Les partisans de cette doctrine se laissent trop éblouir par ce
fait, qu'il n'y a délaissement possible qu'au cas où l'acquéreur
possède encore. Ils ne veulent pas comprendre qu'alors même
que l'acquéreur posséderait, le prétendu délaissement sur action
réelle n'est qu'une restitution effectuée par un débiteur (89)

de corps certain, *simplex restitutio sive retraditio rei facta ex pacto apposito in prima venditione,* disait Dumoulin (90).

502. — Maintenant, l'action est-elle mixte? Je crois avoir établi que l'action personnelle suffisait à tout, et qu'aucun élément de réalité n'existait dans les relations de l'acquéreur et de l'aliénateur.

503. — DEUXIÈME HYPOTHÈSE. L'aliénateur, après l'accomplissement régulier de la résolution, agit contre un tiers détenteur de l'immeuble.

Solution adoptée.

504. — L'action est réelle et s'intente devant le tribunal de la situation de l'immeuble. Cette opinion est celle de la majorité des auteurs (91). Elle se justifie aisément. L'aliénateur qui résout n'est en aucune façon créancier direct du détenteur.

505. — Si cependant celui-ci lui avait été délégué pour l'accomplissement des charges imposées à l'acquéreur du droit, il deviendrait débiteur personnel, et je lui appliquerais la solution indiquée dans ma première hypothèse.

Solutions rejetées.

506. — **A.** Quelques auteurs prétendent que l'action est mixte dans ce cas. « L'action est mixte, écrit Duparc-Poullain (92), quand elle naît d'un contrat passé entre le demandeur et un tiers. Elle n'est pas purement réelle, car elle dérive d'un contrat sans lequel elle n'aurait pas eu lieu; elle n'est pas non plus pure personnelle, car le contrat dont elle dérive n'est point passé entre les deux parties qui plaident. »

507. — Cette théorie procède, je crois, d'une erreur historique, et repose dans tous les cas sur une base fausse.

508. — § I. Duparc-Poullain, qui vivait sous l'empire de la Coutume de Bretagne, devait naturellement en subir l'influence. Or, voici ce que d'Argentré avait professé, dans son *Aitiologie,* sur les art. 8 et 9 de la Coutume (93). Commentant l'art. 8, il

qualifiait les actions rescisoires d'actions personnelles, lorsqu'elles
étaient données contre le premier contractant. Il les nommait
actions *non proprie personales, sed in rem scriptæ*, lorsqu'elles
étaient données contre les tiers détenteurs. Duparc-Poullain, acceptant ce qu'il croyait la doctrine de son maître, traduisit : l'action rescisoire (ou résolutoire) est personnelle contre le premier
contractant, *mixte* contre les détenteurs. Il aurait dû, pesant
mieux la valeur de ces expressions, voir comment d'Argentré
lui-même les interprétait plus nettement dans ses remarques sur
l'art. 9. « L'action, dit d'Argentré, est pure personnelle contre
le premier contractant; contre un tiers détenteur, elle est réelle,
bien que dans leur verbiage les tribunaux déclarent qu'ils y voient
quelque élément de personnalité, *in rem est, etsi tribunalium sty-*
lus personalem admixtam censet. »

509. — § II. En quoi le détenteur est-il tenu personnellement
d'ailleurs? L'action n'est pas pure personnelle, avoue Duparc-
Poullain. Cela est bien évident : elle ne l'est pas du tout. Le contrat passé entre le demandeur et l'acheteur *v. g.* est, vis-à-vis
du détenteur, *res inter alios acta.*

510. — Reprenant cette solution de Duparc-Poullain, un auteur contemporain (94) déclare l'action résolutoire mixte contre
les détenteurs. Ne sont-ils pas subrogés aux acquéreurs primitifs? Il y a donc à la fois un élément réel et un élément personnel.

511. — Cette opinion dangereuse doit être écartée :

1° Si les détenteurs sont obligés personnels, en vertu de la subrogation, l'action ne devrait pas être mixte; mais on devrait assimiler le détenteur à l'acquéreur primitif, et lui appliquer les
règles que j'ai énoncées dans la première hypothèse.

2° Si le détenteur est obligé personnel, comment expliquer
qu'il puisse se libérer par le délaissement?

3° Le détenteur n'est pas un obligé personnel. Il est de principe qu'un acquéreur à titre singulier n'est pas tenu des obligations de celui dont il a acquis.

4° Avec la subrogation des détenteurs aux obligations de leurs
auteurs à titre singulier, la théorie des droits réels devient une
superfluité.

512. — Le savant propagateur de cette doctrine a reculé devant les périls qu'elle faisait naître; aussi décide-t-il lui-même (95), par une contradiction dont je m'empare, que l'action formée par un acquéreur en remise de l'immeuble vendu est pure réelle, quand elle est dirigée contre un tiers détenteur.

513. — **B.** M. Poncet (96) a enseigné que l'action dirigée contre un détenteur était personnelle, pour peu que le détenteur possédât du chef de l'acquéreur.

« L'acquéreur, dit-il, ne peut transmettre plus de droit qu'il n'en a. Les détenteurs sont ses ayant-cause, engagés comme lui à l'exécution des charges. L'action qu'intente contre eux le vendeur dérive de l'engagement qu'ils ont tacitement et indirectement contracté envers le vendeur. L'action est personnelle par sa nature et par son objet, qui est d'obtenir l'exécution du pacte originaire dont ils se sont implicitement chargés. »

Tout cela peut se résumer en deux mots : les détenteurs sont subrogés aux obligations des acquéreurs (97).

514. — M. Poncet pare la première objection que j'ai déjà faite à cette idée, puisque, procédant du moins avec logique, il conclut de l'élément personnel, qui fonde pour lui l'obligation des détenteurs, à la pure personnalité de l'action; mais je lui oppose, je crois, victorieusement, les trois dernières objections que j'ai présentées à la théorie de la subrogation.

L'opinion de M. Poncet sur ce point est complètement isolée, et dans la doctrine et dans la jurisprudence.

515. — Troisième hypothèse. — Cette troisième hypothèse est la combinaison des deux premières. J'ai indiqué les solutions absolues, mais elles peuvent, par leur rapprochement, se modifier.

516. — *Première question.* L'aliénateur peut-il directement, *omisso medio*, agir contre le détenteur, sans actionner simultanément ou sans avoir antérieurement actionné l'acquéreur?

517. — Oui, dit Merlin (98) : 1° N'est-ce pas le caractère de l'action réelle d'être donnée directement contre tout possesseur? 2° L'art. 1681 ne le montre-t-il pas nettement, lorsqu'il permet au détenteur, au cas de rescision de vente pour lésion, d'opter entre la restitution du fonds ou le paiement du supplément de prix , sauf recours contre son auteur? 3° L'art. 1664 confirme cette doctrine.

518. — Pour ma part, je fais une distinction.

519. — § I. La résolution opère de plein droit, c'est-à-dire sans l'intervention forcée du juge. La sentence est déclarative. (*Supra*, n° 433.)

L'aliénateur peut directement actionner le détenteur. Le droit de l'acquéreur est tombé, et tombé vis-à-vis de tous. Il suffira, pour que le détenteur soit inquiété, que l'aliénateur manifeste sa volonté d'user de la résolution et démontre, si le détenteur l'exige, l'existence du fait résolutoire. L'action est réelle.

520. — § II. La résolution n'opère pas de plein droit. La sentence est attributive. (*Supra*, n° 408.)

Ici je repousse le système de Merlin : 1° L'action contre le détenteur est réelle, je ne le nie pas ; mais elle n'est ouverte que quand la résolution est prononcée ; car le détenteur ne peut être attaqué qu'à raison et par suite de la résolution du droit de son auteur. Or, il n'est pas contradicteur légitime d'un débat qui doit être porté tout d'abord contre celui qu'il intéresse le plus. 2° L'art. 1681 suppose que le détenteur a été mis en cause par le vendeur, ou qu'il est intervenu à l'instance en rescision. Les n°ˢ 371 et 454 de Pothier (*vente*), ont visiblement inspiré le Code ; ils supposent tous les deux la mise en cause du détenteur ou des créanciers hypothécaires inscrits. 3° L'art. 1664 est spécial au réméré. Dans ce cas, la résolution n'opère pas par l'intervention du juge. Il suffit que le vendeur, ayant désintéressé l'acheteur, manifeste auprès du tiers sa volonté d'user du réméré pour qu'il puisse exercer contre lui son action réelle. Ici, au contraire, je me place dans des espèces où le juge doit intervenir. Il n'y a pas analogie.

Donc l'aliénateur devra, dans cas, actionner l'acquéreur primitif pour agir valablement contre le détenteur.

521. — *Deuxième question.* Lorsque l'aliénateur doit actionner l'acquéreur primitif pour attaquer valablement le détenteur, peut-il s'adresser tout d'abord au premier, puis ensuite opposer la résolution au détenteur? Ou doit-il, au contraire, mettre celui-ci en cause dans l'instance engagée contre l'acquéreur?

522. — Il est un point que je constate immédiatement, c'est la connexité intime des deux actions. Le droit du détenteur ne peut tomber que si le droit de l'acquéreur est lui-même anéanti. Le détenteur est frappé par contre-coup. Or, le cas le plus net de connexité est, suivant Pigeau (99), celui où la solution d'un litige n'est que la *conséquence* de la solution d'un autre litige. L'identité complète des parties n'est pas nécessaire pour qu'il y ait connexité entre deux affaires (100).

523 — Je résous maintenant la question.

524. — § I. L'aliénateur (dans l'hypothèse de la sentence *attributive, supra,* nº 408) ne peut agir contre l'acquéreur seul, puis dans une seconde instance actionner le détenteur.

525. — Celui-ci répondra que, intéressé à ce qu'il n'y ait pas résolution du droit de l'acquéreur, et pouvant même à ce titre régulièrement intervenir à l'instance pour la conservation de ses propres droits, il devait être appelé dans l'instance; qu'il lui eût été possible, en offrant d'accomplir lui-même les charges imposées à l'acquéreur primitif, de prévenir le plus souvent la résolution; que l'acquéreur ne pouvait pas plus, en plaidant postérieurement à l'aliénation faite au détenteur, compromettre le droit réel qu'il lui avait transmis qu'il ne l'eût pu par un contrat postérieur à cette aliénation; que la sentence est pour lui, détenteur, *res inter alios acta;* et qu'il forme contre elle, si on veut à son détriment en réaliser l'exécution matérielle, tierce-opposition.

Cette première manière de procéder de la part de l'aliénateur est donc impossible.

526. — § II. — L'acquéreur primitif a été ajourné au tribunal de son domicile. Au cours de l'instance, le détenteur est actionné devant le tribunal de la situation de l'immeuble. Le détenteur peut opposer le déclinatoire pour cause de connexité, et les deux affaires s'instruiront alors devant le tribunal du domicile de l'acquéreur. *Ex post facto,* la matière *devient* mixte. Mais ce n'est pas là ce qu'a eu en vue l'art. 59, Pr. Civ.

527. — § III. Le détenteur est actionné devant le tribunal de la situation. L'acquéreur est ensuite ajourné devant le tribunal de son domicile. Si l'acquéreur oppose le déclinatoire pour connexité, avant que le détenteur ait opposé la non-recevabilité

d'une action directement intentée contre lui, alors que le droit de l'acquéreur n'est pas encore résolu, il résultera de l'admission de l'exception que l'acquéreur sera également traduit devant le tribunal de la situation. *Ex post facto*, la matière *devient* mixte; mais je ne suis pas encore dans l'hypothèse prévue par l'art. 59, Pr. Civ.

528. — § IV. L'aliénateur doit donc savoir qu'il ne peut mener les deux instances complètement distinctes (*supra*, no 525); que s'il actionne en même temps, devant deux tribunaux différents, l'acquéreur et le détenteur, il court risque de subir un déclinatoire (*supra*, nos 526, 527). Il doit, dans l'intérêt de tous, rendre inutile l'exception de connexité qu'il pourrait présenter lui-même après avoir lancé ses deux ajournements devant deux tribunaux différents (101).

529. — Or, puisque la connexité est certaine, puisqu'il doit pourtant mettre en cause le détenteur, il fera bien d'appeler immédiatement, directement en un même procès ses deux adversaires, pour conclure à la résolution avec dommages intérêts, s'il y a lieu, contre l'acquéreur, et au délaissement contre le détenteur. Il choisira un des deux tribunaux compétents pour y entamer sa double prétention. Il pourra opter; la matière est en effet mixte *ab initio*. C'est là l'application littérale de l'art. 59, Pr. Civ.

S'il saisit le tribunal du domicile de l'acquéreur, — et ce sera encore la marche la plus régulière, — le détenteur qui y sera traduit ne pourra s'en plaindre; ne devait-il pas être mis en cause dans son propre intérêt? Le juge va trancher en un seul instant toutes les difficultés qui pourraient résulter de la résolution. Si l'aliénateur saisit le tribunal de la situation de l'immeuble, l'acquéreur ne peut légitimement se plaindre d'une pareille option. Il se peut d'ailleurs qu'il ne conteste pas l'existence du fait de résolution, qu'il avoue lui-même l'impossibilité, où il se trouve, de payer. L'intervention du juge n'est alors nécessaire dans la résolution du droit de l'acquéreur que pour autoriser l'exercice d'une action contre le détenteur. Ne vaut-il pas mieux, dans des cas semblables, saisir le tribunal de la situation de l'immeuble? Les expertises ou descentes de lieu, ayant pour but d'apprécier les améliorations ou détériorations faites par le détenteur, s'y feront avec plus de rapidité et plus d'économie; et l'acquéreur, qui doit définitivement supporter les frais de la résolution sur la demande principale de l'aliénateur et l'action récursoire du détenteur, est plus intéressé que tous les autres à ce que la procédure soit ainsi dirigée (102).

La connexité des deux actions permet à l'aliénateur de les introduire auprès du même tribunal par un seul ajournement.

530. — Telles sont les conséquences auxquelles aboutit le troisième système que j'ai présenté.

Deux objections peuvent lui être faites.

531. — *Première objection.* Le troisième système se résume en une négation de l'action mixte; or, l'art. 59 Pr. civ. en reconnaît.

532. — Je réponds : 1° l'article 59 Pr. civ. reconnaît non des *actions*, mais des *matières* mixtes, et j'en ai indiqué une application dans ma troisième hypothèse (*supra,* n° 529). Je n'efface donc pas l'art. 59.

2° Quant à l'*action* mixte proprement dite, je n'en trouve pas dans l'action résolutoire. Mais il se peut que beaucoup croient en retrouver le type : 1° dans les actions divisoires, 2° ou dans les actions en délivrance de corps certains intentées en exécution de titres translatifs de droits réels. La discussion de ces idées sort de mon sujet; toutefois, quant à la seconde classe d'actions, comme l'acquisition du droit réel a lieu par la seule force de la convention d'après les principes de notre Code, l'acquéreur serait, à mon sens, dans la même situation que l'aliénateur lorsque la résolution s'opère de plein droit; et je concéderais à l'acquéreur : 1° une action personnelle, 2° une action réelle distincte, mais non une action mixte. Comprend-on l'action mixte, sanction d'un *droit mixte?*

533. — *Deuxième objection.* La tradition historique repousse ce troisième système. On peut critiquer l'action mixte au point de vue du droit et de l'exactitude théorique, mais son existence est un fait pratique incontestable. Les théoriciens eux-mêmes avaient fini par accepter, dans l'ancien droit, la notion de l'action mixte; et l'on cite Loyseau, Pothier, etc.

534. — 1° L'aveu est précieux : au point de vue de l'exactitude

théorique, il n'y a pas d'action mixte (103). La tendance naturelle de l'interprète ne doit-elle pas être dès lors de se montrer difficile quand il s'agit d'imprimer à une action ce caractère hermaphrodite dont l'illégalité est reconnue, et de ne céder qu'à des textes formels et à des traditions historiques constantes et précises?

535. — 2° Il est vrai que Loyseau (104) enseigne, à propos de la rente foncière, l'existence de l'action mixte; mais j'ai montré (*supra*, n° 302) que Pothier avait (quant à l'action hypothécaire) relevé l'incorrection de Loyseau, et remarqué avec beaucoup de netteté qu'il n'y a pas confusion de deux actions en une action intermédiaire, mais concours de deux actions distinctes. On peut relire les points où Pothier traite des actions mixtes, et on verra, pour peu qu'on les examine sans prévention, qu'au fond de sa pensée il affirme toujours la distinction des deux actions, alors même qu'elles sont simultanément intentées (105). Ce qui le trouble, c'est que l'action naisse d'une convention et puisse cependant être exercée contre les tiers. Pourquoi donc n'admettait-il pas franchement, expressément, qu'il y avait aux mains de l'aliénateur deux actions? C'est que la glose avait condensé en un seul type, *personalis in rem scripta*, les deux actions, et que Pothier est aussi remarquable par la timidité, par la docilité de sa pensée juridique, que par le bon sens et la lucidité de ses doctrines.

D'Argentré parle également partout de l'action personnelle *in rem scripta;* mais quand il arrive à préciser, son langage se modifie. L'action de retrait, *personalis in rem scripta*, est personnelle contre l'acquéreur, réelle contre le détenteur (106). *

Furgole, enfin, professe les mêmes principes avec une netteté qui me permet de conclure, en disant que la dernière interprétation du second système se fonde à tort sur les traditions historiques. Elle était loin de prévaloir dans l'ancien droit.

536. — L'action résolutoire est-elle activement et passivement divisible? Comme tout ce qui touche à l'indivisibilité, cette ques-

---

* En ce qui touche les actions mixtes, « *personales dicuntur respectu eorum in quos les obligationem personalem inducit; aliorum respectu in quos ut possessores nec tamen obligatos dantur, reales sunt.* » D'Argentré, sur l'art. 213, C. de Bretagne.

tion a été fort controversée, et le désaccord existe entre les jurisconsultes aussi bien sur le principe que sur la solution.

L'ancien droit enseigne en général (107) que l'action est indivisible. Il ne faut pas, dit Carondas (108), rechercher si l'objet de
l'obligation est susceptible d'une division matérielle ou intellec-
tuelle, mais s'il a été posé comme indivisible dans la convention
des parties.

L'exactitude de cette règle est discutable. Si l'on examine l'intention des parties, tout contrat deviendra indivisible; or, si tel
est le caractère de toute obligation dans les rapports du débiteur
vis-à-vis du créancier, on ne saurait soutenir que tel doit encore
être le caractère de toute obligation à l'égard des héritiers du
créancier ou du débiteur. Notre législation n'a pas accepté cette
doctrine, qui eût rendu indivisible, même aux mains des héritiers,
le lien de toute obligation. Une semblable mesure eût eu de
grands avantages pour le créancier, qui n'eût pas vu ses droits
compromis et altérés par la mort du débiteur; mais elle eût été
trop lourde pour les héritiers de ce dernier.

Le Code n'a pas été aussi radical; et il est dans son esprit d'é-
blir quelques distinctions.

537. — Entre créancier et débiteur, l'action est indivisible. On
peut toutefois autoriser le premier à n'exercer son droit que
contre tel ou tel détenteur de l'une des parcelles aliénées, et à ne
point demander contre l'acquéreur primitif, mis en cause, une
résolution intégrale (109).

538. — J'examine maintenant les relations du créancier avec
les héritiers du débiteur. Un de ces héritiers n'accomplit pas sa
part des charges dues; le créancier concluera évidemment à la
résolution. Mais la résolution sera totale ou partielle, suivant que
le fait à accomplir était indivisible ou divisible (110). Je vends
une maison 20,000 fr. Mon acheteur meurt, laissant deux héritiers. L'un d'eux ne me paie pas; j'obtiendrai contre lui la résolution avec dommages-intérêts. Je serai en indivision avec son
cohéritier et pourrai toujours en sortir par l'action en partage.
L'obligation à accomplir, le paiement d'une somme d'argent, était
essentiellement divisible.

J'échange ma maison contre un hectare *in genere*, que mon copermutant devra me fournir dans la banlieue de Paris pour que j'y puisse établir une usine. Mon copermutant meurt, laissant deux héritiers, dont l'un m'offre immédiatement un demi-hectare. Je demanderai contre les deux héritiers une résolution intégrale du contrat d'échange. La prestation à effectuer, la tradition d'un hectare, était, à raison de sa destination spéciale, indivisible. Il me fallait une superficie suffisante pour construire une usine, et non pas une demi-usine.

539. — Comment régler maintenant les relations du débiteur avec les héritiers du créancier? Je répéterai ici les distinctions que j'ai déjà admises du côté passif. Les charges à accomplir sont-elles divisibles, chaque héritier du créancier pourra, *pro parte hereditaria*, invoquer la résolution, si le débiteur n'exécute pas à son égard. Les charges sont-elles indivisibles, il y aura résolution pour le tout, le débiteur ne pouvant manquer à ses engagements vis-à-vis de l'un sans y manquer en même temps vis-à-vis de l'autre.

540. — Les mêmes solutions sont applicables par analogie au cas où il y a plusieurs créanciers ou plusieurs débiteurs.

Il s'est toutefois trouvé une hypothèse où des doutes sérieux s'élèvent. Il faut supposer qu'une faillite a été déclarée, qu'un concordat est intervenu; la question se présente de savoir si la résolution du concordat peut être demandée par un seul des créanciers, ou s'il faut au contraire, sinon l'unanimité, du moins la majorité des créanciers. Il paraît résulter de la discussion de la loi qu'un seul créancier peut demander la résolution. Il serait trop difficile, a-t-on dit, au bout de quelques années, de retrouver une majorité. On soutient même que la résolution, ainsi prononcée sur la poursuite d'un seul créancier, opérera à l'égard de tous; et l'on invoque, pour l'établir, l'art. 522 C. Com., aux termes duquel devront être remplies toutes les formalités s'appliquant à un débiteur qui serait en état de faillite vis-à-vis de tous ses créanciers (111). Cette double solution a pour elle l'autorité de la loi, sinon celle de la raison. Une *seule* volonté peut délier un contrat qu'une minorité, composée au moins de *plusieurs* créanciers, n'avait pu empêcher la majorité de consentir!

541. — L'action résolutoire est-elle mobilière ou immobilière?

Elle est évidemment mobilière s'il s'agit de résoudre un droit mobilier personnel ou réel, alors qu'il n'y aurait eu ni obligation de fournir un immeuble, ni aliénation d'immeuble.

Mais que décider s'il s'agit de résoudre une aliénation d'immeuble ou l'obligation contractée d'en fournir un?

Deux hypothèses peuvent se présenter.

542. — I. L'action est intentée contre le détenteur, ce qui n'est possible que s'il y a eu aliénation d'immeuble.

1° Ou bien la résolution a été prononcée *antea* contre l'acquéreur; l'aliénateur exerce en réalité contre le détenteur une véritable revendication, action (réelle) immobilière. (*Supra*, n° 471.)

2° Ou l'action contre le détenteur est intentée en même temps que l'action contre l'acquéreur primitif. Elle est encore immobilière; elle a pour objet direct le délaissement de l'immeuble, *tendit ad immobile restituendum*. Le détenteur pourra sans doute, en offrant d'accomplir les charges imposées, repousser l'action de l'aliénateur; mais on caractérise une action, quant au point de vue qui nous occupe, par ce que doit demander celui qui l'intente, et non par ce que peut donner le défendeur. L'accomplissement des charges est *in facultate solutionis*. Cette doctrine est généralement admise (112).

543. — II. L'action est dirigée contre l'acquéreur primitif; ce qui est possible, soit qu'il y ait eu simple obligation contractée par lui, soit même acquisition de droit réel à son profit.

1° Je suppose qu'il n'y ait pas eu pacte commissoire, portant que la résolution opérerait de plein droit et sans sommation.

L'action est encore (personnelle) immobilière à mon sens. A quoi conclut le créancier? — A la restitution de l'immeuble, *tendit ad quid immobile* (113). — Mais on me dit (114) que l'objet direct et principal auquel s'applique le droit du vendeur *v. g.* est le prix, et que dès lors l'action, qui tend à obtenir cet objet du droit, est mobilière. Je ne le conteste pas : est mobilière l'action tendant au paiement du prix; mais il s'agit d'une action tendant à la résolution du contrat, et non à son maintien. — Le créancier, ajoute-t-on (115), en demandant la résolution, conclut sinon expressément, du moins implicitement, au paiement du prix; car c'est seulement si l'acheteur ne paie pas le prix que le créancier peut demander la résolution. Mais il me semble qu'on essaie vainement d'écarter l'objection immédiate que cette doctrine soulève : on ne caractérise pas les actions par ce que peut payer le débiteur, mais par ce que demande le créancier.

Est-ce à dire que nous arriverons à des résultats choquants? En aucune façon. Le droit de résolution n'est qu'un accessoire du droit au paiement du prix. Donc il sera impossible de mettre dans deux mains différentes le droit de résolution et le droit de contraindre au paiement du prix. Ainsi, alors même qu'on déciderait avec moi que l'action résolutoire est immobilière, il faudrait néanmoins admettre que le droit de résolution suivrait celui auquel le vendeur aurait légué tous ses meubles.

Il faut assimiler à l'acquéreur primitif le détenteur délégué à l'exécution des charges. L'action serait donc contre lui immobilière.

2° Je suppose qu'un pacte commissoire est intervenu, aux termes duquel la résolution opérera de plein droit et sans sommation.

L'action résolutoire dirigée contre l'acquéreur primitif est sans contredit immobilière (116).

SECTION III.

Fins de non-recevoir contre l'action. Déchéances.

544. — Plusieurs fins de non-recevoir peuvent être opposées au demandeur en résolution. Elles sont différentes, suivant qu'elles sont présentées par l'acquéreur primitif ou par des tiers.

Article I. — Fins de non-recevoir présentées par l'acquéreur primitif.

545. — *Première fin de non-recevoir : Renonciation.* — Le créancier a renoncé à l'action résolutoire. Il faut distinguer deux cas :

1° Le créancier a renoncé à la résolution soit après son accomplissement judiciaire, soit après sa réalisation de plein droit. Cette renonciation n'est rien moins de la part du créancier qu'une allénation nouvelle, qui ne préjudiciera ni aux tiers, titulaires de droits réels sur l'immeuble du chef du créancier (117), ni à l'enregistrement, auquel le droit proportionnel sera dû pour la seconde mutation.

2° Le créancier a renoncé au droit de provoquer la résolution. C'est l'hypothèse dont je m'occupe. Cette renonciation n'est point une aliénation véritable, car il n'y a encore rien d'acquis au créancier avant le jugement si la résolution est légale, avant la sommation s'il existe un pacte commissoire qualifié.

516. — La renonciation expresse ne soulève pas de difficulté. Mais de quels faits peut résulter la renonciation tacite?

517. — Le droit romain prétendait que les demandes à fin d'exécution d'obligation entraînaient renonciation à la résolution. L'opinion inverse doit être soutenue en droit français. *

C'est pour le vendeur que la question a surtout été examinée.

Tant que les choses se passent entre le vendeur et l'acheteur, tous reconnaissent qu'on ne peut opposer au vendeur les démarches qu'il a faites pour obtenir le paiement du prix. « L'ordre logique n'est-il pas que le prix, objet principal de la vente, soit réclamé en premier lieu, sauf, en cas d'impossibilité de le recouvrer, à attaquer l'acheteur par d'autres moyens? Ce serait abuser de l'intention du vendeur que de soutenir qu'il a renoncé à la résolution. S'il y a renoncé, ce n'est qu'à la condition *sine qua non* qu'il sera payé. » (118)

Rien n'est en effet, dans une certaine mesure, moins inconciliable que l'action en résolution et l'action en paiement. Toutes deux ont, sinon des conclusions identiques, du moins un même but : provoquer à l'exécution de l'obligation. Cela est si vrai, que l'acheteur peut, je l'ai déjà dit, à mon action résolutoire répondre par une offre de paiement qui m'arrête (art. 1184), et qu'à l'inverse, avant de pouvoir argumenter de la résolution, je

* M. Duvergier (I., 415), au cas de vente de meubles avec clause résolutoire expresse, voudrait que la demande du prix effaçât le droit pour le vendeur d'user plus tard de cette condition résolutoire qu'il aurait négligé d'employer. À Rome, dit-il, la demande du prix substituait à une vente résoluble pour défaut de paiement en vertu d'un pacte, une vente pure et simple. Marcadé a nettement réfuté cette doctrine (1656, n° 5). En matière de vente, cette substitution avait son intérêt à Rome, où la seconde vente était pure et simple, la résolution pour défaut de paiement n'étant pas légale. En France, elle n'aurait aucun effet. À la vente expressément résoluble (1656) on aurait substitué une vente affectée tout au moins de la résolution tacite de l'art. 1654.

suis tenu par la loi même (art. 1656) d'adresser à l'acheteur une sommation de payer. L'action en paiement prépare donc l'action en résolution, loin de l'éteindre. Le Code ne peut avoir créé aux mains du vendeur deux droits que ses textes permettent parfois de cumuler, et cependant entre lesquels il faudrait que le vendeur choisît sans jamais se tromper, car l'exercice de l'un entraînerait perte de l'autre!

548. — La demande judiciaire à fin de paiement elle-même n'équivaudrait pas à renonciation, et le vendeur pourrait se rétracter, pour peu que la sentence dût être attributive de résolution, tant que le défendeur n'aurait pas par des conclusions acquiescé à la demande en paiement.

549. — En matière d'assurances terrestres, la jurisprudence (119) a souvent jugé que l'assureur, qui avait en fait l'habitude d'envoyer recevoir à domicile le paiement de la prime et d'y présenter les quittances, pouvait être considéré comme rendant quérable la prime, que les polices stipulaient portable. La conséquence du non paiement à l'échéance était alors non plus la résolution opérant de plein droit et *sans sommation*, conformément aux clauses de la police, mais la résolution opérant de plein droit et *après la mise en demeure;* de sorte que si un sinistre éclatait postérieurement à l'échéance, l'assuré, alors même qu'il n'aurait pas payé sa prime, aurait droit de recourir en indemnité contre la Compagnie. L'assurance, en effet, tient encore tant qu'une mise en demeure n'existe pas contre lui.

550. — On a critiqué cette jurisprudence en niant que l'habitude d'envoyer recevoir les primes à domicile valût renonciation, sinon à la résolution (ce que personne ne prétend), du moins à la résolution *opérant sans sommation.* Ce n'est là, a-t-on dit, qu'un acte officieux, destiné à protéger l'assuré contre sa propre négligence. Ce motif philanthropique est-il celui des Compagnies d'assurances? Les défenseurs des Compagnies ne le croient pas eux-mêmes, car ils montrent fort bien l'intérêt positif qu'ont les assureurs au recouvrement rapide et économique des primes (120).

551. — Mais la question ne reste pas pour eux réduite à ces termes si simples.

Ils soutiennent qu'il y a contradiction dans l'opinion de la jurisprudence; et voici comment ils formulent leur objection : « Supposer la prime quérable et non requise, c'est une contradiction intolérable, puisque c'est la supposition qu'elle est habituellement requise qui la rend quérable. De toute nécessité, il faut que la prime reste portable, ou que, si on la fait quérable, il soit admis qu'elle a été requise (121). »

552. — On peut contester d'une manière absolue la valeur de l'objection. Est-il donc impossible de concevoir que l'assureur ait l'habitude d'envoyer recevoir les primes à domicile, et cependant ne l'ait pas fait dans la dernière année, au cours de laquelle éclate le sinistre? Les deux faits ne sont nullement inconciliables. Donc la prime peut être quérable sans qu'elle ait été requise à la dernière échéance. Maintenant elle est quérable à l'instant même de la signature de la police, bien que la police la stipule portable. N'est-il pas en effet dans les usages de toutes les Compagnies d'envoyer toucher les primes, et par là de n'exécuter jamais la disposition en apparence si rigoureuse du contrat? L'assureur écrit donc là une clause de style, un paragraphe mort-né, qu'il voudrait cependant faire vivre plus tard; est-ce pour ne point toucher la prime? Non, mais pour ne point payer le sinistre. Si la prime est quérable, elle doit être requise. L'a-t-elle été? Voilà maintenant toute la question. — Elle l'a été, répond-on, car elle l'est habituellement. A ce compte, quelle différence y aurait-il entre une prime portable et une prime quérable?

553. — Tout ce qu'on peut dire en faveur des Compagnies, c'est que, à raison même de leur habitude incontestable de présenter les quittances à domicile, on présumera facilement qu'elles auront mis les assurés en demeure, et nous approuvons volontiers l'arrêt de la Cour de Grenoble (122), voyant contre un assuré la preuve de sa mise en demeure dans ce fait que l'assureur, ayant coutume de se rendre chaque année dans le village de l'assuré pour y recevoir en même temps les primes de tous ses clients, s'y était rendu dans l'année du sinistre dont se plaignait l'assuré, et y avait touché les primes de ses autres clients plus solvables ou moins négligents. Il faut donc faciliter la preuve que

les Compagnies doivent faire; * Il est mauvais de la supprimer; aussi en théorie nous séparons-nous de l'auteur d'une dissertation (123) sur le point que nous examinons, bien qu'en pratique nos conclusions se rapprochent des siennes.

554. — Nos adversaires font d'ailleurs une concession qui, en droit, a son importance. « Un sinistre arrive le lendemain du délai de grâce, jour où la Compagnie fait présenter sa quittance. L'assuré oppose à la demande en déchéance qu'il n'a pas payé parce qu'il attendait l'agent de la Compagnie. En droit strict, il n'est pas recevable, il est en retard depuis le jour de l'exigibilité, le délai de grâce n'est qu'une tolérance. En équité, on pourrait accueillir sa prétention, et déclarer que par ses habitudes la Compagnie a tacitement augmenté d'un jour son délai de grâce. » (124)

555. — Il n'est donc plus déraisonnable d'induire des habitudes de la Compagnie qu'elle a renoncé à la rigueur d'une résolution conventionnelle, opérant de plein droit et sans sommation. Toutefois, on restreint cette renonciation à l'expiration d'un délai de vingt-quatre heures. Quoi qu'il en soit, les partisans de cette doctrine écartent eux-mêmes le texte littéral de la police, et dans une certaine mesure déclarent clause de style la stipulation de résolution sans mise en demeure. Nous ne faisons pas autre chose qu'appliquer comme règle ce qui pour nos adversaires ne doit être qu'une exception.

556. — *Deuxième fin de non-recevoir : Prescription.* Le créancier a gardé le silence pendant le temps nécessaire pour la prescription de son action.

Le débiteur était tenu à restitution si la résolution s'accomplissait. Son obligation sera prescrite par trente ans.

Il faut assimiler au débiteur primitif le détenteur, délégué pour l'accomplissement des charges.

Quel sera le point de départ de cette prescription libératoire? Le jour où l'obligation devait être exécutée, si l'obligation com-

---

* Les auteurs (*Revue pratique*, I, 312) et la jurisprudence (S. 1858, 2, 100) admettent qu'en cette matière la mise en demeure peut résulter de lettres missives, de démarches officieuses. L'art. 1139 n'est pas exclusif de ces procédés amiables, qu'il est bien difficile de ne pas employer dans des opérations où les paiements à effectuer sont si fréquents et portent sur des sommes si peu élevées. Cette solution est conforme à l'intention naturelle des parties.

portait une prestation unique : paiement du prix *v. g.;* le jour où l'obligation a cessé d'être exécutée, si l'obligation comportait des prestations successives. Dans les deux cas, si une sommation ou une interpellation a été faite, la prescription ne court que du jour de cette sommation.

557. — *Troisième fin de non-recevoir : Faute du créancier.* Le créancier est lui-même en faute. Ainsi, il a refusé illégalement d'accomplir ses obligations.

Ses propres créanciers ont formé saisie-arrêt aux mains du débiteur et lui ont défendu d'effectuer aucun paiement; l'inaccomplissement des charges n'entrainera plus dès lors résolution.

558. — *Quatrième fin de non-recevoir : Excuse du débiteur.* Le débiteur est déclaré excusable de n'avoir pas exécuté ses obligations.

1° Un obstacle absolu, survenu après la mise en demeure, l'a empêché de réaliser le paiement : devant cet évènement de force majeure, dont le débiteur prouve la réalité, le juge croit équitable de lui accorder un délai, même après l'instance engagée (125), dans les cas où la loi le permet (art. 1184, 1654); il le peut.

Si le juge se trouve dans une hypothèse où il n'ait pas le droit d'accorder un délai, il doit résoudre la convention (126). L'évènement de force majeure n'aura qu'un effet, libérer de dommages-intérêts la partie qui n'a pas exécuté.

2° La résolution ne procéderait pas au contraire, si l'obstacle résultant d'une force majeure s'était réalisé avant la mise en demeure du débiteur (127).

Article II. — Fins de non-recevoir présentées par les tiers.

559. — La partie qui veut résoudre peut se trouver en présence de créanciers chirographaires, hypothécaires et privilégiés, ou de tiers détenteurs.

560. — *Première fin de non-recevoir : Renonciation.* Les poursuites tendant à l'exécution du contrat valent-elles renonciation à l'action résolutoire ?

561. — I. Remarquons bien que la question ne s'agite plus à

l'encontre du débiteur primitif, mais des tiers; et qu'on se place ici dans le cas où les actes de poursuite ont été dirigés plutôt contre la masse elle-même que contre le débiteur. Il faut supposer l'*immeuble* vendu sur l'acheteur. Un ordre est ouvert pour colloquer sur le prix de revente les ayant-droit. Le vendeur y produit comme créancier privilégié. Mais s'apercevant que l'exercice de son privilége ne lui donnera pas un paiement intégral, il veut contre ses co-créanciers chirographaires et hypothécaires, ou contre le tiers détenteur, user de son droit de résolution; le peut-il?

Non, disent quelques auteurs, et parmi eux M. Troplong. Les *co-créanciers*, le *détenteur*, opposeront victorieusement au vendeur sa renonciation résultant de la production à l'ordre ouvert sur le prix de revente. En agissant ainsi « le vendeur a ratifié cette seconde vente. N'a-t-elle pas été consommée sous ses yeux, avec son concours et sa participation? »

562. — Est-il vrai d'abord qu'on ne puisse expliquer l'intervention du créancier à l'ordre ouvert que par une renonciation à l'action résolutoire? On ne doit pas présumer les renonciations; et à cet égard il ne faut pas se jeter dans les facilités de l'ancien droit, qui voulait ainsi rendre de plus en plus rares les applications d'une résolution trop rigoureuse dans ses effets pour que le juge la prononçât aisément. Or, la production à l'ordre, qu'est-elle autre chose qu'une démarche tendant au paiement du prix? Et M. Troplong lui-même n'a-t-il pas fort bien établi que l'ordre logique voulait que le prix fût tout d'abord réclamé? Le privilége a-t-il donc été dans le système primitif du Code tellement lié à la résolution que l'usage de l'un entraînât extinction de l'autre? Non. « Le droit de résolution n'est au fond qu'un moyen supplétif, un secours extrême auquel le vendeur ne doit recourir que lors et parce que sa demande en paiement est restée sans résultat. » (128)

563. — Voulût-on d'ailleurs voir à toute force dans la production à l'ordre une renonciation, on ne pourrait jamais y voir qu'une renonciation conditionnelle, subordonnée au paiement du prix. Et maintenant, on argumente vainement de ce que le ven-

deur aurait concouru à la revente. L'ordre est ouvert par d'autres créanciers. Le vendeur y produit parce qu'il veut être payé, et qu'il doit essayer de se faire payer avant de résoudre. Les créanciers saisissants sont en faute d'avoir oublié que le fonds saisi était grevé à la fois du privilége et de la résolution du vendeur, et de ne pas s'être mis à l'abri de la résolution par le moyen que l'art. 692, Pr. Civ. leur permettait d'employer. Le détenteur ne devait pas ignorer non plus l'affectation du bien qu'il achetait à la garantie des droits du vendeur. Si le vendeur a produit à l'ordre après l'adjudication, sans avoir été lié à la procédure de saisie, l'adjudicataire ne pourra pas soutenir que la présence du vendeur l'a trompé. Si le vendeur est lié à la procédure de saisie, l'adjudicataire soutiendra inutilement que la présence du vendeur lui a fait penser que celui-ci renoncerait à son droit de résolution. La présence du vendeur a dû, au contraire, avertir les enchérisseurs de la cause possible de résolution; et l'adjudicataire est en faute de n'avoir pas exigé que le saisissant fît au vendeur la sommation de l'art. 692, et de n'avoir pas, à raison de la menace incessante d'éviction, retenu son prix en usant du bénéfice de l'art. 1653.

Cette opinion est suivie par la majorité des auteurs et par la jurisprudence (129).

564. — II. Faut-il aller plus loin, et donner la même solution au cas où le vendeur aurait lui-même saisi et ouvert l'ordre? On pourrait soutenir que les mêmes motifs de décider se rencontrent dans l'espèce. Il n'y a là qu'une tentative de paiement, qu'une renonciation conditionnelle au droit de résoudre. L'adjudicataire prudent est à l'abri derrière l'art. 1653; et le vendeur, en saisissant comme vendeur, affirme à ses co-créanciers et aux enchérisseurs l'éventualité de la résolution. D'ailleurs, si le premier acheteur est insolvable, le vendeur devra payer les frais de la saisie. Nul autre que le vendeur ne souffrira de la procédure de saisie immobilière, à la condition d'user des précautions que la loi réserve en pareil cas. (C. N., 1653, et Pr. C., 692.)

565. — Tout le monde admet pourtant que dans cette dernière hypothèse, par la provocation directe et personnelle des

enchères, le vendeur se rend non recevable tout au moins à évincer plus tard l'*acquéreur* qu'il a pour ainsi dire appelé lui-même à l'adjudication (130).

566. — Mais je crois que si l'adjudication n'avait pas été réalisée, le vendeur serait encore en droit contre ses *co-créanciers* chirographaires et hypothécaires de demander la résolution de la vente, à la condition de payer les frais d'une saisie et d'un ordre devenus par sa faute frustratoires, puisqu'il ne les a pas laissés arriver à leur terme.

567. — *Deuxième fin de non-recevoir : Prescription*. Les tiers peuvent opposer au créancier que son action est prescrite. A quelles conditions le peuvent-ils? Il faut distinguer suivant qu'il s'agit de résoudre une aliénation de meubles ou une aliénation d'immeubles.

568. — Première hypothèse : Meubles. Deux cas peuvent se présenter.

569. — **Premier cas.** Le créancier se trouve en face d'un *tiers détenteur* auquel a été livré le meuble. Le détenteur, s'il s'agit d'un meuble corporel, et pourvu qu'il soit de bonne foi, se retranchera victorieusement derrière la disposition de l'art. 2279. L'action réelle dans l'espèce n'aura pas plus de force contre les tiers que n'en aurait une action personnelle (131).

Si le détenteur était de mauvaise foi (ce que devra prouver le créancier), la prescription ne serait acquise que par trente ans.

570. — Une question analogue se présente, lorsque le meuble aliéné est devenu immeuble par destination. L'aliénateur peut-il exercer son droit de résolution contre les créanciers chirographaires, hypothécaires et privilégiés de l'acquéreur primitif?

L'immobilisation par destination est une fiction; et s'il est permis de généraliser une règle expressément écrite pour le vendeur (593, Pr. Civ.), cette fiction n'existe pas pour l'aliénateur qui peut faire saisir mobilièrement l'objet transmis. Le meuble n'a donc pas perdu son caractère, son individualité juridique vis-à-vis de l'aliénateur, et la résolution est bien certainement opposable à l'acquéreur et à ses créanciers chirographaires. Mais le sera-t-elle aux créanciers hypothécaires et privilégiés de l'acquéreur? Oui, et par les mêmes motifs. Le meuble, en effet, est encore aux mains de l'acheteur.

571. — On fait cependant deux objections :

572. — 1° Aux termes de l'art. 2133, l'hypothèque s'étend aux améliorations survenues à l'immeuble (132). Le droit du créancier hypothécaire, désormais indépendant de celui du débiteur, affecte donc le meuble lui-même, sans qu'on puisse lui opposer en déduction la dette du prix, dont le débiteur répond seul.

573. — Que le droit du créancier hypothécaire soit complètement indépendant de celui du débiteur, une fois qu'il est régulièrement constitué, cela est de toute évidence. Mais pour qu'il existe ainsi, indépendant et distinct, il faut qu'il émane d'un débiteur capable de le créer; l'hypothèque ne peut donc s'accroître que si la propriété du débiteur s'accroît elle-même. Or, le débiteur n'est propriétaire du meuble qu'à la condition d'accomplir les charges. (Art. 193, Pr. Civ.)

574. — 2° Il arrive parfois en législation qu'on transmette plus de droit qu'on n'en a soi-même (133). Ainsi, l'acheteur primitif qui vend et livre un meuble à un second acheteur, alors que lui-même n'avait pas désintéressé son propre vendeur, a néanmoins conféré à cet acheteur une propriété incommutable (art. 2279, C. N.). Pourquoi donc, à l'exemple d'un créancier gagiste ou d'un détenteur de bonne foi, le créancier hypothécaire ne pourrait-il pas invoquer à son tour la maxime protectrice du crédit : En fait de meubles, possession vaut titre?

575. — Par une raison très-simple; pour invoquer le bénéfice de l'art. 2279, il ne suffit pas d'être de bonne foi; il faut de plus posséder. Or, le créancier hypothécaire ne possède pas. Le second acheteur, qui ne serait pas livré, ne pourrait user de l'article 2279; et si le créancier gagiste, si le locateur peuvent en argumenter, c'est que le premier doit posséder lui-même les objets affectés à son droit (art. 2076, C. N.), pour que ce droit existe vis-à-vis des tiers, et que la maison louée est pour le propriétaire locateur un instrument de possession à l'égard des meubles qui y sont apportés. Le créancier hypothécaire ne possède au contraire ni par lui ni par sa chose.

On peut voir dans les commentateurs d'autres systèmes qui ont été présentés sur cette question, et la réfutation que les parti-sans de notre théorie en ont faite (134).

576. — **Deuxième cas.** Le créancier se trouve en face des autres créanciers chirographaires de son débiteur.

A notre sens, et en ce qui touche la prescription, le créancier est dans la même situation que s'il voulait inquiéter le débiteur lui-même, dépourvu de tout autre créancier, c'est-à-dire que la prescription de l'action résolutoire n'existera que par trente ans.

On a nié cette proposition relativement au vendeur, et l'on a prétendu que notre cas était régi par l'art. 2102, C. N. Essayons d'établir la véritable portée de ce texte.

577. — *Premier système* (135). L'art. 2102 s'occupe de l'action résolutoire du vendeur, et s'il la réglemente autrement que l'art. 1654, c'est qu'il s'applique à une autre hypothèse. Et en effet, le débat s'agite-t-il entre le vendeur et l'acheteur seul, le droit de résolution reste tel que l'avait fait l'art. 1184. Le débat s'agite-t-il en présence de créanciers de l'acheteur, l'art. 2102 régit la situation. Dans l'intérêt du crédit, le droit de résolution ne peut plus être exercé que dans la huitaine de la livraison; il faut de plus que le meuble se trouve encore aux mains de l'a-cheteur dans le même état et que la vente soit faite sans terme.

578. — Ce système est frappant d'invraisemblance (136).

1o L'art. 1654 n'établit aucune distinction de la nature de celles qu'on propose. L'article s'applique que la vente soit faite avec ou sans terme, qu'elle porte sur un meuble ou sur un immeuble.

2o Restreindre le droit de résolution, toutes les fois que l'ache-teur aura des créanciers, c'est le restreindre dans presque tous les cas. Songe-t-on à résoudre le droit d'un acheteur solvable?

3o Si cette restriction était commandée par les intérêts du crédit, elle devrait s'étendre également au privilége. Il y aurait même une raison de plus, car l'exercice du privilége, quant aux meubles, entraînant beaucoup de frais et ne procurant en géné-ral que des prix d'adjudication peu élevés, aurait dû être res-serré dans des bornes encore plus étroites que le droit de résolu-tion; et cependant les restrictions de l'art. 2102, quant au droit de résolution, ne s'appliquent certainement pas au privilége.

4o Les ventes de meubles à terme deviendraient impossibles.

Le vendeur n'aurait plus à sa disposition qu'une action résolutoire personnelle, étreinte, pour ne pas dire supprimée par les deux textes 2102 et 2270. Est-ce bien servir les intérêts du crédit?

5° N'est-il pas singulier que le législateur, après avoir, par la création du privilége, mis le vendeur dans une situation favorisée, lui eût dans le même article, sans explication et subrepticement, enlevé le bénéfice du droit commun, c'est-à-dire la prescription n'opérant contre lui que par trente ans?

6° Il est impossible de dire pourquoi le législateur aurait distingué les ventes sans terme des ventes à terme; aussi la Faculté de Droit de Caen, partant du principe que l'action prévue par l'art. 2102 était l'action résolutoire, demandait-elle en 1841, lors des projets de réforme hypothécaire, que le bénéfice de l'article fût étendu aux ventes à terme.

7° Ce système est d'ailleurs contraire à toutes les traditions historiques.

579. — *Deuxième système* (137). L'art. 2102 n'abroge pas les règles ordinaires de la résolution. Il crée seulement au profit du vendeur de meubles une garantie nouvelle et plus rapide que l'action résolutoire proprement dite. Seulement cette action en revendication, qui ne se comprendrait pas sans une résolution antérieure du contrat de vente, est soumise à plusieurs conditions spéciales. Il faut que la chose soit encore aux mains de l'acheteur, que la livraison ne remonte pas à plus de huit jours, et que la vente ait été faite sans terme. Si ces conditions se rencontrent, l'art. 2102 édicte alors comme conséquence une action en revendication qui se distingue par trois caractères principaux de la résolution légale ordinaire :

1° Le juge n'a plus le droit de conférer à l'acheteur un délai de grâce; le vendeur, en effet, reprend sa chose, sans rien demander au juge.

2° L'action résolutoire ordinaire est personnelle *in rem scripta;* la revendication est une pure action réelle.

3° L'action prévue par l'art. 2102 peut s'exercer par voie de simple saisie, en vertu d'ordonnance du président sur requête. (Art. 826, Cod. Pr. Civ.)

580. — Ce système doit encore être rejeté.

1° La triple différence qui est son point de départ est plus apparente que réelle.

En effet, quant aux délais, le juge n'en accorde guère dans les résolutions de ventes mobilières, le vendeur étant presque toujours dans ce cas en danger de perdre la chose et le prix (138). Il n'y aura donc pas en fait de dissemblance pratique sur ce point, entre la résolution ordinaire et celle de l'art. 2102.

Quant à la nature des deux actions, elle n'est pas la même, à en croire les expressions qu'on emploie. Mais tout d'abord, est-il possible en thèse générale de distinguer sérieusement l'action réelle de l'action *personalis in rem scripta* (139)? Et quand cette distinction ne serait pas chimérique, à quoi aboutirait-elle dans l'espèce? L'action personnelle *scripta in rem* n'est-elle pas comme l'action réelle, susceptible d'être arrêtée par des offres de paiement émanant du débiteur ou de ses créanciers? N'est-elle pas, si des difficultés surgissent, soumise à la même juridiction, au tribunal du domicile?

Reste donc une seule différence : quant à la forme de la procédure à suivre; dans un cas, le vendeur usera d'une action judiciaire; dans l'autre, de la saisie. Est-ce bien à cela qu'il faut réduire le sens et toute la portée de l'article 2102?

2° Ce système est sans précédents historiques.

3° Il apporte dans notre droit une résolution dont l'accomplissement trop rapide répugne à l'esprit de notre législation. Si l'article 1657 contient quelque chose d'analogue, il s'explique du moins par cette considération qu'un terme exprès a été déterminé par la convention des parties.

4° En droit commercial, le vendeur impayé revendique sa chose si elle n'est pas entrée dans les magasins du failli. Or, les syndics peuvent, par l'offre des prix, repousser l'action en revendication du vendeur; ces revendications ne présupposent donc pas une résolution antérieure du contrat. Mais si le langage du Code de Commerce est clair, on ne peut en dire autant de la discussion de la loi en 1838. Il est difficile de s'imaginer toutes les idées contradictoires et inexactes qui furent émises à ce propos dans les deux Chambres.

5° On ne nous rend pas compte des conditions de détail exigées par l'article.

Pourquoi le délai de huitaine commence-t-il à courir de la tradition? L'acheteur aura intérêt à ne point se faire livrer pour rester dans les termes du droit commun en matière de résolution.

L'acheteur, qui devait payer immédiatement et qui ne l'a pas fait, subit de plein droit la résolution, et par suite la revendication du vendeur s'il se trouve dans les huit jours de la délivrance. Mais s'il tarde encore un peu plus de temps à s'exécuter, si l'inaccomplissement des charges devient plus grave, si la huitaine expire sans qu'il ait donné satisfaction au vendeur, alors il rentre dans le droit commun. Sa position, au lieu de s'aggraver, s'améliore.

581. — *Troisième système* (140). La garantie conférée au vendeur par l'art. 2102 n'est pas la résolution s'exerçant en présence des créanciers de l'acheteur, ni la résolution de plein droit entraînant à sa suite une revendication véritable. Le vendeur ne ressaisit pas la propriété, il reprend la possession. Suivant les deux premiers systèmes, la vente tombe; suivant le troisième, elle est maintenue.

Ce système est conforme aux enseignements de l'histoire; il explique tous les détails de l'article.

582. — I. En premier lieu, il s'appuie sur les traditions. La preuve en a depuis longtemps été faite par MM. Vuatrin et Valette.

583. — En droit romain, le vendeur qui donne expressément ou tacitement terme pour le paiement du prix n'a plus qu'une action personnelle tendant à l'exécution du contrat. Le vendeur qui ne donne pas de terme ne perd la propriété qu'après tradition et paiement du prix. Si l'acheteur ne paie pas, le vendeur resté propriétaire revendique. La cause de la revendication est son droit de propriété; le but, le maintien du contrat; et le moyen, la reprise de la rétention (141).

584. — L'ancien droit français accepta ces données. « Qui vend une chose mobiliaire sans jour et sans terme, espérant être payé promptement, il peut sa chose poursuivre en quelque lieu qu'elle soit transportée pour être payé du prix qu'il l'a vendue. »

Cet art. 176 de la Nouvelle Coutume de Paris, reproduction de l'art. 194 de l'Ancienne Coutume et d'un acte de notoriété du Châtelet remontant à l'année 1373 (décisions de Jean Desmares, p. 583), était conforme à la doctrine romaine ; et c'est en ce sens que les commentateurs de la Coutume l'annotèrent. Pour eux, le vendeur est resté propriétaire ; ce qu'il reprend, c'est la possession *pour en demeurer saisi*, dit Dumoulin (142), *jusqu'à ce qu'il soit payé*. Cette observation est répétée par Brodeau et par Ferrière (143).

Remarquons que l'action était donnée même contre les tiers détenteurs, « en quelque lieu que la chose fût transportée, » et que le délai de l'action n'était point rigoureusement déterminé. On exigeait toutefois que l'action fût rapidement intentée, avant le septième ou huitième jour (144). Si le vendeur eût tardé plus longtemps, on eût considéré son inaction comme la concession tacite d'un terme, et la propriété eût été dès lors transmise à l'acheteur.

Enfin, on refusait la revendication (145) si la chose n'était plus dans le même état : *res extinctæ vindicari non possunt*.

585. — Arrive maintenant le Code Napoléon, qui, pour les ventes à terme, donne la revendication des meubles vendus, pourvu qu'ils soient dans le même état aux mains de l'acheteur, et qu'il n'y ait pas plus de huit jours écoulés depuis la tradition.

586. — Examinons ce que le Code a modifié et ce qu'il a conservé.

587. — 1° Le Code ne permet plus d'agir contre les détenteurs ; le droit moderne a donné toute son énergie à la maxime coutumière : en fait de meubles, possession vaut titre.

2° Le délai est limité *a priori ;* seulement, on applique aux relations du vendeur vis-à-vis de l'acheteur le laps de temps qu'on proposait d'appliquer aux relations du vendeur et des tiers.

3° Le principe de la revendication est complètement changé. Dans le droit moderne, la convention de vente est par elle-même translative de propriété. Le vendeur, dès l'instant du contrat, cesse donc d'être propriétaire ; il ne peut plus revendiquer en cette qualité. Mais alors, à quel titre le peut-il ? (*Infra*, n° 589.)

Le Code a consacré au contraire la revendication dans son

but, qui est le maintien du contrat, et dans son moyen, qui est la reprise de la rétention. Sa place à côté du privilége se comprend alors aisément : elle tend également à assurer l'exécution de l'obligation; elle protége le vendeur contre les actes d'aliénation de son débiteur. (Art. 2279, C. N.)

588. — II. Ce système rend seul nettement compte des détails de l'article.

La revendication, n'étant que la reprise du droit de rétention, n'est possible que dans les ventes sans terme, car là seulement le droit de rétention existe.

Il faut que le vendeur agisse dans un bref délai; son silence serait considéré comme une renonciation au droit de rétention.

Si l'objet vendu n'est plus dans le même état, des difficultés peuvent s'élever sur l'identité, difficultés trop graves et trop complexes pour qu'on les agite à propos d'une reprise provisoire du droit de rétention.

589. — Je me permettrai une remarque sur la valeur de ce système. Il s'adapte bien au texte; il donne une justification suffisante des conditions spéciales que le Code a prescrites; mais là encore l'esprit de l'interprète n'est-il pas venu après coup relever des théories malades et mal comprises par les rédacteurs du Code?

Ce principe que la propriété est transmise par le seul effet de la convention est capital sous l'empire du Code Napoléon; les rédacteurs ne l'ont-ils pas plus d'une fois oublié eux-mêmes? Je n'ai besoin que de renvoyer à l'art. 1303 pour l'établir. Je crains que dans l'art. 2102 ils aient commis une pareille omission. Ils ont copié la doctrine de Pothier, de Dumoulin et des Instituts, sans s'apercevoir de la modification qu'un principe nouveau apportait à ces matières; seulement ils ont eu ce rare bonheur que, la revendication exercée par le vendeur à titre de propriétaire amenant la reprise de la rétention et dès lors coïncidant toujours avec elle, on a pu dire que si le principe d'action avait changé, le but était resté le même, et que, si le vendeur ne pouvait plus revendiquer son droit de propriété, il pouvait du moins se faire restituer le droit de rétention. Mais, encore une fois, à quel titre?

Je dois cependant avouer que, poussant jusqu'au bout leur ingénieuse complaisance, les interprètes, auteurs du système, sont parvenus à légitimer jusqu'au nom de la revendication. Ils ont dit que cette revendication était analogue à celle du locateur de meubles, qui reprend également, en qualité d'ancien possesseur, son droit de rétention.

590. — Je remarquerai encore que dans le troisième système on justifie bien faiblement cette condition que doit remplir la chose, d'être toujours dans le même état. En droit romain, elle se comprenait : *res extinctæ*.....; en France, on a besoin de recourir à de subtiles explications pour en faire comprendre la nécessité.

591. — DEUXIÈME HYPOTHÈSE : IMMEUBLES. Le créancier veut agir contre un tiers détenteur, dans le cas où la résolution peut l'atteindre. (*Supra,* n° 472.)

592. — Si le détenteur a su que le débiteur n'avait pas exécuté ses obligations et a persisté dans cette croyance jusqu'au dernier moment, la prescription (146) ne se réalisera pour lui que par trente ans.[*]

593. — Si le détenteur a ignoré que le débiteur n'avait pas accompli ses obligations, ou si, l'ayant su *ab initio,* il prouve qu'il a eu de sérieuses raisons de croire que le débiteur avait fini par les exécuter,[**] la question se présente de savoir s'il peut invoquer la prescription de dix à vingt ans.

Non, a-t-on dit ; la prescription décennale n'existe que pour celui qui a traité *a non domino* (147). Or, dans l'espèce, le détenteur a traité avec le premier acquéreur, c'est-à-dire *a vero domino.* Étrange système, s'il est vrai! La prescription devenant plus longue pour le détenteur parce qu'il aurait traité avec le véritable propriétaire! Heureusement pour lui il a traité *a non domino,* car la résolution du droit du premier acquéreur a constaté que celui-ci n'avait jamais eu la propriété (148).

Plaindra-t-on le créancier d'être forclos aussi rapidement? Il pouvait prendre des mesures conservatoires et interrompre la

[*] Comment le détenteur de mauvaise foi peut-il invoquer la prescription de trente ans, sans que la créance de l'aliénateur originaire soit-elle même éteinte par le même délai? Il faut supposer que le premier acquéreur a lui même aliéné avant l'échéance du terme fixé pour l'accomplissement de ses propres obligations. (G. Demante, *Revue Critique,* mai 1851, p. 133.)

[**] L'énonciation que le prix v. g. n'était pas payé ne constitue pas immédiatement l'acheteur de mauvaise foi (Sir., 1833, 2, 573 ; Aubry et Rau, 3, p. 287, note 11).

prescription contre les détenteurs, ou les constituer possesseurs de mauvaise foi par des notifications et assignations tendant à une déclaration de propriété à son profit.

594. — Quel est le point de départ de cette prescription acquisitive? La prise de possession par le détenteur. * Il est vrai que la propriété du détenteur est affectée d'une condition résolutoire; mais la propriété conditionnelle (de l'aliénateur), à la différence d'une créance conditionnelle (149), n'est pas soumise aux causes de suspension de prescription édictées par l'art. 2257.

595. — *Troisième fin de non-recevoir : Faute du créancier, intérêt du crédit.* Je distingue encore ici suivant qu'il s'agit de résoudre un contrat translatif de meubles ou d'immeubles.

596. — PREMIÈRE HYPOTHÈSE : MEUBLES. Une seule modification est introduite au droit commun. Au cas de faillite de l'acheteur, le vendeur ne peut plus exercer contre la masse des créanciers de l'acheteur l'action résolutoire. J'appuie cette solution sur les motifs de la loi, et sur un *a fortiori* que fournit le raisonnement.

Les rédacteurs de la loi sur les faillites ont voulu fortifier le crédit commercial : il ne faut pas tromper dans leur attente des tiers qui ont vu des meubles dans la possession du commerçant, et qui ont pu compter que ces meubles serviraient de garantie à leurs créances (150). Or, la résolution leur nuit tout autant que le privilége ou que la revendication. La prohibition de la revendication entraîne donc prohibition implicite de l'action résolutoire. De plus, si la loi considère comme dangereuse pour le crédit la reprise des meubles dans la huitaine de la livraison, elle a dû, à plus forte raison, repousser comme périlleuse et comme impossible l'action résolutoire qui surprendrait les tiers même après l'expiration de cette huitaine (550, C. de Com.).

597. — DEUXIÈME HYPOTHÈSE : IMMEUBLES. I. Prenant le contre-pied d'une doctrine que j'ai exposée, et d'après laquelle il y aurait renonciation au droit de résoudre par la production à l'ordre ouvert sur le prix d'une revente d'immeuble, quelques jurisconsultes avaient voulu voir dans le fait de la non production à

---

* Ne serait-ce pas plutôt la transcription de son titre faite par le détenteur? Non, la transcription ne me paraît indispensable que pour protéger le détenteur contre les ayant-cause de son vendeur e. g , mais non contre l'auteur de son vendeur. (Rivière et Huguet, Questions sur la transcription, n° 239.)

l'ordre une négligence du créancier qui, en lui ôtant une chance de plus d'être payé, l'eût rendu non recevable à intenter plus tard l'action résolutoire.

598. — On a rejeté avec raison cette opinion (151). Elle avait le tort de considérer comme une faute une abstention qui n'était après tout que l'usage d'un droit, et qui par là, alors même qu'elle eût été préjudiciable au *tiers-détenteur*, n'eût jamais pu être incriminée chez le créancier. La jurisprudence comprit même si nettement la distinction du privilége et de la résolution aux mains du vendeur *v. g.*, qu'elle n'hésita pas à déclarer que la résolution survivrait, au détriment des *co-créanciers* du débiteur primitif et du *tiers-détenteur*, à la perte du privilége, de quelque façon que celui-ci fût perdu (152). J'indiquerai *infra* les modifications que la loi du 23 mars 1855 est venue apporter à ce système, au moins en ce qui concerne le droit de suite du vendeur.

599. — II. Enfin, une des sources les plus abondantes de déchéances pour l'action résolutoire est l'intérêt du *crédit*. La question est spéciale aux immeubles.

600. — Une des imperfections de notre Code, en effet, est de n'avoir pas assez complètement brisé les entraves qui gênent, en France, la circulation des biens. Aussi, désireux de mettre la loi au niveau des exigences de l'époque, les économistes signalèrent-ils après 1804, comme une des premières réformes à accomplir dans le régime des mutations immobilières, la restriction, la suppression même de l'action résolutoire. Les jurisconsultes repoussèrent ces conclusions trop absolues au nom de la liberté des conventions, et de l'intérêt après tout respectable des aliénateurs.

On peut suivre pas à pas les diverses péripéties de cette lutte. A deux reprises surtout elle se manifesta avec une véritable énergie.

601. — § I. *Lois des 7 juillet 1833 et 3 mai 1841.* — Elle se révéla tout d'abord en 1833, dans la discussion de la loi sur l'expropriation pour utilité publique. On y fit prévaloir sans trop de difficulté le principe que l'administration ne voyait devant elle que la chose (153) ; que l'expropriation éteignait tous les droits de suite, ne laissant subsister que les droits de préférence sur le prix ; qu'obtenue après un débat contradictoire où tous les inté-

ressés pouvaient intervenir, elle devait avoir son effet contre tous les intéressés.

602. — On justifiait l'innovation par deux motifs principaux, l'un spécial à l'expropriation, l'autre général et tiré de la nature de la résolution.

1° En premier lieu, disait-on, l'administration ne peut obtenir de l'exproprié, comme dans une vente amiable, les renseignements qui l'édifieraient sur la qualité du droit de celui qu'elle évince (154). Peut-être existe-t-il des actes interruptifs de prescription dont ce dernier dissimule l'existence.

2° Puis l'action résolutoire, si elle eût été susceptible d'entrainer à sa suite la dépossession ultérieure de l'administration, eût rendu impossible tout établissement, toute création publique; et l'on citait des faits pratiques : un arrêt de Cassation, du 30 avril 1827, admettant par une rigueur d'ailleurs logique la résolution d'une vente passée en 1751 par suite de l'inexécution des charges constitutives du marché (155).

Mettre fin à de pareils abus, ce n'était pas sacrifier la propriété dans la personne du vendeur, mais la ramener à de justes limites (156). « Adoptez ma proposition, disait celui qui provoqua la mesure nouvelle et la défendit avec bonheur (157), et vous aurez déposé dans cette loi un germe qui, fécondé par le temps, se développera ensuite dans toute notre législation sur la transmission des biens. »

603. — La question était donc franchement posée, et dans toute son étendue. L'art. 18 de la loi du 7 juillet 1833, reproduit par l'art. 18 de la loi du 3 mai 1841, supprimait au profit des *tiers détenteurs* les droits de résolution de tous les aliénateurs précédents (vendeurs, donateurs, échangistes), pour les reporter sur le prix. Seulement on arrivait à un résultat bizarre (158). L'aliénateur exerçait à son choix un privilége (si sa créance lui en donnait un), ou le droit de résolution; et les deux garanties se traduisaient également pour lui en argent. Il y avait toutefois entre les deux cette différence, que par le privilége il obtenait le prix conventionnellement déterminé, et que par le droit de résolution il prenait l'indemnité payée par l'expropriant.

604. — § II. *Loi du 2 juin 1841.* — Lorsque le débat se repro-

duisit, il ne s'agita plus que relativement à l'action résolutoire du vendeur. Ce fut à l'occasion de la loi sur la saisie immobilière.

605. — Le projet de loi ne s'occupait pas de l'action résolutoire (159). La Commission de la Chambre des Pairs, par l'organe de son rapporteur, M. Persil (160), critiqua cette omission, et proposa de la faire disparaître en anéantissant au profit de l'*adjudicataire* le droit de suite du vendeur impayé. C'était se conformer à l'esprit de la loi, qui voulait par tous les moyens possibles attirer autour des ventes judiciaires les enchérisseurs, et offrir à l'adjudicataire toute sécurité.

La Chambre des Députés appuya la proposition.

606. — On la justifiait surtout par les considérations qui avaient déjà inspiré la loi du 7 juillet 1833, et de plus par un motif nouveau.

I. 1º L'adjudicataire ne peut obtenir de renseignements de la partie saisie sur la nature de son titre (161); 2º l'action résolutoire est destructive du crédit. Aussi faut-il l'effacer, à l'exemple des législations allemandes.

II. La situation du vendeur n'est pas d'ailleurs exempte de tout reproche, ni pure de tout soupçon de fraude. N'est-il pas possible que, par un concert coupable, s'entendant avec le saisi, le vendeur supprime des quittances constatant les à-compte reçus, puis argumente contre les tiers d'une inexécution qui n'est plus qu'apparente (162)?

Le vendeur est en faute de n'avoir pas usé de son droit, et d'avoir inspiré aux tiers une confiance dangereuse.

607. — Toutefois, comme il ne faut pas que le vendeur soit surpris, il sera bon de lui donner un avertissement spécial, et voici les deux hypothèses qui peuvent se présenter : ou le vendeur inscrit son privilége, et alors le saisissant devra, par une notification individuelle, le lier à la procédure, le presser (163), le mettre en demeure d'exercer avant l'adjudication, sous peine de déchéance, son action résolutoire : si dans ces circonstances le vendeur se tait, son silence équivaut à une renonciation formelle (164); — ou le vendeur n'a pas inscrit son privilége, et alors aucune sommation ne lui sera faite; il sera déchu de son action résolutoire.

On unissait ainsi le droit de résolution au privilége. On les as-treignait tous deux à des conditions communes de publicité et de conservation.

608. — Cette thèse fut mollement combattue. Quelques membres des deux Assemblées la dirent inopportune (165), parce qu'au milieu d'une discussion sur une loi de procédure, elle mettait en jeu le sort d'un point délicat de notre droit civil. Ils firent de plus, et avec raison, justice de quelques inexactitudes, *que les partisans du projet de la Commission avaient laissé échapper.

609. — Il est anti-juridique, dirent-ils (166), d'anéantir un droit parce qu'il est possible d'en abuser. La suppression des quittances par le vendeur est certainement facile à réaliser. Ce danger empêchera-t-il celui-ci d'user de son privilége dans toute sa plénitude (167)? L'adjudicataire a du reste le devoir de vérifier la propriété du saisi (168).

610. — En droit ces réponses étaient bonnes, et le projet de la Commission défectueux. Mais les rôles changeaient sur le terrain de la législation; et les adversaires du projet balbutiaient alors sur sa valeur moins une dénégation qu'un doute timide. « L'inscription n'est pas un mode de publicité sans défaut (169). On inscrit les priviléges sous le nom des acheteurs; au bout de deux ou trois mutations, on n'est jamais sûr de retrouver le propriétaire actuel. »

Il ne faut pas rattacher à ce privilége, lui-même indécis, la destinée du droit de résolution. Il serait d'ailleurs mauvais de sacrifier le vendeur (170); les économistes essaieraient bientôt de généraliser une pareille mesure. » — « Ils n'y songent pas et ne le pourront pas, répondit le ministre des travaux publics. Il n'y a pas analogie entre la vente amiable et la vente forcée, entre la conclusion secrète de l'une et la publicité de l'autre. »

* Mais les défenseurs du droit de résolution commirent eux-mêmes une erreur en présentant avec insistance comme un moyen décisif l'argument suivant : Qu'on suppose une vente à terme; les créanciers de l'acheteur saisissent *interea* l'immeuble vendu. Que fera le vendeur impayé? S'il n'exerce son action résolutoire avant l'adjudication, il en sera déchu ; or, il ne peut demander paiement avant terme, et dès lors son action résolutoire, fondée sur un défaut de paiement, est irrecevable ; de sorte que le vendeur ne pourra jamais recourir à cette garantie si puissante, avant l'adjudication parce qu'il serait trop tôt, après l'adjudication parce qu'il serait trop tard. — Le moyen n'est que spécieux. L'acheteur débiteur est saisi immobilièrement ; il y a déchéance du terme (art 1188) ; le vendeur peut donc immédiatement demander paiement, et si le débiteur ne s'exécute pas, provoquer la résolution.

611. Les économistes n'acceptèrent pas cette parole ni cette restriction du problème : ils avouèrent qu'ils poursuivaient alors, comme en 1833, leur croisade contre le droit de résolution, et qu'au nom de l'intérêt majeur de la circulation des biens, il fallait se hâter de protéger le détenteur contre un vendeur négligent et dès lors défavorable.

612. La Chambre des Pairs et celle des Députés finirent par tomber d'accord sur un point, c'est qu'il fallait que l'adjudication purgeât l'immeuble de tous droits réels et de toute action résolutoire d'un précédent vendeur impayé.

La question de principe une fois décidée, la discussion s'égara sur des faits secondaires et sur des règles de détail.

613. — Dans la Chambre des Députés, MM. Lherbette et Thil prétendirent que le vendeur devait avoir le droit, par une notification faite au saisissant ou par de simples réserves mentionnées dans le cahier des charges, de conserver son action résolutoire. A quel titre, disaient-ils, le poursuivant pourrait-il désormais faire vendre un immeuble qu'il sait n'être plus la propriété du saisi ? L'action résolutoire n'a plus de danger dès qu'elle n'est plus occulte (171). Il ne faut pas, sous prétexte de simplifier les garanties du vendeur, supprimer celle qui est la plus puissante. Que désire surtout le vendeur, sinon son paiement ? Et pourquoi le contraindrait-on à demander la résolution du marché, alors qu'il peut légitimement espérer que, dans l'ordre ouvert sur le prix d'adjudication (172), il sera désintéressé ? Peut-être des à-compte considérables ont-ils été reçus. A quoi bon l'exercice immédiat d'une action résolutoire qui compromettrait la situation de tous par des restitutions nuisibles au vendeur et par des frais préjudiciables à la masse ?

614. — Contre ce système des réserves habilement défendu par M. Hébert, la Commission de la Chambre des Députés souleva quelques objections heureuses. On montrait (173) devant la menace d'une résolution imminente la difficulté des enchères, l'impossibilité d'une adjudication. Qui achèterait l'immeuble ainsi taré d'une cause d'éviction prochaine ? Les risques, la fragilité d'un tel contrat éloigneraient les enchérisseurs sérieux, et par suite les offres avantageuses. Sans doute, sous le Code Civil (174), on achetait, bien que l'action résolutoire existât. Mais, à raison même de la non publicité·de l'action, on se fiait à ce silence trompeur que l'on prenait pour la sécurité, et après avoir hésité, on mettait une modeste enchère (175). Les ventes judiciaires en allaient-elles beaucoup mieux? Que serait-ce maintenant où les réserves écrites de la veille avertiraient sans cesse les intéressés du péril d'une situation dans laquelle personne n'oserait plus se jeter?

615. — Sans doute encore (et la remarque en fut faite (176)), l'adjudicataire aurait pu prendre contre le vendeur la mesure conservatoire de l'art. 1653. Mais achète-on un immeuble (177), lorsque le lendemain du contrat il faut craindre pour sa durée? La situation est d'ailleurs plus tendue qu'on ne semble le croire. L'adjudicataire pourrait-il contre les créanciers inscrits, munis de bordereaux de collocation, dûment exécutoires, se refuser à un paiement immédiat? Et si une résolution venait à se produire (178), que pourrait-on lui donner de plus, contre les créanciers désintéressés, qu'une action personnelle en restitution, si toutefois on peut lui en accorder?

616. — Contraindre au contraire le vendeur à exercer son action avant l'adjudication, c'était simplifier la situation, dégager de toute inquiétude les allures des enchères, et préparer une adjudication fructueuse. Que le vendeur opte entre le privilége et l'action résolutoire. Directement intéressé à la question, qu'il pèse et apprécie les chances que peut lui apporter l'ouverture d'un ordre. Le droit de l'acheteur implique celui du saisi; et le droit du saisi ne peut coexister avec celui du vendeur impayé. Il faut que le doute disparaisse (179).

617. — La Chambre des Députés, après des débats où régna plus d'une fois l'obscurité, adopta le système des réserves; et cependant ce système ne devait pas triompher. La Commission de la Chambre des Pairs l'attaqua, et proposa l'art. 717 tel qu'il existe, et qu'il fut définitivement voté par les deux Chambres. Le vendeur devait exercer * son action résolutoire avant l'adjudication. C'est en cela que consiste l'atteinte portée à son droit.

---

* Si la résolution devait opérer de plein droit, il lui suffira de notifier son option pour la résolution de la vente.

618. — Voici maintenant les détails : une sommation d'agir lui était adressée s'il avait inscrit son privilége ou transcrit le contrat de vente, ce qui eût amené une inscription d'office. (Art. 2108, C. N.)

Cette sommation devait être faite au domicile élu dans l'inscription. Mais il arriva souvent que l'inscription n'ayant pas encore été renouvelée par le vendeur, on se trouva en face de la première inscription prise d'office par le conservateur. Or, le conservateur rencontre rarement dans l'acte de vente, surtout s'il est sous seing privé, les éléments d'une élection de domicile dans l'arrondissement du bureau; de plus, il n'a pas qualité pour élire domicile au nom et sans mandat du vendeur. Il en résulta que, d'après la jurisprudence elle-même, la sommation de produire à l'ordre dut être faite à son domicile réel. Une loi récente, qui est venue modifier les art. 692, 696, 717, 749 à 779 du Code de Procédure Civile, a transformé en loi cet usage de la pratique, et ordonné que la sommation serait faite, à défaut de domicile élu par le vendeur, à son domicile réel, pourvu que ce dernier fût en France. Celui qui habite à l'étranger ou aux colonies doit avoir son mandataire en France.

619. — Sur cette sommation, le vendeur pouvait choisir entre deux partis.

1° Il voulait exercer l'action résolutoire. Il notifiait sa demande en résolution avant l'adjudication au greffe. On exigea la notification au greffe, parce qu'on eût craint, si cette signification avait dû être faite au poursuivant, que celui-ci la dissimulât aux enchérisseurs et à l'adjudicataire.

La procédure de saisie est immédiatement arrêtée; mais pour que ce ne soit pas un moyen frauduleux de la suspendre indéfiniment, le tribunal détermine un délai dans lequel le vendeur doit faire prononcer la résolution.

Le poursuivant peut intervenir dans l'instance pour surveiller les deux parties en cause. Si le vendeur laisse expirer le délai qu'on lui a concédé sans faire prononcer la résolution, il ne peut plus évincer l'*adjudicataire*, à moins que, pour causes graves et dûment justifiées, il n'ait obtenu un second sursis, sauf à lui à faire valoir son droit de préférence sur le prix.

2° Le vendeur sommé se tait; il est déchu de son action résolutoire à l'encontre de l'adjudicataire.

620. — Que décider maintenant si le vendeur n'a pas inscrit son privilége ou n'a pas transcrit son contrat, ce qui eût amené une inscription prise d'office par le conservateur (art. 2108, C. N.)? Il a été à plusieurs reprises dit hautement et sans contradiction à la tribune, que le vendeur perdait tout droit de résolution. Il est en faute (180).

621. — La disposition de l'art. 717 a été étendue aux adjudicataires par suite de surenchère sur aliénation volontaire. (Art. 838, Pr. Civ.)

Elle est inapplicable aux ventes de biens dotaux, de biens de mineurs, d'immeubles dépendant de succession bénéficiaire, aux licitations, aux ventes volontaires.

622. — Serait-elle applicable s'il y avait eu conversion d'une saisie immobilière en une vente volontaire?

La question fut posée lors de la discussion de la loi par M. Martin (de l'Isère). Sur une réponse affirmative que fit un des ministres, M. Martin remarqua qu'on allait ainsi surprendre le vendeur et lui appliquer une déchéance trop sévère. M. Pascalis intervint dans la question, et mit dans tout son jour la raison de décider en faveur de la négative. Dans la vente forcée, dit-il, l'adjudicataire n'a pu prendre des renseignements complets auprès du poursuivant, car le débiteur est détenteur de ses titres de propriété; le vendeur qui ne s'est pas fait connaître est donc forclos. Il en est différemment dans une vente devenue volontaire par suite d'une conversion, bien qu'elle reste judiciaire. L'adjudicataire peut s'entendre avec le débiteur qui acquiesce maintenant aux poursuites. La question n'aurait pu d'ailleurs faire doute qu'au cas où le vendeur, sommé de faire valoir son droit, aurait gardé le silence (181).

623. — § III. *Projet de loi sur le régime hypothécaire.* — La loi du 2 juin 1841 avait montré la possibilité d'améliorations à introduire dans le régime de l'action résolutoire.

624. — La même année, les Cours d'Appel et les Facultés de Droit, consultées à l'occasion de la réforme hypothécaire, avaient toutes demandé la restriction du droit de résolution du vendeur.

625. — Un projet de loi complet ne fut soumis qu'en 1850 aux méditations de l'Assemblée législative.

La discussion qui en résulta est d'une importance extrême; elle contient la pensée et l'explication de la loi de 1855 qui nous régit actuellement.

626. — Ce fut tout d'abord relativement à l'échange que la question fut soulevée. Un député (182) proposa d'anéantir l'action résolutoire conférée au copermutant, mais de lui concéder un privilége.

La controverse dépassa bientôt les limites de cette première application, pour se porter également sur le terrain de l'action résolutoire propre au vendeur.

627. — Le gouvernement et le Conseil d'État auraient voulu que la résolution n'eût été opposable aux tiers qu'après avoir été formellement stipulée dans le contrat. Les tiers auraient pu connaître la résolubilité du droit de l'acheteur en se faisant représenter l'acte de vente; le conservateur eût dû d'ailleurs mentionner la clause résolutoire dans l'inscription prise d'office.

628. — Ce système fut immédiatement écarté. La stipulation du droit de résolution fût devenue une clause de style dont les dangers pour le crédit eussent été les mêmes que ceux de la résolution légale. L'innovation n'eût remédié à rien.

629. — La Commission nommée par l'Assemblée adopta une opinion plus radicale. M. Pougeard avait conclu à la suppression de l'action contre les tiers. La Commission, acceptant l'idée, proposa, par l'organe de M. de Vatimesnil, son rapporteur, cette suppression « au profit des créanciers inscrits ou des acquéreurs de droits réels, pourvu que l'inscription ou la transcription faite par ces tiers fût antérieure à la mention de la demande en résolution, portée en marge de la transcription de la vente ou de l'échange. » Cette disposition devait s'étendre à l'action en reprise du donateur fondée sur l'inexécution des charges.

630. — Enfin, l'assemblée fut saisie par le garde-des-sceaux, M. Rouher, d'un second projet ainsi conçu : « L'action résolutoire de la vente établie par l'art. 1654, et l'action en reprise de l'objet échangé établie par l'art. 1705, ne peuvent être exercées au préjudice *des créanciers inscrits, ni des sous-acquéreurs, ni des*

tiers acquéreurs de droits réels, après l'extinction ou la déchéance du privilége établi par l'article précédent. »

631. — La lutte s'établissait donc entre ces deux systèmes : suppression de l'action résolutoire vis-à-vis des tiers, solidarité établie entre l'existence de la résolution et l'existence du privilége. Cette idée avait déjà été indiquée par la Faculté de Droit de Paris (*Revue Étr.*, 1842, p. 621), et par les Cours de Grenoble et de Riom.

632. — La question s'engagea avec une solennité véritable. Les économistes tenaient pour le premier parti, les jurisconsultes pour la seconde doctrine. Tout le monde était d'accord sur la nécessité d'une réforme dans l'intérêt des tiers; seulement, vis-à-vis d'eux, les uns supprimaient, les autres rendaient publique l'action résolutoire.[*]

633. — **Argumentation des économistes.** Les économistes réalisaient alors les prétentions énoncées pendant les débats de 1833 et de 1841. Ils avaient plus ou moins laissé dire que leurs attaques contre le droit de résolution étaient spéciales aux matières à l'occasion desquelles ils les avaient produites, à l'expropriation pour utilité publique, à la saisie immobilière. Mais pour eux le jour était venu, dédaignant ces restrictions mensongères de leur pensée, d'anéantir au profit de tout tiers intéressé le droit de résolution du vendeur, droit nuisible aux tiers et à l'acheteur, inutile au vendeur lui-même. Sans cette innovation, ils maintenaient que toute organisation du crédit était impossible.

634. — I. *Intérêt des tiers.* Et en effet, en ce qui concerne les tiers, quel capitaliste osera, comme prêteur (183) ou comme acquéreur, confier sa fortune à quelque grande entreprise d'agriculture, lorsqu'il ne sera jamais sûr d'avoir reçu d'un propriétaire incommutable le domaine qu'il voudrait féconder.[**] La purge libère l'immeuble de toutes actions hypothécaires et pri-

[*] M. Bourique proposait que l'action résolutoire ne pût être exercée plus de dix ans après la transcription du contrat qu'il s'agissait de faire tomber. M. Crémieux aurait voulu que l'action résolutoire ne durât que dix ans à partir du dernier terme de paiement, et ne fût pas admissible si un tiers du prix avait été payé. La Cour d'Aix réduisait à un an l'exercice de l'action.

[**] *Confer* Argentré (*Consil.*, 2, col. 2371). Voici ce qu'il dit de la clause de réméré sans limitation de temps, *toties quoties : Stabilitatem dominii oppugnat, incertitudinem foret; nec quisque tam supinus esse putandus est, ut sub ea conditione velit emere; veluti perpetua suspensa mola ad omnes eventus tam incer-*

vilégiées, mais reste impuissante contre le droit de résolution, remarque considérable qu'avait déjà faite Grenier. * Il faut constituer en France le crédit du sol, assurer l'alimentation publique par l'accroissement de la production : l'intérêt social est en jeu. La fragilité des titres translatifs de propriété est la plaie de notre législation. On se contente de déplorer l'imperfection de notre Code sur ce point; il vaudrait mieux y porter le remède énergique qu'ont déjà consacré à l'étranger les Codes du Wurtemberg, de la Prusse, du Hanovre et de l'Autriche; — en France, les lois de 1833 et de 1841.

635. — II. *Intérêt de l'acheteur.* D'un autre côté, l'acheteur souffre lui-même de ce que l'action résolutoire réagit contre les tiers. Supposons qu'il ait payé des à-compte; la différence entre les à-compte et le prix reste stérile en ses mains. Son crédit est paralysé par l'expectative d'une résolution qui peut soustraire à la masse jusqu'à la portion restée libre.

636. — III. *Intérêt du vendeur.* — Le droit de résolution enfin est inutile au vendeur qui a conservé son privilége. La première garantie ne réalise pas aussi bien que la seconde le but naturel du contrat : le paiement du prix. Le privilége suffit à la protection des intérêts du vendeur. A la suite de l'exercice du privilége, le chiffre de l'adjudication est-il supérieur au prix, le vendeur est colloqué au premier rang, et l'excédant reste disponible au profit de la masse. Le chiffre de l'adjudication est-il au contraire inférieur au prix, le vendeur peut se porter adjudicataire, compenser le prix de vente qui lui est dû avec le prix d'adjudication qu'il doit, et rester encore créancier de l'acheteur pour la différence (181).

---

tos, ut nec colere, nec ædificare nec implantare quisque velit sub ea incertitudine. — *Sic* Lebrun, des success., p. 91 et 118; — Jourdan, t. 5, 6, Thémis; — Valette, priv,. p. 175 et 196, note 1; — Troplong, donat. sur l'art. 951, nos 1266 et 1311; — Jousseau, du *Régime du crédit foncier*, et des décrets de 1832.

* « On doit être étonné que sous un régime hypothécaire il y ait des priviléges ou hypothèques qui ne puissent être purgés. C'est cependant ce qui a lieu quant au privilége (?) pour le prix de vente d'immeubles. Que le vendeur prenne ou non une inscription pour le prix de la vente, il peut toujours, à défaut de paiement de ce prix, demander la résolution de la vente et la revendication de l'immeuble vendu. Il en résulte qu'un acquéreur refuse de se libérer du prix, à moins qu'on ne lui rapporte les quittances des prix des anciennes ventes, ce qui peut remonter à quarante, à cinquante ans et plus. Les vendeurs en éprouvent les plus graves inconvénients, surtout dans les classes inférieures, où les titres de propriété et de libération sont moins soigneusement conservés. Des mesures deviennent indispensables pour concilier les intérêts des acquéreurs avec ceux du vendeur. » Des *Hyp.*, discours prélim., § 6, n° 8.

637. — Maintenant, le vendeur a-t-il perdu son privilége; en a-t-il fait remise; le droit de résolution lui serait sans doute utile; mais alors l'emploi de ce moyen vient trop souvent, au profit de la fraude ou d'une lourde négligence, surprendre des tiers de bonne foi, que l'extinction du privilége a trompés.

En résumé, vous pouvez satisfaire le vendeur sans lui laisser l'action résolutoire; sacrifiez l'action résolutoire aux exigences du crédit public (185).

638. — Tels furent les arguments que MM de Vatimesnil, Michel (de Bourges), et surtout Dupont (de Boussac), firent valoir à l'appui de leur thèse.

M. Michel (de Bourges) invoqua de plus l'autorité du droit romain, qui ne reconnaissait pas, dit-il, d'action résolutoire au profit du vendeur impayé : disposition qui, suivant lui, s'expliquait par cette considération qu'il était impossible de rétablir complètement et absolument les parties dans la situation où elles auraient été s'il n'y avait pas eu vente.

639. — **Argumentation des jurisconsultes.** Aucun de ces moyens ne resta sans réfutation.

640. — I. *Intérêt des tiers.* Les tiers, s'ils sont diligents, n'ont rien à craindre du droit de résolution.

641. — Veulent-ils prêter de l'argent à l'acheteur, qu'ils ne réalisent le prêt qu'après s'être fait représenter les quittances des vendeurs précédents. Leur argent sert-il à désintéresser directement et complètement le vendeur, ils invoqueront le bénéfice de la subrogation, et useront en son nom du privilége.

642. — Veulent-ils acheter eux-mêmes l'immeuble vendu, qu'ils prennent tout d'abord les mêmes précautions, qu'ils accomplissent ensuite les formalités de la purge. Seulement que la purge ait, vis-à-vis du droit de résolution, même dans les acquisitions amiables, un effet analogue à la disposition de l'art. 717, C. Pr., dans les adjudications sur saisie immobilière. « Lorsque des notifications, à fin de purge, dit M. Valette dans un amendement dû à son initiative, auront été faites par l'acquéreur ou le donataire, l'ancien propriétaire qui voudra résoudre l'aliénation sera tenu, dans les délais réglés par l'art. 2185, de notifier sa demande en reprise ou en résolution au greffe du tribunal où la surenchère et l'ordre, s'il y avait lieu, devraient être portés. Les délais à fixer pour faire statuer sur la demande en reprise ou en résolution le seront ainsi qu'il est dit dans l'art. 717, C. Pr. » C'était répondre heureusement à la critique de Grenier (186).

643. — Il est cependant une hypothèse dont avaient argumenté les adversaires de l'action résolutoire, et dans laquelle les tiers étaient lésés sans qu'on pût raisonnablement les accuser d'imprudence. Il faut supposer que le vendeur a été partiellement désintéressé : Il a reçu des à-compte. Des tiers ont prêté des fonds à l'acheteur dans ce but. Ils peuvent sans doute se faire subroger aux droits du vendeur, et, si le vendeur n'étant pas intégralement payé menace l'acheteur de la résolution, parfaire le prix de vente ou se porter adjudicataires sur les poursuites en expropriation. Mais il se peut que ces créanciers n'aient pas assez de ressources pour faire ainsi de nouveaux sacrifices d'argent, et que la résolution soit prononcée : ce qui entraînera à leur détriment une distribution par contribution. On proposa encore de parer à cet inconvénient en décidant que les à-compte restitués par le vendeur au cas de résolution seraient affectés aux créanciers hypothécaires de l'acheteur (187). C'était diminuer d'une manière intelligente l'effet trop rigoureux de la résolution, qui lésait ainsi moins sérieusement les tiers.

644. — II. *Intérêt de l'acheteur.* Il est sans doute politique de favoriser le crédit de l'acheteur; mais il est moral que la base n'en soit pas factice, et qu'une institution ne se fonde pas, au détriment de tous, sur les apparences d'une solvabilité qui n'a rien de sérieux. Que l'acheteur ne commence pas par faire argent d'une terre qui n'est à lui qu'après paiement.

645. — III. *Intérêt du vendeur.* Enfin, on remarqua que le vendeur avait intérêt à conserver l'action résolutoire; car l'exercice de cette action était moins long et moins coûteux que l'exercice du privilége, au moyen d'une saisie immobilière et d'un ordre (188); économie de temps et surtout d'argent, qui avait son importance dans un pays où, d'après les statistiques, le chiffre de plus de la moitié des ventes était inférieur à douze cents francs. On eût pu rappeler en outre que, le privilége spécial du vendeur pouvant être primé par les priviléges généraux de l'art. 2101,

Cod. Nap., le vendeur avait un intérêt majeur à conserver son droit de résolution.

616. — Il faut donc conserver ce droit de résolution. Est-ce à dire qu'on ne doive rien changer à ses règles? Une telle solution est, de l'aveu de tous, inacceptable. Mais d'où proviennent les inconvénients du droit de résolution? De sa clandestinité. L'action résolutoire est dangereuse pour le crédit, parce qu'elle est occulte. Il suffit de la rendre publique pour qu'elle ne frappe que des tiers négligents, et dès lors peu dignes de la protection de la loi (189).

Ce système tenait avec une prudente réserve le milieu entre les doctrines du Code et les théories radicales des économistes. Ceux-ci revinrent sur la brèche, et après avoir été discutés, discutèrent à leur tour leurs adversaires.

617. — **Réplique des économistes.** Leur réplique se résume en une idée. Les vices de la résolution proviennent, non de sa clandestinité, mais de l'énergie de ses effets (190).

618. — I. *Intérêt des tiers.* — Quand vous rendrez publique l'action résolutoire, l'empêcherez-vous d'être aux mains du vendeur une arme meurtrière dont celui-ci abusera pour effrayer la masse des créanciers?

« Si j'exerce mon privilége, dira-t-il, vous venez après moi, mais vous avez chance d'être payés. Si j'exerce mon droit de résolution, je reprends l'immeuble, et vous n'avez rien. » Ne voit-on pas d'ici les compositions frauduleuses (191) auxquelles un vendeur peu scrupuleux pourra contraindre les créanciers?

649. — En fait, les tiers, après avoir joui d'une longue sécurité, sont surpris par l'exercice de l'action. On objecte que légalement, *jure stricto*, ils devaient s'y attendre; qu'ils devaient prévoir; que la publicité dont on va entourer l'action les avertissait. L'objection se retourne contre ceux qui la présentent. Alors même que l'action résolutoire est occulte et qu'on s'en tient au système primitif du Code, ne doit-on pas légalement savoir et prévoir (192) que le droit de résolution subsiste tant que les charges du contrat ne sont pas accomplies? L'acheteur a-t-il payé; produit-il ses quittances; vous pouvez traiter avec lui; il n'y a plus de droit de résolution. L'acheteur n'a pas payé; il ne produit pas ses quittances; gardez-vous de traiter avec lui; le droit de résolution subsiste. Il n'y a donc à ignorer l'existence du droit de résolution sous le Code Napoléon que ceux qui le veulent bien. En droit, c'est un principe général qu'à l'acquéreur est imposé le soin de vérifier le droit de celui dont il veut acquérir.

650. — On ne fait donc dans l'amendement Rouher que substituer à une publicité légale incomplète une publicité légale un peu plus pratique, un procédé plus commode. Est-ce bien la peine de toucher pour si peu au Code Napoléon ? Et, si l'on veut y toucher (or tout le monde y touche), pourquoi s'arrêter en route? Au point de vue du droit strict, le Code Napoléon a raison contre l'amendement Rouher et le projet de la Commission; en législation et en économie politique, le projet de la Commission seul est susceptible d'avenir.

651. — II. *Intérêt de l'acheteur.* Les partisans de l'amendement Rouher prétendent cependant organiser le crédit; mais ils l'organisent en vue de ceux qui n'ont pas besoin (193). — Cette critique devait attirer aux économistes le reproche contraire (194), d'organiser le crédit en vue de ceux qui en ont trop besoin.

652. — La vérité était entre les deux. Une institution de crédit ne doit être réglementée dans l'intérêt exclusif ni des millionnaires, ni des insolvables; elle doit venir en aide aux positions gênées, en donnant la mesure de la confiance que celles-ci méritent, et en utilisant les forces qu'elles peuvent encore contenir.

653. — III. *Intérêt du vendeur.* En dernier lieu, les défenseurs du projet de la Commission soutinrent que l'exercice de la résolution provoquait plus de lenteur par ses incidents et plus de frais par ses complications que l'exercice du privilège; et M. de Vatimesnil, descendant dans les détails, montrait qu'avant d'être jurisconsulte il avait, comme clerc d'avoué, acquis l'expérience pratique du tarif.

654. — **Réplique des jurisconsultes.** Entre ces affirmations contradictoires, l'assemblée hésitait incertaine, lorsqu'un homme, éminent par l'autorité de ses études et par la renommée du corps savant auquel il avait l'honneur d'appartenir, vint résumer le débat, écarter les inexactitudes théoriques qui s'y étaient

glissées, et donner au système des jurisconsultes sa dernière et sa plus lucide formule. Sa parole, religieusement écoutée dans une discussion qui, suivant le mot de M. Dupin, n'eût pas été complète sans elle, entraîna le vote.

655. — M. Valette répondit tout d'abord à M. Michel (de Bourges), et rétablit dans leur vérité les principes du droit romain. Il réfuta surtout cette parole de l'éloquent orateur : que le droit romain dans sa haute sagesse n'avait pas voulu d'action résolutoire de la vente, parce qu'il était impossible de replacer rétroactivement les parties, au cas de résolution, dans l'intégralité do leurs droits primitifs : motif qui, s'il eût été vrai, eût rendu inadmissibles jusqu'à l'existence de clauses résolutoires conventionnelles, et jusqu'à la légitimité de l'action résolutoire personnelle.

656. — Puis abordant le cœur de la question, il l'examina au double point de vue de l'économie politique et du droit. Il montra dans la plupart des législations allemandes l'action résolutoire conservée, mais rendue publique dans l'intérêt des tiers, et ces législations, si intelligentes des besoins du crédit, bornant là leur protection et leur sollicitude. Diminuer les garanties données au vendeur, c'est léser par contre-coup l'acheteur lui-même, auquel le premier ne transmettra plus son bien qu'au comptant, et compromettre la fortune de tous, car les ventes au comptant ne se font jamais à des prix élevés. Il signala comme un danger cette tentative hardie des économistes essayant aujourd'hui de supprimer l'action résolutoire du vendeur, pour renouveler bientôt de semblables attaques contre toutes les conditions résolutoires.

657. — « Venir nous dire, ajouta-t-il, il nous convient, pour établir notre crédit foncier, de détruire des droits que les parties ont stipulés, ont entendu conserver lors même (car le projet va jusque-là), lors même que la stipulation est expresse, lors même que le vendeur a formellement déclaré qu'il n'entendait aliéner que sous la condition qu'on le paierait, c'est outrepasser les bornes. Je dis que c'est s'engager dans une lutte contre les besoins publics, contre les besoins du peuple, contre ses habitudes ; on provoque ainsi à une multitude de fraudes ; et en définitive, il faudrait que l'utilité du crédit foncier fût établie d'une manière

irrécusable pour qu'on se décidât à détruire des clauses volontaires qui ont pour elles la sanction d'une longue suite de
siècles, et qui ont passé successivement dans les diverses législations de l'Europe. »

658. — L'Assemblée législative adopta l'amendement de M. Rouher. Mais le projet ne put jamais, à raison des évènements poli-
tiques qui survinrent, être érigé en une loi définitive.

659. — Pour nous qui, placé en dehors de ces discussions si
passionnées, avons essayé d'en être le rapporteur impartial, il
nous semble que l'amendement Rouher n'avait apporté qu'une
amélioration toute relative, en ce sens qu'il avait créé au profit
des tiers une publicité plus efficace. Mais la vérité avait été dite
toute entière dans ce mot de M. Dupont (de Boussac) : les inconvénients de la résolution ne résultent pas de sa clandestinité,
mais de ce qu'elle est la résolution. Malheureusement le remède
unique était la suppression de l'action résolutoire. L'Assemblée
législative recula avec bonheur devant cette mesure radicale, et,
dans le doute, préféra les avantages pratiques d'un simple per-
fectionnement aux chances encore hypothétiques d'une abroga-
tion qui se heurtait à la convention des parties et aux habitudes
juridiques de tous.

660. — § IV. *Décret du 28 février 1852.* — Un des premiers
actes du gouvernement actuel fut la création d'une Société de
Crédit Foncier, destinée à relever de sa situation gênée la propriété immobilière en France. Il fallut, pour faciliter les prêts et
donner sécurité aux opérations futures, supprimer au profit de
cette Société quelques entraves que la législation civile aurait fait
naître. On songea spécialement aux actions résolutoires que des
aliénateurs auraient pu exercer ; et, utilisant une idée ingénieuse
qui s'était fait jour pendant les discussions de 1850, on décida
que les Sociétés de Crédit Foncier pourraient par la purge
éteindre les actions résolutoires de propriétaires antérieurs.

661. — Les prêteurs devaient signifier à tous précédents aliénateurs, au domicile réel ou élu dans les titres, l'extrait du contrat
de prêt ; publier le même extrait dans les journaux. Si au bout
de quarante jours il n'était pas survenu une inscription de l'action résolutoire, celle-ci était éteinte.

Les notifications avaient averti les ayant-droit; leur silence équivalait à une renonciation.

Ce décret était spécial aux Sociétés de Crédit Foncier, régulièrement organisées.

662. — § V. *Loi du 22 mars 1855.* Les débats de décembre 1850 avaient mûri le problème. Aussi, quand la loi sur la transcription fut soumise aux délibérations du Conseil d'État, M. Rouher, son vice-président, proposa-t-il de reproduire la disposition contenue dans son amendement de 1850. Le Corps-Législatif en fit l'art. 7 de la loi ; et dans la discussion, il fut nettement dit (195) que la pensée de l'art. 7 était comprise toute entière dans le système défendu quelques années auparavant par M. Rouher. La filiation des idées est donc authentiquement démontrée. La loi nouvelle ne supprimait pas, elle publiait l'action résolutoire. Un député, M. Millet, jugea cependant qu'elle allait encore trop loin (196), et éleva, contre cette partie du projet et contre la restriction imposée à l'action résolutoire, des critiques à peine indiquées et à peine réfutées. La lutte, si vive en 1850, ne dura en 1855 que quelques instants. M. Millet prétendit que le vendeur était trop complètement sacrifié à des tiers acquéreurs, que ceux-ci ne pouvaient être à la fois vigilants et de bonne foi, attendu (suivant lui) qu'il y avait contradiction entre la vigilance, qui est l'inquiétude, et la bonne foi, qui est la confiance. Il revint de plus sur le chiffre comparé des frais qu'entraînaient l'action résolutoire et le privilége, soutenant que la première voie était de beaucoup la plus économique.

663. — M. Legrand (197) lui répondit en faisant valoir le précédent de l'art. 717 Pr. Civ., et la nécessité de ne plus laisser l'action résolutoire sévir occulte contre les tiers dans une législation où le principe de publicité pénétrait chaque jour davantage.

664. — Le vote du Corps-Législatif donna raison à M. Legrand contro M. Millet. La solidarité était donc établie entre le privilége et l'action résolutoire ; * la viabilité du premier était la viabilité

* Cette solidarité avait déjà été établie, mais en sens inverse, par un arrêt isolé de la Cour de Lyon (20 mai 1858). Cet arrêt avait permis au vendeur, nonobstant l'extinction de son privilége, d'en user encore, sous le prétexte que, n'ayant pas perdu le droit de résolution, il pouvait encore invoquer son privilége, les créanciers de l'acheteur étant sans intérêt, et dès lors sans droit, pour contester l'allocation privilégiée qu'il réclamait.

— 251 —

do la seconde. « L'action résolutoire établie par l'art. 1654, C. N.,
no peut être exercée, après l'extinction du privilége du vendeur,
au préjudice des tiers qui ont acquis des droits sur l'immeuble
du chef de l'acquéreur, et qui se sont conformés aux lois pour
les conserver. »

665. — Examinons les conséquences de cet article. La marche
la plus simple est de rechercher dans quels cas le privilége du
vendeur est perdu. Il peut se perdre par défaut de conservation
ou par toute autre cause.

666. — PREMIÈRE HYPOTHÈSE : PERTE DU PRIVILÉGE PAR SUITE
D'UN DÉFAUT DE CONSERVATION. Il faut distinguer, suivant que
l'immeuble est aliéné, ou qu'il se trouve encore aux mains de
l'acheteur.

667. — **Premier cas.** L'immeuble a été aliéné : à quelles
conditions le vendeur peut-il faire valoir son action résolutoire
contre le tiers détenteur? Il s'agit ici du droit de suite, et c'est
précisément de ce point, suivant tous les auteurs, que s'est occupée la loi du 23 mars. Pour avoir droit de suite, les créanciers
hypothécaires ou privilégiés doivent avoir pris une inscription
antérieure à la transcription de l'aliénation que fait leur débiteur. Toutefois, en dépit de toute transcription que le débiteur
acheteur pourrait faire, le vendeur (ou le copartageant) peut utilement manifester son privilége, pourvu qu'il soit encore dans
les quarante-cinq jours du contrat qu'il a passé.

668. — Je suppose maintenant que l'acheteur Secundus a revendu l'immeuble à Tertius sans avoir fait transcrire le premier
contrat de vente.

669. — Tant que Tertius ne fera pas transcrire le second contrat de vente, Primus, le premier vendeur, sera toujours en droit
de publier son privilége, et par là de conserver son action résolutoire. Mais Tertius fait transcrire. Alors de deux choses l'une :
— ou Primus est encore dans les quarante-cinq jours du premier
contrat, il peut révéler son privilége; — ou Primus n'est plus
dans les quarante-cinq jours du premier contrat, il est forclos,
même quant à son droit de résolution.

670. — Une objection vient naturellement à l'esprit. Comment
Secundus, qui par suite du défaut de transcription n'avait qu'une

propriété relative, a-t-il pu transférer à Tertius une propriété absolue?

On a déjà fait plusieurs réponses. Voici celle qui paraît la plus plausible : si l'objection porte, elle va détruire toute l'économie de la loi dans cette hypothèse. Admettons, en effet, que Tertius ne puisse devenir propriétaire que si Secundus est lui-même nanti d'un droit absolu. Il faudra donc, outre la transcription de la seconde vente, la transcription de la première. Or, la transcription de la première vente ferait immédiatement apparaître le privilége du premier vendeur, et la limite des quarante-cinq jours n'aurait plus de raison d'être. Mais la loi n'a pas statué ainsi; elle rend irrévocable au profit de Tertius la transmission de propriété, pour peu qu'il y ait eu transcription de l'acte de revente (198).

Bien plus, alors même que l'acte de revente relaterait le nom de Primus, les droits de Primus, qui n'a pas su les conserver par la publicité voulue, seraient anéantis. Ces solutions s'appuient sur des explications données au Corps-Législatif par M. Allart.

671. — Je suppose à l'inverse que Secundus, avant de revendre à Tertius, a fait transcrire le premier contrat de vente, passé à son profit par Primus.

Si le conservateur prend immédiatement inscription, ou au plus tard dans les quarante-cinq jours du premier contrat, Primus garde tous ses droits. Exiger, en outre, une inscription spéciale, prise par le vendeur lui-même, serait exagérer sans aucun avantage la publicité.

672. — Mais le conservateur omet de prendre l'inscription d'office, et le vendeur néglige d'en prendre une de son côté ; perd-il son privilége et son droit de résolution; la transcription vaut-elle inscription à son profit?

On l'a nié, et voici les deux arguments que l'on a fait valoir : 1º La loi, à tort ou à raison, exige une inscription; le texte de l'art. 6 est formel; 2º M. Rouher disait au Corps-Législatif : « Si l'acheteur fait transcrire son contrat, le vendeur n'a rien à faire, le conservateur est obligé d'inscrire d'office le privilége. » Le vendeur peut rester inactif, parce que le conservateur prendra inscription. Mais cette inscription est nécessaire vis-à-vis des tiers.

673. — Je préfère l'opinion contraire. Il est de principe que le défaut d'inscription d'office engage la responsabilité du conservateur et ne nuit pas au vendeur. « Le vendeur n'a rien à faire, » dit M. Rouher. L'obligation d'inscrire incombe au conservateur, non au vendeur. Le second ne doit pas souffrir de la négligence du premier. Pour lui, la transcription vaut inscription ; j'oserais dire qu'il inscrit en transcrivant. La première vente est transcrite : elle est réputée connue des tiers avec sa conséquence nécessaire, le privilége et le droit de résolution (199).

674. — Que décider si l'inscription, prise d'office par le conservateur à la suite de la transcription du premier contrat de vente, tombe en péremption ? Le privilége s'évanouit, et avec lui l'action résolutoire, répond-on (200). La transcription vaut une inscription ; elle ne vaut pas davantage. Or, elle vaudrait davantage si elle n'était pas sujette à la péremption décennale.

675. — A mon sens, la transcription ne peut pas se renouveler ; à la différence de l'inscription, son effet est continu. Quant à l'inscription d'office, elle eût pu ne pas exister sans que le droit du vendeur en souffrit ; elle peut donc cesser d'être sans danger pour lui (201).

676. — Je ne donnerai pas la même solution si, la première vente n'étant pas transcrite, le vendeur primitif avait directement pris une inscription. * Dès que le second acheteur transcrirait la revente, le vendeur primitif ne pourrait plus renouveler l'inscription, que je suppose périmée. Il y a évidemment plus de quarante-cinq jours d'écoulés depuis le premier contrat.

677. — **Deuxième cas.** L'immeuble n'a pas été aliéné ; il est encore aux mains du premier acheteur. Le vendeur se trouve en face des créanciers hypothécaires ou privilégiés de l'acheteur.

Il s'agit ici du droit de préférence, dont ne s'est pas occupée la loi du 23 mars. Mais, en faisant revivre la nécessité de la transcription, elle a revivifié l'art. 2108, désormais applicable. Aussi

---

* Je me place dans l'opinion la p[lus] générale, et suivant laquelle le vendeur peut conserver son privilége par une simple inscription. *Confer* Pont, priv., n° 263.

de deux choses l'une : — ou l'acheteur n'a pas fait transcrire le contrat de vente, il n'est pas devenu propriétaire vis-à-vis des tiers et ne peut conférer d'hypothèques valables au détriment de son vendeur; — ou l'acheteur a fait transcrire le contrat, et alors la transcription a conféré au vendeur un privilége et une action résolutoire opposables aux tiers. La publicité sera complétée par l'inscription d'office que doit prendre le conservateur. Si celui-ci omet de la prendre, il engage sa responsabilité personnelle; mais les droits du vendeur n'en sont pas altérés.

678. — J'en tire une conséquence immédiate; c'est que l'action résolutoire du vendeur ne sera pas perdue, par suite de la péremption de l'inscription d'office (202). Elle peut naitre et vivre indépendamment de cette inscription, pourvu qu'il y ait eu transcription du contrat (203).

L'action résolutoire s'évanouirait, au contraire, au profit des créanciers hypothécaires de l'acheteur qui auraient conservé par le mode de publicité voulu leurs droits, s'il y avait péremption de l'inscription directement prise par le vendeur, en l'absence de toute transcription (204).

679. — Jusqu'à quel moment le vendeur peut-il, l'immeuble restant toujours aux mains de l'acheteur, utilement conserver son action résolutoire par la transcription du contrat? La limite des quarante-cinq jours est relative à l'exercice du droit de suite contre les tiers acquéreurs, ainsi que l'enseignent tous les auteurs (205). Mais la faillite de l'acheteur, et l'acceptation bénéficiaire ou la répudiation de sa succession, entrainent-elles déchéance pour le vendeur du droit de conserver son action résolutoire? Un argument très-simple permet de répondre affirmativement. La transcription a pour le vendeur les effets de l'inscription : l'inscription est impossible dans ces deux cas; la transcription doit dès lors être écartée; elle serait tardive.

On objecte (206) que l'art. 7 n'exige la publicité de l'action résolutoire qu'à l'égard des tiers nantis de droits réels sur l'immeuble, et non à l'égard d'une masse chirographaire; et l'on concède par suite que la transcription ne pourrait tout au moins être postérieure à l'inscription de l'hypothèque légale que le syndic prendrait au nom de la masse.

680. — Cette concession est indispensable en effet, mais il faut aller plus loin, et ne pas permettre la transcription postérieure à la déclaration de faillite. Décider autrement serait violer (en outre des articles 2108 et 2146 C. Nap. combinés) ce principe constant en droit commercial, dont l'art. 428 C. Com. est la formule, que la déclaration de faillite immobilise la situation des créanciers, et que les droits de tous s'apprécient tels qu'ils existent à cette date. De plus, si l'acceptation bénéficiaire de la succession de l'acheteur ou sa faillite ne constituaient pas un droit tout spécial au profit de la masse chirographaire, pourquoi l'inscription des priviléges ou hypothèques serait-elle en pareil cas défendue? — Ce que l'on dira pour justifier la rigueur de la loi contre l'inscription servira à la justification de notre système en ce qui touche la transcription (207).

681. — Deuxième hypothèse : Perte de l'action résolutoire par une autre cause que le défaut de conservation. — Il faut supposer que le vendeur donne mainlevée du privilége, ou consente à la radiation de l'inscription.

Au premier cas, il y a extinction du privilége. J'en conclus avec l'art 7 qu'il y a déchéance de l'action résolutoire.

Au second cas, l'inscription du privilége tombe, non le privilége lui-même. Je ne suis pas littéralement dans les termes de l'art. 7. Mais cette radiation volontaire de l'inscription doit avoir un effet; je l'interpréterais dans le sens d'une renonciation au privilége, et par suite à l'action résolutoire. Je pourrais d'ailleurs m'appuyer sur les expressions catégoriques de M. Rouher en 1850. « Quand j'aurai aliéné ma propriété, si je néglige de conserver mon privilége, si j'en donne mainlevée, je perdrai par voie de conséquence forcée le bénéfice de mon action résolutoire. » La question ne se soulève évidemment que pour l'inscription prise d'office par le conservateur. S'il s'agissait d'une simple inscription prise par le vendeur, en l'absence de toute transcription, notre solution ferait difficilement l'objet d'un doute sérieux.

682. — La renonciation au privilége, la radiation de l'inscription entraîneraient déchéance de l'action résolutoire, alors même que le vendeur s'en réserverait expressément le bénéfice vis-à-vis des tiers; le privilége devient occulte dès qu'il n'est plus inscrit : le vendeur ne pourrait justifier sa conduite que par une raison frauduleuse, l'intention de surprendre leur bonne foi (208).

683. — Tel est le système de la loi du 23 mars 1855, relativement à l'action résolutoire du vendeur, fondée sur l'art. 1654. Faut-il l'étendre à l'action résolutoire du vendeur lorsqu'il y a eu pacte commissoire qualifié (art. 1656, C. Nap.)? En dépit de l'allégation contraire de M. Millet, adversaire du projet, allégation qu'on eut le tort de ne point contredire, le droit de résolution de l'art. 1656 est soumis aux prescriptions de la loi nouvelle. M. Rouher, dont les paroles traduisent d'une manière bien plus fidèle l'esprit de ces textes, prenait surtout dans son discours l'hypothèse de l'art. 1656. L'article 1656 n'est rien autre chose qu'une forme de l'article 1654. Les raisons qui ont inspiré la loi s'appliquent également aux deux hypothèses. Les tiers n'ont-ils pas besoin d'être protégés aussi bien contre les effets de la résolution conventionnelle que contre les effets de la résolution légale? L'art. 1656 deviendrait une clause de style constamment placée dans tous les contrats, et le progrès réalisé par la loi du 23 mars serait supprimé. Il est d'ailleurs remarquable que M. Rouher, argumentant du cas prévu par l'art. 1656, ne visait dans son amendement, comme la loi nouvelle, que l'art. 1654, tant pour lui l'union était étroite, ou plutôt l'identité certaine entre les deux dispositions (209).

684. — Mais dans l'art. 1656, dit M. Millet, il n'y a pas à proprement parler d'*action* résolutoire. M. Millet a raison; le mot *action* n'a pas toute l'exactitude désirable. Il eût mieux valu que l'article fût autrement rédigé. Il est malheureusement dans les habitudes de nos législateurs de tenir peu compte de ces scrupules honorables d'expression; leurs textes sont faits pour être compris du praticien plutôt que pour satisfaire aux abstractions de la théorie. Maintenant, l'esprit de la loi ne suffit-il pas pour nous guider? Quelle différence y aurait-il entre les inconvénients que ferait naître le régime de l'art. 1656 et ceux qu'engendrait le régime de l'art. 1654? Et s'il n'y a pas de différence, pourquoi la réforme qui a modifié l'art. 1654 n'aurait-elle pas également modifié l'art. 1656?

685. — La loi du 23 mars 1855 est spéciale au vendeur. Elle

ne s'applique pas au donateur (210); son texte est restrictif. Il
est impossible d'ailleurs d'établir une solidarité entre le droit de
résolution du donateur, qui existe, et le privilège du donateur,
qui n'existe pas.

686. — Elle est au contraire applicable (211) à l'hypothèse
d'un débiteur transférant en paiement à son créancier un immeuble, avec stipulation d'une soulte au profit du premier, s'il y
a excès. La dation en paiement est assimilée à la vente (Arg. de
l'art. 1595, C. N.)

687. — Quelques-uns admettent que l'échangiste a contre son
copermutant un privilège, alors même qu'il s'agirait d'un
échange * proprement dit. De ce principe combiné avec l'art.
1707 résulte logiquement pour eux la nécessité d'appliquer la loi
du 23 mars au droit de résolution de l'échangiste. (Troplong,
nº 299 ; *contra*, Rivière, explic. nº 117.)

La question n'eût même pas été douteuse, si le projet de loi
discuté en 1850 eût été définitivement voté; le projet conférait
expressément à l'échangiste un privilège.

688. — *Quatrième fin de non-recevoir : Non résolution du droit de
l'acquéreur primitif.* Les fins de non-recevoir que j'ai étudiées sont
toutes des causes de déchéance contre celui qui voudrait argumenter de la résolution. Celle dont je m'occupe maintenant constitue, pour prendre le langage de la procédure française, une
exception plutôt dilatoire que péremptoire du fond.

Il faut supposer que la résolution ne doive pas opérer de plein
droit (*supra*, nᵒˢ 407 et 433); le créancier aliénateur actionne un
tiers détenteur, dans le cas où la résolution est de nature à réfléchir contre celui-ci; seulement il le fait, alors que le droit de
l'acquéreur primitif n'est pas encore judiciairement anéanti. Le
détenteur repoussera dans l'état l'action de l'aliénateur, prématurément intentée. (*Supra*, nº 520.)

* Cette solution, en effet, est incontestable s'il n'y a qu'un échange apparent, se résumant, à cause de l'intention des parties ou de l'élévation de la soulte, en une rente ; on rentre alors dans le cas expressément prévu
par la loi du 23 mars. (Rivière et Huguet, quest., nº 537.)

CHAPITRE II.

DES EFFETS DE LA RÉSOLUTION ACCOMPLIE.

689. — La résolution une fois accomplie, le droit est censé n'avoir jamais existé au profit de la partie qui l'avait acquis (art. 1183, C. Nap.). De là, en ce qui touche les mutations de droits réels immobiliers, un danger sérieux pour les tiers, et dès lors une entrave au crédit. Aussi la loi de 1855, qui est venue réglementer l'action résolutoire du vendeur, et, suivant quelques-uns, de l'échangiste, eût-elle été incomplète si, après avoir averti les tiers qu'un droit existait au profit de Primus, acheteur de Secundus, elle n'eût également porté à leur connaissance que ce droit ne résidait plus sur la tête de Primus, mais bien sur celle de Secundus. C'est ce qu'elle a fait par son art. 4 : « Tout jugement prononçant la résolution d'un acte transcrit doit, dans le mois à dater du jour où il a acquis l'autorité de la chose jugée, être mentionné en marge de la transcription faite sur le registre. »

690. — Si l'acte translatif de propriété n'avait pas été transcrit, les tiers n'auraient pas dû compter sur la transmission régulière du droit au profit de l'acquéreur, et dès lors il devenait inutile de porter à leur connaissance l'anéantissement de ce droit, qui pour eux n'avait jamais existé (1). Matériellement même, la mention exigée par l'art. 4 en marge de l'acte transcrit eût été impossible.

691. — Si l'acte translatif de propriété, au contraire, avait été transcrit, la mention est exigée. Je remarque toutefois que la mention seule n'est suffisante que si le jugement prononce une pure et simple résolution, c'est-à-dire une restitution du droit à l'ancien aliénateur ; s'il y avait au contraire résolution du droit de l'acquéreur et translation au profit d'une troisième personne qui ne serait ni l'acquéreur ni l'aliénateur, il faudrait à la mention joindre une véritable transcription.

692. — Je me place dans l'hypothèse d'une résolution pure et

simple, telle que celle qui survient dans les ventes ou dans les donations (2), à raison de l'inexécution des charges, et je me demande quelle est la sanction de la mention exigée.

Les législateurs de 1855 sont partis de cette idée que le jugement n'opérait pas par lui mutation de propriété; que l'aliénateur ne devait pas au jugement la faculté qu'il avait de faire tomber les droits con-entis par l'acquéreur aux tiers; que ce bénéfice, il le tenait de la règle : *resoluto jure dantis...*; et que dès lors il ne devait pas souffrir de la publicité tardive d'un jugement (3) qui ne faisait que constater une situation antérieure. Ainsi, la mention n'était pas exigée de l'aliénateur vis-à-vis des tiers. « Aucun péril, disait-on dans l'exposé des motifs, ne menace le bénéficiaire du jugement. »

693. — La loi a, en effet, adopté un système plus simple; c'est à l'avoué de la partie qui obtient le jugement qu'incombe le soin de faire opérer la mention, en remettant au conservateur, qui lui en donne récépissé, un bordereau rédigé ou tout au moins signé par lui. Si c'est un arrêt de Cour qui, soit par confirmation, soit par infirmation, prononce la résolution du droit, l'avoué de la Cour d'Appel est chargé d'en faire opérer la mention.

694. — Si, par suite d'une voie de recours extraordinaire, le jugement qui prononçait la résolution a été cassé ou rétracté, je ne considère pas comme nécessaire, en présence du texte si net de l'art. 4, une mention nouvelle destinée à paralyser la première mention, désormais mensongère (4).

695. — Il faut entendre par jugement ayant acquis l'autorité de la chose jugée celui contre lequel l'appel n'était pas ou n'est plus possible, soit par expiration des délais, soit par limitation de la somme engagée, soit par acquiescement de la partie qui perd.

696. — La mention étant une conséquence de la résolution, les frais doivent en être supportés par celui qui la rend nécessaire, c'est-à-dire par la partie qui n'exécute pas ses obligations. En pratique, on agira prudemment en demandant dans les conclusions la condamnation aux dépens, et spécialement aux frais de la mention à effectuer sur le registre du conservateur.

697. — Quelle est la sanction de l'obligation qui incombe ainsi à l'avoué?

Le texte de l'art. 4 édicte tout d'abord une amende de 100 fr. Faut-il s'en tenir là? et l'avoué qui omettrait la mention n'engage-t-il pas sa responsabilité, soit vis-à-vis de la partie pour laquelle il a occupé, soit vis-à-vis des tiers?

Et d'abord, vis-à-vis de sa partie, l'avoué ne peut se compromettre par l'omission de la mention. L'omission ne préjudicie pas au bénéficiaire du jugement.

Vis-à-vis des tiers, le préjudice résultant de l'omission existe au contraire; mais à quel titre l'avoué serait-il responsable? En vertu d'un contrat de mandat? L'avoué n'est pas mandataire des parties contre lesquelles il occupe. En vertu d'un quasi-délit et du principe doctrinal de l'art. 1382? La question ne nous paraît pas aussi facile qu'à beaucoup. Tout dépend, on le conçoit, de ce point : l'avoué est-il en faute? Il est difficile de ne pas répondre affirmativement; aussi, si l'on s'en tenait au droit commun, faudrait-il déclarer l'avoué passible de dommages-intérêts. Mais l'intention des rédacteurs de l'art. 4 paraît avoir été restrictive. Ils ont voulu assurer l'exécution de la mesure qu'ils édictaient par une pénalité contre l'avoué. Le texte ne va pas plus loin; et l'exposé des motifs que j'ai déjà cité semble en faire la sanction unique de l'art. 4. Cette solution ne se justifie pas, on le voit, par la logique et le raisonnement, mais par sa conformité avec la pensée du législateur. Elle n'a pas encore trouvé de contradicteur.

SECTION I.

Situation de l'acquéreur.

Article I. — Vis-à-vis de l'aliénateur.

698. — L'acheteur e. g. n'a été ni créancier ni propriétaire.

699. — § I. *Chose.* — L'acquéreur restitue les corps certains ou l'équivalent des genres qu'il a reçus. Si, la restitution faite, l'aliénateur réintégré se voyait attaqué par une action en revendication d'un tiers se prétendant propriétaire de l'objet restitué, pourrait-il à sa possession joindre celle de l'acquéreur afin de compléter le temps voulu pour la prescription?

Il est difficile de voir dans l'acquéreur l'*auteur* de celui qui a aliéné (art. 2235, C. Nap.), si l'on entend par auteur la personne qui nous a transmis un droit. Et cependant, tout le monde décide avec raison que l'aliénateur peut invoquer la possession de l'acquéreur. Le motif de cette solution est évident. L'effet rétroactif de la résolution a légalement effacé le titre de l'acquéreur, et l'aliénateur se trouve *in jure* avoir gardé pour lui-même *ab initio* la jouissance et l'exercice de son droit (5).

700. — § II. *Accessions.* — L'acquéreur doit aussi restituer les accessions ou alluvions. Il était devenu propriétaire à raison de son titre intérimaire. La résolution de son titre survenue lui enlève tous les bénéfices qui n'en étaient que la conséquence légale (6).

L'alluvion ne forme pas d'ailleurs une partie distincte de l'immeuble aliéné (7).

701. — On objecte que l'acquéreur, supportant la perte, devrait profiter des améliorations. — En admettant que l'acquéreur dût supporter la perte, il ne serait pas pour cela établi qu'on dût appliquer le principe : *ubi emolumentum, ibi et onus.* Il n'y a pas égalité dans la position des deux parties. Les résolutions pour inexécution de charges sont réservées dans l'intérêt de celui qui accomplit ses obligations contre celui qui ne les accomplit pas (8).

702. — La même solution est applicable au trésor, quant à la moitié acquise au propriétaire *jure soli*. Ce don du ciel, sans qu'il soit besoin d'y voir un accessoire du fonds (9), est acquis (pour partie) au propriétaire à raison de sa qualité. Or, l'aliénateur se trouve *ab initio* avoir été propriétaire (10).

703. — § III. *Fruits.* — L'acquéreur doit-il restituer les fruits perçus, tout au moins ceux qu'il a perçus avant la demande en résolution? car, quant à ceux qu'il a perçus depuis, il n'y a pas de doute.

En général, il doit les restituer tous (11). A quel titre, en effet, les garderait-il? — A titre de possesseur de bonne foi? Mais était-il dans la situation d'un possesseur de bonne foi? La réponse affirmative de l'ancien droit me paraît bien légèrement avancée. Au premier abord, il semble qu'on ne puisse être que de bonne ou de mauvaise foi; mais, avec un peu de réflexion, on s'aperçoit bientôt qu'un état intermédiaire est possible (12). Cela est surtout vrai dans notre espèce. L'acquéreur sait qu'en cas de résolution il perdra le droit qu'il avait : il n'est donc pas de bonne foi; mais, d'un autre côté, il sait qu'il est légitimement investi du droit qu'il exerce, et que le titre résoluble sur lequel il s'appuie peut être, dans une hypothèse donnée, définitivement translatif ; il n'est donc pas non plus de mauvaise foi.

Il me paraît plus juridique de chercher dans les règles générales de la résolution des raisons de décider, et de ne point appliquer directement ici les principes de la possession de bonne ou de mauvaise foi (13).

Je ne puis donc autoriser l'acquéreur à garder les fruits parce qu'il serait possesseur de bonne foi.

Les gardera-t-il en qualité de propriétaire? — Non, il ne l'est plus, et légalement ne l'a jamais été. (Art. 1183, C. N.)

. 704. — Les juges pourront toutefois, interprétant équitablement la volonté probable des parties, permettre à l'acquéreur de garder les fruits. Mais ce ne sera jamais qu'une dérogation d'espèces au principe de la restitution qu'il faut maintenir comme règle, parce qu'en droit la nécessité de la restitution est incontestable (14).

705. — Il faut cependant avouer que, comme disposition pratique, le gain des fruits par l'acquéreur eût mieux valu. La compensation des fruits avec les intérêts du prix, au cas de vente par exemple, était une mesure favorable à l'aliénateur (les intérêts sont presque toujours supérieurs aux fruits (15)), mesure qu'avait généralisée l'ancienne jurisprudence. Malheureusement, aucun texte ne me permet d'admettre cette doctrine; et je la trouve implicitement proscrite par les art. 1183 et 1184 qui semblent, après la résolution, proscrire jusqu'au souvenir du droit conféré.

706. — Il est toutefois une hypothèse où la question, à raison des textes spéciaux, offre plus de difficulté.

Au cas de révocation de donations pour inexécution des charges, le donataire ne doit-il pas garder les fruits perçus avant la demande en justice? Oui, répond M. Coin-Delisle (15 *bis*), invoquant l'opinion la plus généralement suivie dans l'ancien droit.

« Il y aurait inconséquence à traiter le donataire négligent ou contrevenant avec plus de dureté que le donataire ingrat. Les fruits d'ailleurs n'ont pas été donnés; Dumoulin l'enseigne. »

707. — Pour ce dernier argument, à l'appui duquel M. Coin-Delisle eût pu appeler les traditions de la glose, il est peu sérieux. La glose elle-même, après l'avoir mis en avant, y substitua bientôt un autre moyen qu'elle jugeait plus solide; elle fit valoir la bonne foi du donataire. Les fruits *in specie* n'ont pas été donnés. Soit! Au cas de vente, pourraient-ils davantage avoir été vendus *in specie*? Non, et pourtant Dumoulin lui-même, tous nos anciens jurisconsultes exigent, au cas de résolution de la vente, le rapport des fruits. Les fruits, en effet, n'ont été ni vendus ni donnés. Mais le fonds qui les a produits n'a-t-il pas été vendu ou donné? Or, le vendeur, le donateur ne doivent-ils pas reprendre les prestations que la donation ou la vente avait pu procurer à l'acquéreur, violateur du contrat? S'il n'y avait pas eu donation, l'acquéreur eût-il gagné les fruits? Non. Eh bien! Il doit être replacé dans la situation où il eût été s'il n'avait reçu aucune libéralité. (1184, C. N.)

708. — Quant à l'autre argument, il est plus spécieux; mais il n'est que spécieux. Lorsque la donation est révoquée pour survenance d'enfants, les fruits ne sont dus que depuis la notification de la naissance de l'enfant. Le donataire en effet, si on veut apprécier sa bonne foi, ignore jusqu'à la notification l'existence de cette cause de révocation, qui lui est étrangère. Lorsque la donation est révocable pour ingratitude, le donataire connaît instantanément la cause de révocation, puisqu'elle lui est personnelle. Mais il peut espérer un pardon, il peut compter que le donataire n'intentera pas l'action en révocation, parce qu'il n'aura pas ressenti l'injure; et alors il est à l'abri vis-à-vis des héritiers du donateur. Mais lorsque la donation est révocable pour inexécution des charges, le donataire connaît immédiatement sa situation. Le silence du donateur, à moins qu'il n'ait duré trente ans, ne garantit aucunement le donataire contre la résolution de son droit, dès lors virtuellement effacé. A défaut du donateur, ses héritiers révoqueront.

709. — Je rattache donc ce cas à la règle générale des résolutions, et décide avec Ricard que les fruits sont rapportés *ab*

initio, c'est-à-dire depuis le jour de la donation reçue, réservant toutefois aux juges le soin de modérer cette solution, s'il leur apparaît que l'intention des parties n'a pas été d'exiger avec rigueur l'exécution précise et immédiate des charges. Mais en dehors de cette restriction, le donataire retiendrait les fruits sans cause.

710. — Cette solution serait encore plus facile à établir si l'on admettait avec quelques auteurs (16) qu'il faut voir un contrat onéreux dans une donation avec charges jusqu'à concurrence de ces charges. Dans cette opinion, si la donation (c'est-à-dire l'excédant de la libéralité sur la valeur compensée par les charges) tombe elle-même, c'est à raison de l'indivisibilité de l'acte.

711. — Il va sans dire que si l'aliénateur agissait contre un tiers détenteur, dans le cas où la résolution réagit contre les tiers, celui-ci invoquerait les principes ordinaires de l'acquisition des fruits par le possesseur de bonne foi. (Art. 549 et 550, C. N.)

712. — La prescription de cinq ans, édictée par l'art. 2277, est-elle applicable aux restitutions de fruits dus par celui qui subit la résolution?

Non (17). Le motif de l'article est qu'il ne faut pas ruiner le débiteur par une accumulation d'intérêts passifs. Mais ici le remède ne correspond-il pas au mal? Si le débiteur doit rendre beaucoup, ne doit-il pas beaucoup recevoir? Comment d'ailleurs punir le créancier d'une négligence prétendue (18), alors qu'il ne pouvait, avant l'accomplissement de la résolution, agir en restitution de fruits? Il y a là de la part du débiteur une obligation unique qui, à un moment donné, et non à plusieurs échéances successives, le contraint à restituer le bien *cum omni sua causa* (19).

713. — § IV. *Risques et détériorations.* — Je m'occupe d'abord de la perte totale, que je suppose arrivée par cas fortuit. La plupart des auteurs la mettent au compte de l'acquéreur, et appliquent cette solution à toute condition résolutoire. Ils font valoir deux arguments : 1° Ils appliquent en sens inverse le texte 1182, en vertu du principe qu'à toute condition suspensive se superpose une condition résolutoire; 2° à l'objection tirée de l'effet rétroactif, ils répondent en disant qu'avant de savoir si la

résolution doit rétroagir, il faut savoir si elle est possible ; or, elle n'est plus possible, puisqu'il n'y a plus d'objet ; la revente v. g. ne peut plus se faire, puisque la chose fait défaut.

714. — Je restreins la question à la condition résolutoire résultant de l'inexécution des charges, et dans cette limite je mets la perte totale fortuite au compte de l'aliénateur qui fait résoudre. J'ai montré (*supra*, n° 335) que telle était la doctrine des anciens auteurs. Il me semble que, d'après la loi 2 *de in diem addict.*, telle était aussi la doctrine romaine. Si la résolution ne peut pas s'accomplir en temps utile dans cette loi, c'est qu'il est bien certain qu'on ne viendra jamais surenchérir sur le prix d'une chose qui n'est plus. Mais quand cette impossibilité ne se rencontre pas, j'applique la solution inverse. Faut-il donc plaindre si vivement l'aliénateur duquel dépendait le maintien du contrat, et qui a maladroitement pris la voie de la résolution ?

715. — Mais l'article 1182. — Ce n'est pas une disposition tellement heureuse qu'il faille l'étendre par analogie à la condition résolutoire, pour laquelle elle n'est pas directement ni expressément faite.

716. — Mais la revente v. g. ne peut pas se faire ! — Il ne s'agit pas dans les résolutions d'opérer des rétrocessions. Où irait-on avec cet argument ? Le vendeur veut-il faire tomber les aliénations de propriété faites par l'acheteur ? On lui répondra que la transmission a été faite à un tiers détenteur, et que désormais l'anéantissement par l'acheteur du droit qu'il a conféré à des tiers est impossible. L'acheteur ne peut pas revendre à l'ancien aliénateur ce qu'il a déjà vendu. — Mauvaise argumentation, m'objecte-t-on, la rétroactivité serait violée. Je concède que l'argumentation est mauvaise ; aussi ne puis-je l'admettre quant à la question des risques : dire que la perte totale incombe à l'acquéreur, ce serait violer le principe de la rétroactivité.

717. — Je m'occupe maintenant des détériorations. Sont-elles fortuites ? Elles sont incontestablement à la charge de l'aliénateur réintégré qui, en demandant la résolution, a par là même volontairement accepté les désagréments de la restitution.

718. — L'acquéreur doit au contraire à l'aliénateur indemnité des dégradations qu'il a faites par sa faute, sur le bien qu'il res-

titue. Je comprends par là non-seulement les dévastations, mais même ces démolitions « qu'un maître et seigneur peut faire pour sa commodité. » (20) L'abus ne lui est pas permis. Est-il jamais certain de garder l'immeuble tant qu'il n'a pas exécuté les charges de son acquisition?

719. — § V. *Frais du contrat.* — L'acquéreur supporte les frais et loyaux coûts du contrat. La résolution ne lui est-elle pas imputable? Si donc l'aliénateur les avait avancés, l'acquéreur devrait l'en indemniser (21).

720. — § VI. *Confusion.* — Les droits qui s'étaient éteints par confusion revivent si la résolution opère avec rétroactivité (*supra*, n° 337). Ainsi Primus, propriétaire du fonds A, grevé d'une servitude de passage au profit du fonds B, acquiert par suite d'une vente le fonds B. La confusion se produit. Mais Primus ne paie pas le fonds B. Son droit est résolu. La servitude renaît au profit du fonds B sur le fonds A.

721. — § VII. *Dommages-intérêts.* — Si la résolution entraîne quelque préjudice pour l'aliénateur, il a droit à des dommages-intérêts qui s'arrêtent, bien entendu, aux suites directes de l'inexécution, mais qui comprendront les réparations des dommages prévus ou imprévus, suivant que l'inexécution procèdera de l'impuissance ou du dol du débiteur.

Article II. — Vis-à-vis des tiers.

722. — Quel est le sort des actes passés par l'acquéreur. Je distingue les actes d'administration et les actes de disposition, ou, pour prendre une formule plus expressive encore que j'emprunte à M. Demolombe, les actes nécessaires et les actes qui ne le sont pas.

Première division. — Actes d'administration.

723. — Ils sont maintenus. C'est l'esprit évident du droit moderne qui tendrait plutôt, sous l'influence des idées économiques, à consolider jusqu'aux actes de disposition de l'acquéreur intérimaire.

724. — § I. *Baux.* — Donc les baux passés par l'acquéreur sont validés. La règle est écrite au Code pour le réméré; et l'on pourrait soutenir que dans cette hypothèse la solution de la loi s'explique surtout par ce fait que le réméré résulte d'une convention des parties, et que le vendeur, en traitant avec réserve du droit de reprendre l'objet du contrat, autorise pour ainsi dire l'acheteur à passer les actes nécessaires ou conservatoires. Mais on peut rattacher plus sûrement cette solution de l'art. 1673 au principe général, que les actes d'administration doivent être maintenus. Au surplus, en aliénant avec stipulation de charges à accomplir, l'aliénateur se crée lui-même un intérêt personnel à la bonne gestion de l'objet du droit pour le cas où la résolution s'opérerait. L'acquéreur est d'ailleurs responsable des dégradations qui surviendraient à l'objet aliéné par suite de sa négligence; il doit donc pouvoir l'administrer.

725. — J'admettrais même que le bail peut être valable au-dessus de neuf ans. Je crois dangereux d'indiquer *a priori* une limite à sa durée. J'aime mieux adopter la formule la plus large, et décider que tout bail est régulièrement conféré s'il est passé conformément à l'usage des lieux ou des anciens propriétaires, ou bien s'il est établi qu'on ne pouvait le consentir à d'autres conditions.

726. — § II. *Paiements.* — Les paiements faits à l'acquéreur du droit sont bien faits. Le débiteur, au cas de refus, eût pu être poursuivi, exproprié. Il a donc été contraint de se libérer aux mains de l'acquéreur. Celui-ci, de son côté, a fait un acte utile et nécessaire en exigeant le remboursement d'un débiteur qui eût pu devenir plus tard insolvable. Sur ce point il n'y a pas de doute.

Deuxième division. — Actes de disposition.

727. — § I. *Concessions de droits réels.* — Les aliénations de droits réels qui n'ont pas le caractère d'actes d'administration (car certaines aliénations peuvent être des actes d'administration) sont-elles maintenues?

Le droit moderne a édicté, quant aux hypothèques, un texte

qu'il faut généraliser (art. 2125, C. Nap.) : *Soluto jure dantis, sol-vitur jus accipientis*. Cependant, comme dans certains cas les droits réels concédés par l'acquéreur ne tombent pas, la question se présente de savoir quand nous appliquerons la première décision, et quand la seconde.

728. — Je ne recommencerai pas l'exposé et la critique des divers *criterium* présentés par les anciens jurisconsultes et reproduits par les modernes. Aujourd'hui encore on retrouve (22) toujours invoquées, osé-je le dire, avec un peu de confusion, les causes nécessaires ou volontaires, les causes contemporaines ou postérieures, les résolutions opérant de plein droit et celles qui n'opèrent pas de plein droit.

Mais deux *criterium* nouveaux se font jour; je dois donc les indiquer.

729. — *Criterium de Merlin*. Merlin (23) modifie le système des causes nécessaires ou volontaires; et voici en quels termes : si la résolution du droit du possesseur est l'effet d'une cause nécessaire et inhérente au contrat, les droits réels tombent.

A l'égard des résolutions dont on peut imputer la cause au possesseur, il faut distinguer entre celles qui sont l'effet direct et immédiat de sa volonté, et celles qui n'en sont que l'effet indirect et éloigné.

730. — Contre cette théorie, on objecte immédiatement l'article 958, C. Nap. Le donataire ne commet pas un des faits précis d'ingratitude dans le seul but d'arriver à la résolution de son droit, et cependant les droits qu'il a conférés sont maintenus. L'emphytéote, au contraire, cesse-t-il de payer le canon, son droit est résolu, et, avec le sien, celui de ses ayant-cause.

731. — Les deux hypothèses sont complètement distinctes, dit Merlin. Dans la première, l'action est pénale; aussi n'est-elle pas donnée contre les héritiers du donataire. *A fortiori* ne doit-elle pas réagir contre les tiers détenteurs. Dans la seconde, l'action est au contraire une de ces actions appelées *rei persecutoriæ*, donnée contre les héritiers de l'emphytéote aussi bien que contre les tiers détenteurs.

732. — Cette prétendue distinction juridique n'a pas pour elle le droit ancien. J'ai montré comment certains jurisconsultes con-

sidéraient comme pénales toutes les résolutions, et comment
d'autres, pour les déclarer avec raison transmissibles contre les
héritiers, avaient soutenu que les résolutions n'étaient pas une
peine, mais la conséquence régulière d'une convention. Les
règles de l'emphytéose, de la donation et du fief étaient à cet
égard identiques. Le système de Merlin ne s'appuie donc pas sur
les traditions historiques; et l'explication présentée ne justifie
rien, puisqu'elle conduirait, contrairement aux textes, à régir
par une même solution l'emphytéose, la donation et la vente.

733. — Cette doctrine est d'ailleurs inadmissible en soi. Elle
n'envisage que l'acquéreur primitif du droit; mais s'il ne s'était
pas dessaisi de ce droit au profit d'un tiers, il en eût été certainement privé au profit de l'aliénateur. Il ne faut donc pas s'occuper
de l'acquéreur qui doit toujours être dépossédé, mais de l'aliénateur et des tiers. Voilà ceux dont les intérêts sont engagés et qui
ont à perdre ou à gagner, suivant que telle ou telle solution
l'emportera (24).

734. — *Criterium présenté par M. Ollivier* (25). Ce qu'il y a à
résoudre, c'est une question de faute. Les tiers sont-ils en faute,
leurs droits tombent. Au contraire, l'aliénateur est-il lui-même
en faute? Les droits conférés aux tiers sont maintenus.

Or, les tiers sont en faute d'avoir acquis des hypothèques ou
des droits réels d'un emphytéote, d'un donataire conditionnel.
Peuvent-ils se méprendre sur la fragilité de leur titre? N'ont-ils
pas été suffisamment avertis?

A contrario, on doit dire : ils ne sont pas en faute s'ils traitent
avec un donataire devenu plus tard ingrat. On ne peut prévoir
les faits d'ingratitude.

735. — Ce privilége qu'on concède aux tiers, et en vertu duquel ils peuvent ne pas prévoir les faits d'ingratitude, se com-
prend-il bien, alors qu'on ne l'accorde pas aux tiers qui traitent
avec un acheteur ou avec un emphytéote? Pourquoi les tiers ne
prévoieraient-ils pas la possibilité d'une ingratitude ultérieure
(*supra*, nº 351)? Or, c'est là toute la base du système.

736. — On objecte l'art. 717 du Code de Procédure Civile, et
l'on montre les législateurs de 1811 le justifiant par l'idée qu'il y
avait faute de la part du vendeur à n'avoir pas révélé ses droits
avant l'adjudication.

737. — Cette considération fut en effet présentée; mais l'intérêt majeur qui provoqua la disposition de l'art. 717, n'était-ce pas celui du crédit? Et comment pourrait-on soutenir que l'on peut retrouver dans le Code un système conçu *a priori*, avec lequel concorderait l'art. 717? On oublie donc que cet art. 717 est entré dans notre législation sous l'influence d'idées économiques nouvelles encore en 1841, puisqu'elles ne datent que de 1833? L'article 717 est, au point de vue juridique, une anomalie, une exception à l'art. 2125.

738. — Je crois donc qu'il faut encore aujourd'hui accepter le *criterium* indiqué par quelques anciens auteurs. Le droit des créanciers hypothécaires ou des détenteurs tombe s'ils sont eux-mêmes en faute. Comme M. Ollivier, je crois qu'il n'y a qu'une question de faute à résoudre ici; et tandis que M. Ollivier écarte du débat (contre Merlin) l'acquéreur primitif du droit, j'écarterai à mon tour du débat (contre M. Ollivier) l'aliénateur du droit. A mon sens, il ne faut se préoccuper que des tiers. Sont-ils en faute? Que *jure stricto* ils soient complètement exempts de faute dans telle hypothèse donnée, parce qu'ils n'ont pas pu prévoir la possibilité d'une résolution ultérieure, c'est ce que je n'admets pas. Mais ils sont certainement en faute si, pouvant, au profit de l'aliénateur et aux lieu et place de l'acquéreur, exécuter les charges stipulées, ils ne le font pas. Ils ne sont pas en faute s'ils ne peuvent ni empêcher ni réparer l'inaccomplissement des obligations de l'acquéreur. Ainsi l'acheteur ne paie pas, ses créanciers hypothécaires ou le détenteur peuvent payer pour lui; ils s'en abstiennent, leur hypothèque ou leur droit de propriété tombera. Le donataire se rend coupable contre le donateur de sévices ou d'actes ayant le caractère odieux de l'ingratitude; les créanciers hypothécaires du donataire ne peuvent l'empêcher, leur droit hypothécaire tient.

Mais l'article 717! va-t-on m'objecter. — On sait que cet article est une innovation tardivement introduite dans nos Codes, et qu'il se justifie plus par des causes économiques que par des raisons de droit.

739. — § II. *Jugements.* — Suivant l'opinion générale, il faut en matière de chose jugée faire le plus souvent une distinction importante. Telle personne, qui n'aura pas plaidé par elle-même, pourra très-bien invoquer un jugement favorable qui aura été obtenu à la requête d'un tiers placé dans de certaines conditions (caution, codébiteur), sans qu'on puisse lui opposer un jugement défavorable, qui aurait été prononcé sur les diligences de ce même tiers. Or, les jugements intervenus avec l'acquéreur intérimaire ont-ils force de chose jugée contre l'aliénateur après la résolution? Appliquant la distinction à laquelle je fais allusion, voici la double solution à laquelle j'arrive. L'aliénateur peut invoquer les jugements qui lui sont favorables; l'acquéreur a pouvoir d'administrer et d'améliorer le droit qui lui a été transmis. L'aliénateur ne souffrira pas des jugements défavorables : l'acquéreur ne peut compromettre des droits autres que les siens.

Il sera donc prudent, quand on plaide contre un acquéreur, de mettre en cause l'aliénateur, pour que le jugement à intervenir soit commun aux deux.

Autoriser l'effet des jugements contre l'aliénateur, ce serait permettre à l'acquéreur de valider indirectement tous les actes de disposition qu'il aurait pu faire. Il se laisserait assigner et condamner au délaissement sur les poursuites de ses acheteurs, donataires, etc.

740. — § III. *Transactions.* — L'aliénateur, après la résolution opérée, peut invoquer les transactions qui lui sont favorables et répudier celles qui compromettraient sa situation. Les raisons de décider sont les mêmes que pour les jugements.

Il va sans dire que l'aliénateur ne peut scinder l'effet d'une même transaction, et, en dépit de son indivisibilité, invoquer l'effet de telle ou telle clause, répudier l'effet de telle ou telle autre.

741. — § IV. *Acquisitions de droits réels.* — Je suppose que l'acheteur, le donataire ou légataire ait acquis au profit du fonds une servitude prédiale. La résolution se produit; l'aliénateur peut-il conserver la servitude prédiale? Si la servitude a été transférée à l'acquéreur par suite de considérations personnelles, *in personam*, comme auraient dit les Romains, l'aliénateur ne peut en user; mais si elle a été transférée sans que dans l'opération la question de personnes ait été directement en jeu, *in rem*, comme on aurait encore dit à Rome, l'aliénateur peut en jouir. L'ac-

quisition reste définitivement au profit du fonds. Cette solution, conforme à notre théorie générale (puisque là nous rentrons encore dans l'amélioration du droit transmis et que dans cette limite nous donnons tout pouvoir à l'acquéreur), a pour elle l'autorité du nom de M. Demolombe.

SECTION II.

Situation de l'aliénateur.

Article I. — Vis-à-vis de l'acquéreur.

742. — § I. *Impenses.* — L'aliénateur doit indemniser l'acquéreur des impenses que celui-ci a faites. On ne peut que répéter les solutions de l'ancien droit.

Les frais de culture, d'entretien, charge naturelle des fruits, sont payés par celui qui les gagne, c'est-à-dire en principe par l'aliénateur. Il ne s'agit ici que des dépenses extraordinaires de conservation ou d'amélioration faites pour l'utilité perpétuelle du fonds.

743. — Quant aux impenses proprement dites, — et sous le nom d'impenses je comprends même les constructions, — je fais une distinction que les principes généraux du droit, à défaut de l'art. 555, directement inapplicable à la matière (26), autorisent.

744. — L'impense est-elle nécessaire, l'aliénateur doit en payer intégralement le chiffre, *suæ pecuniæ pepercit*, n'eût-il pas lui-même dépensé cet argent, puisque sans cette mesure l'immeuble eût dépéri ?

745. — L'impense est-elle voluptuaire, l'aliénateur ne doit pas indemnité. Il n'eût pas fait cette dépense ; il n'en est de plus résulté aucune amélioration pour le fonds. L'aliénateur ne s'enrichit donc pas au préjudice de l'acquéreur, et dès lors n'est pas tenu envers lui. Mais l'acquéreur pourra enlever tous les ornements ou matériaux qui pourraient être détachés sans dégradation des immeubles (27).

746. — L'impense est-elle utile, on eût pu s'en passer. Mais telle qu'elle a été faite, elle a produit un enrichissement dans le patrimoine de l'aliénateur. Cela suffit pour qu'un principe d'obligation existe contre ce dernier jusqu'à concurrence de la plus-value. L'acquéreur ne pourra jamais être contraint à la suppression des travaux qu'il aurait faits (28). Une certaine liberté de gestion lui a été naturellement conférée par le seul fait de l'existence d'un titre intérimaire à son profit.

Mais cette première règle doit se combiner avec une autre disposition. L'acquéreur ne doit pas pouvoir imposer à l'aliénateur des dépenses excessives que celui-ci n'eût pu ni voulu faire, et sur l'exagération habile desquelles l'acquéreur aurait compté pour écarter d'autant plus les éventualités d'une résolution. *Non malitiis est indulgendum.* Les tribunaux apprécieront, dans leur pouvoir discrétionnaire, les circonstances, l'utilité relative que les impenses pourront avoir pour l'aliénateur, la hauteur des sommes employées; et dans une sage et intelligente conciliation des intérêts de tous, ils pourront condamner l'aliénateur à payer à l'acquéreur, en plusieurs termes, un capital déterminé; à lui servir une rente à peu près égale à la valeur dont le revenu s'est augmenté (29); ou bien encore à lui fournir en nature une quote-part de fruits par laquelle l'aliénateur arriverait en quelques années à l'amortissement de son obligation.

747. — § II. *Arrhes.* — Lorsque le juge verra dans les arrhes une avance sur le prix, les arrhes seront restituées à l'acquéreur. S'il y voit un moyen de dédit, l'aliénateur les gardera. La convention n'est-elle pas résolue par suite d'un fait personnel et potestatif de la part de l'acquéreur? Il faut surtout consulter l'intention des parties pour déterminer le caractère des arrhes.

748. — § III. *A-compte.* — L'aliénateur doit restituer les à-compte et les prestations partielles qu'il a pu recevoir. Le droit en vertu duquel il les a touchés n'existe plus. Les intérêts des à-compte devront même être payés à partir du moment où le capital a été encaissé, toutes les fois que l'aliénateur reprendra les fruits. Le capital, en effet, a été indûment payé; et l'aliénateur ne doit pas plus s'enrichir au préjudice de l'acquéreur que celui-ci au préjudice de l'aliénateur (30). Que si l'on objecte la rigueur de ma solution contre l'aliénateur, ainsi contraint de rapporter après

plusieurs années des intérêts qu'il a sans doute dépensés *lautius virendo*, je répondrai que la loi permet au juge d'accorder des dommages-intérêts à l'aliénateur qui souffrirait de la résolution. Ce principe ne suffit-il pas pour que l'aliénateur obtienne, à la suite d'une demande reconventionnelle, une allocation de dommages-intérêts qu'il opposera ensuite en compensation à la demande en paiement des intérêts d'à-compte formulée par l'acquéreur? Le tribunal pourra d'ailleurs le dispenser directement, à titre de dommages-intérêts, de rapporter tout ou partie des intérêts.

749. — **§ IV.** *Prestations successives.* — Une question délicate se soulève au cas de résolution d'une rente viagère. Le créancier qui a fait résoudre le contrat en vertu d'un pacte commissoire exprès doit-il restituer les arrérages excessifs qu'il a reçus, ou seulement les intérêts légaux?

La première solution paraît ouvrir la porte aux stipulations les plus usuraires. Pendant dix, vingt ans, le créancier a reçu périodiquement vingt-cinq, trente pour cent; et parce que le débiteur a cessé de payer la dixième ou la vingtième annuité, le créancier reprendrait intégralement le capital qu'il avait aliéné!

Cela revient à incriminer l'élévation des arrérages de la rente viagère. Or, cette élévation, nuisible au débiteur, est-elle illicite? En aucune façon. Elle est le prix du risque couru par le créancier qui s'expose à perdre par son décès prématuré un capital considérable. Or, le risque a-t-il été couru pendant dix ans, vingt ans? — Oui; les arrérages ont donc été justement touchés.

Au surplus, cette solution se justifie par un autre motif. Dans la rente viagère, il y a de part et d'autre de véritables prestations successives. Or, dans ces sortes de contrat la résolution ne doit pas rétroagir. Ce sont pour ainsi dire de véritables séries de dispositions, dont les unes, ayant été exécutées *utrinque*, doivent ne pas être remises en question, dont les autres, ayant été omises, peuvent au contraire entraîner la résolution (31).

Article II. — Vis-à-vis des tiers.

750. — *Principe.* L'aliénateur vis-à-vis des tiers est censé avoir toujours conservé le droit qu'il avait transmis sous condition résolutoire.

751. — *Conséquences.* 1° Si donc, ayant vendu avant mariage un immeuble, il est contraint, faute de paiement du prix, de provoquer la résolution du contrat, l'immeuble redevient propre, comme immeuble existant avant la célébration dans le patrimoine de l'époux.

752. — 2° Le vendeur conserve son privilége sur le prix du meuble, objet du contrat, lorsque l'acheteur, ayant revendu ce meuble à un tiers et ayant été obligé de recourir à la résolution, est ensuite réintégré en possession. (Art. 2102, C. Nap.)

753. — 3° L'ascendant donateur succéderait au bien par lui donné si l'aliénation que le donataire avait pu en faire a été elle-même anéantie par suite de résolution.

754. — 4° Les actes de disposition que l'aliénateur a pu faire *interea* de son droit sont réguliers et doivent être exécutés. Les hypothèques qu'il a constituées se trouvent avoir été concédées *ab initio* par le vrai propriétaire du fonds. J'en dirai autant de toutes les concessions de droits réels qu'il aurait faites.

755. — Tel est le principe de la rétroactivité et les conséquences qui en découlent. Je connais toutefois à ce principe trois exceptions dans la matière qui nous occupe.

756. — *Première exception.* Si nous devions suivre les principes du droit civil, voici à quels résultats nous arriverions quant aux droits de mutation.

Un droit proportionnel serait perçu lors de la transmission du droit. Mais, lorsque la transmission serait résolue, deux questions se présenteraient auxquelles il faudrait répondre négativement d'après les règles ordinaires :

1° Un droit proportionnel sera-t-il réclamé pour la résolution ?

2° Le premier droit perçu pour la transmission sera-t-il retenu ?

757. — Quelles sont maintenant les doctrines de l'administration ?

Quant au droit perçu pour la transmission, pas de difficulté. Il a été régulièrement touché; il ne peut plus, aux termes de l'article 60 de la loi du 22 frimaire an VII, être restitué. Il est gagné, quels que soient les évènements postérieurs. *Scripta lex...*

758. — Mais l'administration peut-elle exiger un nouveau droit pour la résolution? Du moment qu'elle considère la première aliénation comme parfaite à son égard, elle ne peut voir qu'une rétrocession dans la résolution; pour elle, c'est un second voyage que le droit de propriété fait, et par conséquent la base d'une seconde perception. Cependant la loi du 27 ventôse an IX, dans son art. 12, a apporté un adoucissement à ces exagérations : les jugements, portant résolution des contrats de vente pour défaut de paiement quelconque sur le prix de l'acquisition, lorsque l'acquéreur ne sera point entré en jouissance, ne seront assujettis qu'au droit fixe d'enregistrement.

759. — Voici donc la distinction qui résulte de ce texte. L'acheteur a-t-il été livré, un droit proportionnel est dû pour la résolution, considérée comme une revente! N'a-t-il pas été livré, le droit fixe peut seul être exigé.

760. — Analysant l'article dans toutes ses parties, les défenseurs de l'administration ont prétendu (et obtenu des décisions judiciaires en ce sens) :

1° Que la tradition au profit de l'acheteur pouvait être feinte, et que cela suffisait pour que le droit proportionnel fût dû;

2° Que le moindre à-compte versé rendait inapplicable l'exception de la loi de ventôse (*pour défaut de paiement quelconque*);

3° Que le jugement était nécessaire, et que la résolution amiable entraînait toujours droit proportionnel.

761. — La doctrine a protesté contre ces inductions. Quant à la première conséquence tirée, elle a soutenu que la loi ne pouvait avoir visé le cas exceptionnel où le vendeur aurait stipulé qu'il n'y aurait pas délivrance avant telle époque déterminée; qu'une telle prétention rendait inutile et sans application la disposition de la loi de ventôse. Quant à la seconde conséquence, elle a prétendu que la contexture grammaticale des mots n'excluait pas du tout la possibilité d'un à-compte versé. Quant à la troisième conséquence enfin, elle a dit qu'un législateur ne pouvait avoir commandé aux parties, sous peine de subir un droit proportionnel, de passer par les coûteuses et lentes formalités d'un procès. Eh

quoi ! voici un vendeur et un acheteur en présence ! L'acheteur n'a pas payé ; il le reconnaît, et ne peut s'exécuter ; et il faudra que le vendeur l'actionne en justice, alors que l'acheteur acquiesce à la résolution ! Que les parties plaident, alors qu'elles sont d'accord ! Sans doute l'administration doit pouvoir demander pour toute rétrocession un droit proportionnel. Aussi l'autorise-t-on à établir par tous moyens que la résolution déguise une revente. Mais il ne faut pas aller plus loin.

762. — La doctrine ne s'en est pas tenue là. MM. Championnière et Rigaud (32) ont soutenu que l'article de la loi de ventôse, et sa distinction entre le cas où l'acheteur avait pris possession et celui où il n'avait pas pris possession, se rattachaient aux anciens principes sur la transmission de propriété ; et dès lors, que les innovations du Code Nap. en cette matière avaient abrogé sur ce point la loi de ventôse. Le vendeur n'aliène pas toute sa chose, disent-ils, puisque, s'il n'est pas payé, il la reprend à la suite de la résolution comme propriétaire.

763. — Je n'oserais aller jusque-là. Il faut respecter les textes spéciaux. La loi de l'enregistrement doit être observée. Il est seulement malheureux, et il faut déplorer, que les principes les plus purs du droit civil soient ainsi altérés et compromis par des tendances fiscales.

764. — Je remarque toutefois que la loi de ventôse est spéciale à la vente. Je n'accorderais donc pas un droit proportionnel pour la résolution d'une donation.

765. — *Deuxième exception.* En matière de faillite, le concordat peut être résolu pour inexécution de charges. Mais dans l'intervalle, il arrive souvent que certains créanciers ont reçu partie de ce qui leur était dû. *Jure stricto,* ils devraient rapporter à la masse les dividendes touchés, puisque le concordat ne tient plus, et partager le tout avec les nouveaux créanciers. Le Code de Commerce, partant de ce principe que le dividende représente le capital, en conclut que, s'ils ont reçu un quart ou un tiers des dividendes promis, ils sont réputés avoir reçu un quart ou un tiers du chiffre nominal de leur créance, et leur commande de venir dès lors produire à la nouvelle vérification pour le reliquat du chiffre nominal de la créance primitive. Il ne faut pas que la

vie commerciale, qui avait repris quelques instants, soit anéantie.

766. — *Troisième exception.* Elle se rencontre encore au cas de faillite. Le concordat résolu, les cautions du débiteur restent obligées, tandis qu'elles seraient libérées par l'annulation de ce même concordat. Pourquoi cette solution, et surtout cette différence dans les solutions ? Les cautions ne sont pas libérées, dit l'auteur des *Répétitions écrites sur le Code de Commerce,* parce qu'elles se sont obligées à payer pour le cas où le débiteur n'exécuterait pas ses obligations, et que l'hypothèse prévue vient justement à se réaliser. Cette explication est inacceptable. Voulez-vous argumenter contre les cautions de leur obligation personnelle ? Vous le pouvez en *maintenant* le concordat. Vous demandez la *résolution* du concordat, vous n'avez plus droit de poursuivre les cautions, qui n'en sont que des accessoires.

767. — Et cependant les cautions ne sont pas libérées au cas de résolution ! En voici le motif. Une personne a cautionné l'exécution d'un concordat ; elle pensait que l'actif du failli suffirait pour couvrir, ou à peu près, les dividendes promis ; mais elle s'aperçoit que l'actif est tout à fait insuffisant, et qu'à raison de son obligation personnelle elle va faire une perte de cinquante, de cent mille francs. Elle se ravise alors, et dit au débiteur dont elle achète la complaisance par une somme d'argent : Ne payez pas votre premier dividende. Elle soudoie un petit créancier qui peut à lui seul, nous le savons, provoquer la résolution ; et, moyennant quelques légers sacrifices, elle se débarrasse ainsi d'engagements onéreux. Mais la loi commerciale a prévu la fraude et l'a rendue impossible. La caution reste tenue malgré la résolution.

768. — Cependant la caution serait libérée par l'annulation ! Oui ; et il n'y a pas d'inconvénient à cela. On n'a pas à craindre ici que la caution pousse le débiteur à réaliser une cause d'annulation, c'est-à-dire se rende coupable du crime de banqueroute frauduleuse. Le débiteur sera peu docile à de pareils avis ; et le Code Pénal, qui frappe si sévèrement les complices, suffit pour rendre la caution plus timide.

CITATIONS.

DROIT ROMAIN.

TITRE PRÉLIMINAIRE.

CHAPITRE I.

(1) 329, Fr. Vaticana. — (2) *Finitur pignus*, L. 3 quibus modis pignus solvitur D., Ulpien ; *res pignori esse desinit*, L. 4 § 3 de in diem addict. D. Marcellus, *ex quo colligitur quod emptor medio tempore dominus esset ;* Ulpien, même loi ; *finita est emptio ;* L. 4 de lege comm. D. Ulp. ; Ulp., 16 quibus modis ususfructus, D.

CHAPITRE II.

(1) G. Demante, Revue critique, mai 1851, p. 449, note 3 *in fine.* — (2) VIe Table ; G., I, 119. — (3) G., II, 59 et 60. — (4) De Caqueray, p. 158, 328 et 329. — (5) 329, Fr. Vatic. — (6) Loi 33 de manum test. D. ; Loi ult. § 3 de adsign. libert. D. — (7) 55 de legat 1° Cujas (édit. Fabrot, 1658), 8, 402 ; 9, 835 ; 5, 897 ; si certis modis majores nostri obligationes tolli voluerint, intelligimus alio modo noluisse, Cic., pro Cæc. — (8) Dr. réels : affranch. d'esclave commun par un copropriétaire, Ulp., I, 18 ; cessio in jure d'usufruit ; Pomponius, loi 66 de jure dot. D. ; Pellat, sur la loi 66 de jure dotium ; Gaius, II, 30 ; Pellat, n° 100, de la propriété. — Dr. personnels : extension de la théorie de l'exception même dans les contrats de droit strict, G., IV, 116 ; création des restitutio in integrum ; des actions in factum de dolo, quod metus causa, etc.

CHAPITRE III.

(1) G., II, 59. — (2) 329, Fr. Vatic. — (3) Ulp., 16 § 2, fam. ercisc., D. — (4) Ulp., 41, de rei vind., D. — (5) Papin., Loi 4 de servit., D. — (6) Arg.

de L. 14 § 1 de compensat. au Code. — (7) Fr. Vatic., § 48 et 50. — (8) Cujas, 5, 24. — (9) Pellat, introduction de la propriété, nº 100. — (10) 49,
Fr. Vatic. — (11) 50, Fr. Vatic. — (12) 49, Fr. Vatic. — (13) Pellat,
p. 57, note, de la propr. — (14) 48 et 49, Fr. Vatic. — (15) Paul, 44 § 1
de oblig. et act., D. — (16) Papin., 77 de reg. juris, D. — (17) 329, Fr.
Vatic. — (18) Ulp., 11 § 1 de rebus creditis, D.; Ulp., 7 § 5 de pactis, D. — (19) Supra, nᵒˢ 16 et 17. — (20) G., III, 140. — (21) G., III,
143. — (22) Instit., § 12 mandati.

CHAPITRE IV.

(1) Cujas, 1, 789. — (2) Paul, 54, § 1 et 56, loc. cond. D. — (3) 3. C.
de locato; Paul, 54 § 1 loc. cond. D. — (4) Galus, 25, § 2, loc. cond. D.
— (5) Paul, L. 1 si ager vectigalis; 2, C. de jure emphyt. — (6) Nov.
120, ch. 8; Cujas, 9, 422. — (7) Paul, L. 65 § 4 de condic. indeb. D. — (8) 1
de donat. sub modo. C., 37 § 3, Scœvola, de legatis D. — (9) L. 14 de rescind. vend. Code. — (10) Cujas, 8, 350. — (11) Africain, L. 33 D. locati
cond. — (12) Ulp., 13 § 11 loc. cond. D.; et nº 372, Louage, Pothier. —
(13) Ulp., 14 loc. cond. D. — (14) Furgole (Paris, 1775, in-8º), 2, des
Testam., p. 186; Flaminius, livre I, q. 3.

TITRE I.

(1) Paul, 2 § 5 pro emptore D. — (2) Ulpien, 7 § 7 de liberat legata D.
— (3) Cujas, 7, 727; Doneau, 4, col. 898. — (4) Paul, 33 donat. mortis
causa D. — (5) Paul, 2 § 3 pro empt. D.; Cujas, 1, 1167; 9, 406; 5, 783;
7, 727. — (6) Ulp., 1 de lege commiss. D. — (7) Ulp., 7 de contrah. empt.
D. — (8) Doneau, IV, col. 900. — (9) Cujas, 10, 480; Ulp., 29 de mortis
causa donat. D.; Paul, 66 de rei vindic. D. — (10) Modestin., 32 § 1 de legat. 2º D. — (11) Ulp., 11 § 13 quod vi aut clam D. — (12) Ulp., 3 quibus modis pignus D.; Modestin., 23 de statuliberis D. — (13) Paul, 30 de
mortis causa donat. D. — (14) Ulp., 9, Pomponius, 29 de statuliberis D. —
(15) Ulp., 12 § 2 fam. ercisc. D. — (16) Neratius, 5 de lege com. D.; Paul,
2 § 4 pro emptore D.; Cujas, 1, 70; 6, 357; 7, 727; 9, 566; 10, 484; Doneau, 4, col. 900. — (17) Cujas, 1, 1167. — (18) Ulp., 11 § 1 de donat.
inter vir. D. — (19) Ulp., 11 § 9 de donat. inter vir. D.; Confer Cujas, 6,
123; Savigny, IV. p. 255 en sens divers. — (20) Ulp., 9 de statulib. D.;
Marcellus, 72 § 5 de solution. D.; Cujas, 5, 957. — (21) Paul, 9 de aqua
et aquæ D. — (22) Hermog., 38 § 2 ad legem falcid. D. — (23) Voet, ad
legem commiss., 1, p. 776. — (24) L. 9 et 29, de statulib. D. — (25) L.

12 § 2 fam. ercisc. D. — (26) Brussel, de conditionibus, livre IV, t. 5, p.
525 et Molitor II, n° 511. — (27) Cujas, 7, 833. — (28) § 4, de verb.
oblig. Instit. — (29) Arg. de 73 § 1 ad leg. falcid. D.

TITRE II.

(1) Brussel, liv. 4, t. 5, p. 534.

TITRE III.

CHAPITRE I.

(1) Paul, 1 § 4 de rer permut D.; Marcianus, 32 de usuris D. —
(2) 14 de verb. oblig. D., Celse, cité par Pomponius. — (3) Marcellus, 98
§ 1 h. t. — (4) Ulp., 72 § 2 h. t. — (5) Cujas, 8, 375; 5, 189; 1, 1450. —
(6) Africain, 23 de oblig. et act. D. — (7) 2 C. de jure emphyt. — (8) Ulp.,
4 § 4 de lege comm. D.; Cujas, 10, 770 et 771; 5, 783; 7, 674; 8, 375; 9,
1312; Doneau, 2 col. 1984. — (9) Ration. ad. Pand., Loi 4 § 4 de lege
comm. — (10) Cujas, 10, 382; Savigny, 5, p. 275. — (11) Ulp., 4 § 4
de lege com. D. — (12) Paul, 38 de minoribus viginti D. — (13) Hermog.
L. 7 de lege com. D. — (14) L. 12 de comm. et contrab. stip. C. —
(15) 2 C. de jure emphyt. — (16) Paul, 38 de minorib. viginti D. —
(17) Ulp., 23 de receptis qui arbitrium D. — (18) Cujas, 9, 406. —
(19) L. 1 et 7 C. de revoc. donat. — (20) L. 10 C. h. t.; Savigny, 4,
p. 234. — (21) L. 2 C. de condict. ob causam; confer, L. 3 h. t. —
(22) Doneau, 3, 1203 et 1283. — (23) Ulp., L. 3 de lege com.; Cujas,
4, 94, et 9, 406; Doneau, 4, 898; 2, 1288, et 3, 1287; L. 10 C. de revoc.
donat.; L. 2 C. de jure emphyt. — (24) Pomponius, L. 2 de lege com. D.
(25) L. 7 C. de revoc. donat. — (26) Loi 10 C. h. t. — (27) Cujas, 10, 758.
— (28) Proculus, Loi 12 præscr. verb. D. — (29) Paul, 35 § 3 de mortis
causa donat. D. — (30) Pomponius, L. 6 § 1 de contrah. empt. D. —
(31) Ulp. L. 16 de in diem addict. D. — (32) Javolenus, 19 de usucap. D.
— (33) Modestin, 62, § 1 de contrah. empt. D.; Paul, 14 § 1 de addict.
in diem D.; Ulp., 23 § 1 de ædil. edicto D.; Ulp., 11, § 3 de act. empti
D. — (34) Ulp., 7 § 5 de pactis D. — (35) Javolenus, 70 de contrah. empt.
D.; Cujas, 10, 771. — (36) Doneau, 8, 1147. — (37) Paul, L. 2 de rer.
permut. D. — (38) Cujas, 6, 471; Doneau, 3, 1314. — (39) Ulp., 4 de
lege com. D. — (40) 2 C. de pactis inter; Paul, 6 D. de rescind. vendit.
— (41) § 28 de actionibus, Instit. — (42) § 28 de action. Instit. —
(43) Gaius, L. 10 § 1 de hered. petit. D. — (44) Ortolan, 4e édit., 2,

p. 478, note 6. — (45) G., 4, 47. — (46) Ulp., L. 1 § 21 depositi D. — (47) Marcellus, L. 22 h. t. D. — (48) Savigny, 5, p. 94, note t. — (49) G., 4, 47. — (50) De Caqueray, p. 212.

(51) Ulp., 14 § 11 quod metus causa D. — (52) Bonjean, 2, p. 270, note 1, 2e édition. — (53) Marcellus, 12 de re judicata D.; Pellat, de la propriété, p. 381. — (54) « Et cæteris similibus, » § 31 de act. Instit.; Vinnius sur le § 31 de act. — (55) Ortolan, 4e édit., 2, p. 479 et 480. — (56) Zimmern, trad. d'Etienne, § 58. — (57) 5, p. 138 et 143. — (58) 5, p. 139. — (59-60) 5, p. 140, note g.; Confer Savigny, 5, p. 275. — (61) Ulp., 23 § 1; Paul, 60 de œdil. edict. D. — (62) Savigny, 5, p. 142. — (63) Paul, 58 de ædil. edicto D. — (64) Gaius, 45, h. t. D. — (65) 23, § 1, h. t. D.; Africain, 6 § 1, de diversis temp. præscr., D.; Ulp., 13 § 2, de adquir. vel amitt. poss. D. — (66) Loi 7 C. de revoc. donat.; Savigny, 4, 240; Simplicius, cité par Pellat, de la propriété, p. 44, à la note; Bréviaire d'Alaric, liv. 2 et 5, § 6, cité par Pellat, introduction, p. 22, note 2; Gaius, 3, 217, et Instit. de Justinien, de lege Aquilia, § 13. — (67) Confer la stipulation aquilienne, § 2 quibus modis obligatio tollitur, Instit.; Papin., 28, de oblig. et act. D. — (68) Confer quant au sens de precaria, Loi 16 de pactis au Code. — (69) Sur le § 28 de action., v° quæ de æstimato. — (70) Savigny, 5, p. 259, note h. — (71) Paul, 39, de mortis causa donat. D. — (72) Ulp., 37, § 1, h. t. D. — (73) Julien, L. 19 de mortis causa donat. D. — (74) Cujas, 6, 472. — (75) Ulp., L. 29 et 30 de mortis causa donat. D. — (76) Paul, L. 36 § 1 de hered. petit. D. — (77) Savigny, 2, p. 82 et 139 à 141; Paul, L. 21 pr. depositi, D. — (78) Savigny, 5, p. 503 et 597; Bonjean, 2, 224. — (79) Savigny, 4, p. 241. — (80) Confer, Ortolan, 4e édit., 2, p. 514. — (81) Sur Loi 68 de rei vind. D.; de Caqueray, p. 212. — (82) Ortolan, 2, 477. — (83) Comm. IV. — (84) IV, § 41. — (85) De Caqueray, p. 212. — (86) Pellat, de la prop., p. 368, note 5. — (87) Ulp., 16 § 2 fam. ercisc. D. — (88) Machelard, des hypothèques, p. 183. — (89) Boehmer, de verbis directis et obliquis, Exerc. ad P. T. J, § 30 et 31. — (90) Ulp., 4 § 3 de in diem addict. D.; et 2 quibus modis pignus D. — (91) Ulp., 4 de pigner. act. D. — (92) Sur la Loi 13 de pign. act. D. — (93) Paul, de aqua et aquæ D. — (94) 283, Fr. Vatic. — (95) 2, C. de Donat quæ sub modo. — (96) L. 20 C. de pactis. — (97) G., 2, 200; Julien, L. 31 de legatis 1° D.; Ulp., 9 § 1 de statulib. D.; Ulp., 16 quibus ususfructus modis D.; etc..... — (98) Ulp., 16 § 2 fam. ercisc. D. — (99) Pompon., 6 § 1 contrah. empt. D. — (100) Ulp., 4 de lege Comm. D.

(101) Ulp. 3 quibus modis pignus solvitur D.; et 4 § 3 de in diem addict. D. — (102) Paul, 31 de adq. rer. dom. — (103) Javolenus, 19 de

usurp. D.; Cujas, 8, 993; Favre, 22 de error. pragmat. n° 1, p. 287; Doneau, 4, 893, et 8, 1139. — (104) Doneau, 8, 1139. — (105) Tira-queau, sur la loi si unquam, v° revertatur, n°ˢ 21, 39, 47, 138, 399. — (106) Scœvola, 8 de lege comm. D.—(107) Ulp., 4 h. t. D.—(108) Pomp., 6 § 1 de contrah. empt. D. — (109) Ulp., 29 de mortis causa donat. D. — (110) V° Revertatur, n° 6, et Covarruvias, p. 353.—(111) Dumoulin, § 33, gl. 2, n° 12. — (112) Dumoulin, § 33, gl. 2, n°ˢ 11, 14. — (113) Dumou-lin, § 33, gl. 2, n° 12; 2ᵉ vol. consil. 17, p. 857; et Covarruvias, p. 353. (114) Infra, n° 370; Dumoulin, § 33, gl. 2, n° 9 à 14. (115) D'Argentré, p. 2303, de Laudimiis. — (116) Thibaut, 17ᵉ dissert. Conditions, chap. 5. (117) Brunnemann, ad L. 1, de lege commiss.; Voët, de lege comm., p. 770. — (118) Zimmern, Archiv. de la pratique civile, 5ᵉ vol., 2ᵉ cahier. — (119) Ulp., 30 de donat. mortis causa D. — (120) Cujas, 7, 332, sur loi 41 de rei vindic., et 10, 770. — (121) En ce sens, Thibaut. — (122) Noodt, ad Pandectas de lege comm. C. — (123) Pothier, eod. tit.; en ce sens, Balde et Cynus cités par Dumoulin sur le Code (IV, 54), p. 682.—(124) Sur la loi 8 de lege comm. D., p. 323. — (125) 22 de error. pragmatic., n° 1, p. 287. — (126) Pellat, sur loi 41 de rei vindicatione D. — (127) 4. à 26 cité par Thibaut. loc. cit. — (128) Syntagma juris, édit. colon. 1623, p. 170. —(129) 17ᵉ dissertation sur le droit civil, des condit., ch. 5; Paul, arg. 85 § 7 de verb. oblig. D. —(130) G., 2, 79; Justinien, § 14 de ac-tionibus, instit. — (131) Cujas, 7, 333, sur la loi 41 de rei vindic. D. — (132) Cujas, 4, 140. — (133) Paul, 38 de minoribus D. — (134) Sclectæ quæstiones, II, 3. — (135) Doneau, 2, 1283; Cujas, 9, 442; Novelle 120. (136) Scœvola, 10 § 1 de rescind. vend. D. — (137) Novelle, 72, pr. de solut. D. — (138) Ulp., L. 4 § 4 de lege comm. D. — (139) Labeo, 51 § 1 de act. empti D. — (140) Scœvola, 8 de lege comm. D. — (141) Paul, 17 § 3 de usuris D.; Cujas, 8, 375. — (142) Scœvola, 10 de rescind. vend. D. — (143) Venuleius, 137 § 4 de verb. oblig. D. — (144) Paul, 77 de verb. oblig. D.

CHAPITRE II.

(1) Julien, 13, pr., de mortis causa donat. D. — (2) Scœvola, 14, de di-vers. temp. præscript. D. — (3) Ulp., 13 § 2 de adquirenda vel omitt. pos-sess. D.; Africain, 6 § 1 de divers. temp. præscript. D.; Javolenus, 19 de usurpat. D. — (4) Ulp., 4 § 4 de in diem addict. D. — (5) Paul, 12 de condict. causa data D.; Cujas, 6, 227 et 5, 783. — (6) Doneau, 4, 893. — (7) Paul, 12 de condict causa data D; Neral, 5 de lege comm. D.; Ulp., 6, pr. de in diem addict. D.; Savigny, 4, 46. — (8) Paul, 38 § 1 à 6 de

usuris D; Paul, 65 § 5 de condict. indebiti. D. — (9) 14, Fr. Valle. — (10) Nerat, 5 de lege comm. D. — (11) Cujas, 1, 70; 5, 783; 6, 357; 10, 758; Doneau, 3, 894. — (12) Ulp., 4 § 1 de lege comm. D. — (13) Add., L. 5, dans les Basiliques. — (14) Tiraqueau, v° revertatur, n° 283. — (15) Paul, 39 de mortis causa donat. D. — (16) Paul, 8 de periculo et commodo rei venditæ D. — (17) Ulp., 4 § 1 de in diem addict. D.; Doneau, 4, 898. — (18) L., 9 de locato C. — (19) Macer, 63 de re judicata arg. D. — (20) Marcien, 13 § 1 de pignoribus D.; Ulp., 6 § 3 de statuliber D. — (21) Caius 69 § 1; Julien, 81 pr. de legatis I° D. — (22) Marcellus, 11 § 1 quemadmod. servit D. — (23) Ulp., 4 § 3 de in diem addict. D. — (24) Paul, 9 de aqua et aquæ D. — (25) Ulp., 3 quibus modis hyp. solvitur D.; Zimmern, archives de la Pratique Civile, 5° vol., 9° cahier, des conditions. — (26) Cujas, 6, 221; 5, 446; Scævola, 31 de pignoribus D. — (27) 2, C. J., de Jure emphyt; Doneau, 2, 1283. — (28) Scævola, 6 de lege comm. D. — (29) Scævola, 8 de lege comm.; 1, C. de pactis inter...; Cujas, 10, 770. — (30) L., 6, C. de pactis inter... — (31) Pomponius 6 § 1 de contrah. empt. D. — (32) Scævola, 10 § 1 de rescind. vendit. D. — (33) Cujas, 6, 227. — (34) Cujas, 5, 278 et 7, 814. — (35) Voët, ad leg., Comm. I, p. 777. — (36) Paul, 38 de minoribus D. — (37) Paul, Loi, 9 de aqua et aquæ D.

ANCIEN DROIT.

TITRE PRÉLIMINAIRE.

CHAPITRE 1.

(1) Bourjon, I, p. 200, *minus datum est;* I, p. 284 et 488. (Le dépouillement cesse.) — (2) Pothier, Introduction au titre des fiefs Cme d'Orléans, n° 15; Furgole, des Testaments, 2, p. 160. — (3) Bourjon, I, p. 200. — (4) Carondas, 1er vol., l. 2, 296, Pandectes; Bouhier, I, p. 747; Dumoulin, 1er vol., § 1, gl. 1, n° 55; § 1, gl. 4, n° 11. — (5) Bourjon, I, p. 200. — (6) Ricard, I, 3e partie, p. 577. — (7) Furgole, 2, des Testam. ch. 7, sect. 3 et 4. — (8) Dumoulin, § 20, gl. 1, n° 62. — (9) Bourjon, I, p. 200. — (10) Pothier, Vente, 430. — (11) Pothier, Fiefs, 309. — (12) Pothier, Cme d'Orléans, Introduction des donations, 107. — (13) Hévin, 2e vol., p. 120; Emm. Gonzalès, tit 5 L. 4 de condit., ch. 1 quicumque; Loi 107 de condit., demonstr. D. — (14) *Infra*, n° 312 et seq. — (15) *Infra*, n° 332 et seq. — (16) Henrys, liv. 4, q. 76, p. 520. — (17) Du-

moulin, § 17, gl. 18, n° 29. — (18) Dumoulin, § 17, gl. 18, n° 29; § 45, gl. 1, n° 175. — (19) Dumoulin, 3e vol., in rubriq. de verb. oblig., n° 59; Hévin, 2e vol. 119. — (20) Pour le mariage, Emm. Gonzalès, liv. 4 t. 5 de condit. sponsal., ch. 1, quicumque; Andrea, 5e vol., p. 3 bis; Livre de Justice et Piet, édit. Rapetti, p. 192, § 7; pour l'expropriation pour utilité publique, Duparc-Poullain, 6, p. 38. — (21) Col Tuschi, v° Dominium, n° 606. — (22) Livre de Justice et de Piet, p. 137, § 1.

CHAPITRE II.

(1) *Supra*, p. 11, note 2; cf. formules d'Anjou du viiie siècle, Canciani, 3e vol. — (2) Livre 5, t. 4, n° 5, p. 118, dans Canciani, 4e vol. — (3) Fleta (xiiie siècle). — (4) Formule de Goldast (an 851), Canc. 2, p. 437. — (5) Papien, ch. 35 de vendit; loi des Gragas, Ed. Schlegel, I, p. 399. — (6) L. Wisig., liv. X, t. 1, l. 11; Form. de Goldast (an 761), Canc. 2, p. 441; Concile de Meaux (an 845), ch. 62, cité par Laboulaye (du droit de propr.) — (7) Form. de Goldast (an 802), Canc. 2, p. 435. — (8) 25e formule de Linderbrog. — (9) Charte de 676 cités par Pardessus, Loi Salique, p. 490; Capitulaire de Charlemagne (an 813), 20, cité par Lehuérou, Étud. Caroling., p. 414. — (10) Loi I, liv. 5, t. 3, loi des Wisig., l. 8 eod. loco, cité par Lehuérou, p. 147. — (11) Antiqua, note ci-dessus, cf. Savigny, hre du D. R., 2, p. 44. — (12) L. Bavarois, t. 15, C. 10. — (13) L. I, ch. 7; L. 2, ch. 1. — (14) L. 2. ch. 1. — (15) Ed. Haenel. — (16) 37, de pactis au Papien. — (17) L. 4, ch. 27. — (18) Petrus, L. 1, ch. 10. — (19) Petrus, L. 2, ch. 1. — (20) Revue critique de législ., 1854, p. 453, note 4. — (21) 1er concile de Carthage, en 318; loi 1 de pactis Extra. — (22) Ch. 3 de pactis Extra en l'an 600. — (23) Fevret, 2e vol. p. 172. — (24) 2 L. 3 de pactis, édit. Haenel. — (25) Cité par Godefroy, C. Th. de pactis. — (26) Diplômes, collect. Brequigny, 1er vol., n° 172 (an 566). — (27) Dipl. Brequigny, I, n° 230 (an 615). — (28) Dipl. Breq., I, n° 190 (an 583). — (29) Eod. op. Palladius, n° 273; eod. op., Charte de 731, Ebehrard, p. 462; Aug. Thierry, Cme d'Amiens de 1159, p. 66. — (30) Form. antiq. ex Cód. Veron, Canc. 2, p. 474. — (31) 18e form. de Linderbrog, Canc. 3, p. 481. — (32) 30e form. Goldast, p. 429, Canc. 2e vol. — (33) Form. de Goldast, ch. 42, Canc. 2e vol. p. 433. — (34) Marculf, Appendice, 14, Canc. 3e vol.; Linderbrog, p. 491, Canc. 3e vol.; Dipl. Brequigny, 2, p. 265 (an 704). — (35) Canc. 2e vol., p. 720. — (36) Form. de Goldast, 31, p. 429, Canc. 2e vol. — (37) Ch. 3 de foro compet. sexte (an 1298); Loyseau, des Seigneuries, ch. 5, p. 94; Ordce de Philippe-Auguste (an 1219), collection du Louvre, I, p. 39; Fevret, 2e vol., p. 172. — (38) § 1, gl. 5, n° 79. —

(39) Ch. 7 ad nostram de jurej., Extra (an 1186) de sententia excomm. passim, sexte.—(40) Hallam, Institut de l'Église au moyen âge, 1er vol., p. 144; R. P. Pirhing., édit de 1676, 3e vol., p. 278. — (41) Éveillon, prêtre, T. des excomm., 2e édit. — (42) Collect. du Louvre, p. 211. — (43) Sic Pierre de Bourbon en 1357, Établis. de saint Louis dans la Coll. du Louvre, p. 180. — (44) Cap. ult. de donat. Extra (an 1235). — (45) C^{al} Tuschi, 2e vol., n° 711. — (46) C^{al} Tuschi, 3e vol., v° Emphyt. n° 192. — (47) Ch. 7 de pign. Extra (1210); Panormit, 3e vol., p. 121, sur le ch. 7 de pign. — (48) Bouhier, 2, p. 1013; Hévin, C^{me} de Bretagne, 2, p. 179, note a; Brunnemam (ad L. 6 de lege comm. D.). — (49) L. 10, C. de revoc. donat. — (50) Ferrière D^{re} de Pratique, v° canon; Éveillon, op. cit., p. 103.

(51) Ch. 3 de jurej. Extra. — (52) Panormit, v° biennium, ch. 4 de locato. Extra; Covarruvias, p. 357, liv. 3, ch. 9. — (53) Canon Gonzaldus, décret de Grat   (1070); arrêt du G. Conseil sous Henri II (1158); si beneficia, de preben   sexte (an 1208). — (54) Ch. cùm universarum, de rer. permut. Extra (1   ; arrêts du G. Conseil de 1647 et 1663, cités par d'Héricourt, p. 573.   (55) Pérard-Castel, Quest. bénéf., tome 2, p. 205. — (56) Rebuffe, 3e pa e, n° 60, Arrêts de 1549 et 1581; Tournet, 2e vol., p. 1310. — (57) Instit. de Fleury, I, p. 209; Rousseau-Lacombe, Jurisprud. canoniq., v° Regrès, p. 157; Flaminius, liv. 1, q. 13. — (58) Ch. 50, de reg. juris, sexte. — (59) Dur. de Maillane, D^{re}, v° Regrès; Dumoulin, 5e vol., p. 253. — (60) Dur. de Maill., D^{re}, v° pension; Rousseau-Lacombe, Jurispr. canonique, v° Regrès, p. 157. — (61) Arrêts de Tournet, 2e vol., p. 1335. — (62) Fevret, p. 180. — (63) Rousseau-Lacombe, Jurispr. can., v° Regrès. — (64) Arrêts de Tournet, 2, p. 1310. — (65) Flaminius, liv. 6, q. 6. — (66) Tournet, 2e vol., 1310; Van-Espen, pars. 2, sect. 3, t. 11, ch. 8, n° 12; Rousseau-Lacombe, v° pension. — (67) Dumoulin, 5e vol. de public. resign., 31e règle, n° 276, p. 128. — (68) Tournet, 2, p. 1317, arrêt de 1525. — (69) V.-Esp., pars 2, sect. 3, t. 9, ch. 1. — (70) Flaminius, l. I, q. 2, L. 3. — (71) V.-Esp., l. cit., t. 10, ch. 8, n° 18. — (72) Flamin., l. 6, q. 6. — (73) V.-Esp., l. cit., t. 10, ch. 8. — (74) Durand de Maill., v° pension, p. 380. — (75) V.-Esp., l. cit., t. 2, ch. 8, n° 12. — (76) Flamin., l. 6, q. 3. — (77) J. Andrea sur ch. propter ult. de donat. Extra, p. 103; Panormit sur même ch., p. 186. — (78) Charte de 1047 à l'abbaye de Fécamp, citée p. 34 dans Littleton, Institutes; Cujas, 2, 728. — (79) Livre des fiefs, I, 21, et II, 23, 24 (an 1158); Livre de Jean d'Ibelin (an 1250), p. 287, éd. Beugnot; Établis. de saint Louis, art. 187-191 (an 1270); Olim, 2e vol., édit. nouvelle, p. 188 et 213, arrêts de 1281 et 1283; Livre de Justice et de Plet, p. 103; Pratiq. de Masuer, p. 377; Guy Coquille, 2e vol., 2e partie, p. 31; Carondas, Rép. p. 137; Bouhier, 2,

p. 169. — (80) Établis. de saint Louis, dans les Ord^{ces} des rois de France, Collect. du Louvre, I, p. 146; Dumoulin, § 3, gl. 4, n° 10; § 35, gl. 2, n° 23; Bouhier, 2, p. 10. — (81) Livre des fiefs, I, 24. — (82) Livre des fiefs, I, 7 et 21; II, 26, § 3; IV, 92 et 97. — (83) Livre des fiefs, I, 21 et V, 1. — (84) Collect. du Louvre, I, p. 39 (an 1219). — (85) G. Coquille, 2ᵉ vol., art. 66, des fiefs, p. 83. — (86) Livre des fiefs, liv. 2, t. 5. — (87) Hévin, 2ᵉ vol., p. 527, n° 6. — (88) G. Coquille, loc. cit.; Bouhier, 2ᵉ vol., p. 75.—(89) Dumoulin, 2ᵉ vol., p. 819, consil. 3, n° 5. — (90) Corvinus, de jure feud., liv. 1, t. 2, p. 10. — (91) Pothier, Fiefs, 262. — (92) A. C^{mes} toulousaines, liv. 4, t. 10, cité par Laferrière, juin 1855, Revue critique de législ.; G. Coquille, 2, p. 48, art. 10, des Fiefs; Bouhier, 2ᵉ vol., p. 137; Bourjon, I, p. 234, n° 8, sect. 2. — (93) Dumoulin, § 43, gl. 1, n° 37. — (94) Ch. 3, de locato, Extra (1235); Despeisses, I, p. 128; Bourjon, 2, p. 54. — (95) Ch. 3, de loc. Extra; Masuer, p. 371. — (96) Bourjon, 2, p. 52. — (97) Assises de Jérusal., édit. Beugnot, 2, p. 146. — (98) Ch. 4, de local. Extra; Masuer, p. 372; Despeisses, 3, p. 110. — (99) Bourjon, I, p. 501. — (100) Domat, liv. I, tit. 4, sect. 10, n° 9; Despeisses, 3, p. 110.

(101) Art. 4 à 7, des Bourdelages; C^{me} de Nivernais. — (102) Livre de Justice, et Plet, p. 155. — (103) Bouhier, I, p. 443. — (104) Assises de Jérusalem, Bourgeois, ch. 214, p. 146, édit. Beugnot; Beaumanoir, 2, p. 503, édit. Beugnot, et I, p. 207; Dumoulin, § 43, gl. 1, n° 74; Houard, 4 vol., p. 158. — (105) Doneau, 3, col. 1265; D'Argentré, col. 2078, édit. de 1608, Paris; Bouhier, 2ᵉ vol., p. 160. — (106) Carondas, Pand., 2, p. 204, 1ᵉʳ vol. — (107) Dumoulin, § 33, gl. 2, n° 10. — (108) Despeisses, I, p. 466. — (109) Grég. de Toulouse, liv. 3, t. 14, ch. 2, p. 219. (Edit. de Lyon, 1612.) — (110) Cité par Dumoulin, 3ᵉ vol., sur la rubrique de verb. oblig., n° 62. — (111) Doneau, 8, 1139; Emm. Gonzalès, sur ch. 4, de condit. appos. Extra; Henrys, liv. 3, q. 73, p. 125. — (112) 2, p. 354 et ch. 24. — (113) Bouteiller, somme rurale. — (114) 1ᵉʳ vol., p. 4, n° 4. — (115) Cité dans Hévin, p. 351, en note, sur l'art. 295. — (116) Hévin, procès-verbal de la réform. de 1539, p. 1. — (117) 3ᵉ vol. sur la rubriq. de verb. oblig., n° 58 à 62. — (118) P. 403, de Bouteiller. — (119) 2ᵉ vol., 2ᵉ partie, p. 31. — (120) Liv. 1, tit. 2, sect. 12. — (121) IV, p. 256 et 298 (aff. Domergue). — (122) 2ᵉ vol., liv. 4, q. 44. — (123) Liv. 3, t. 4, ch. 9, n° 1. — (124) Vente, 475; oblig., 636. — (125) Pérard-Castel, quest. bénéf. 2, p. 204; Furgole, IV, p. 257, testam^{ts}. — (126) Ancien Denisart, v° vente; Grég. de Toulouse, p. 145, note f. — (127) Synode de Lyon, 1404, p. 285, décrets de l'Eglise gallicane; synode de Carnot en 1526. — (128) Synode Ebroïc., p. 284, décrets de l'Eglise gallicane. — (129) Vie

d'Alcibiade par Plutarque (t. I, p. 557, traduct. de Lebrun) citée par Carondas, p. 107. — (130) Synod. Ebroïc. cit. Évеillon, p. 104, ch. 9, art. 4;
D'Argentré sur l'art. 6, p. 15. — (131) V. Espen, 2ᵉ vol., p. 395; Laferrière, I, p. 250 et 255. — (132) Etats d'Orléans, 1560, p. 279, décrets de
l'Eglise gallicane; Fevret, 2, p. 196. — (133) Arrêts de 1571 et 1620 —
(134) Fevret, 2, p. 172. — (135) Arrêts de Nantes, 1535 et 1609, cités par
Frain, p. 155, 1ᵉʳ vol. — (136) Aïtiologie sur l'art. 6, Nᶫᶫᵉ Cᵐᵉ. —
(137) D'Argentré sur l'art. 6, A. Cᵐᵉ, p. 17. — (138) Despeisses, I, p. 48.
— (139) Furgole, IV, p. 298, aff. Domergue; Bourjon, liv. 3, t. 4, ch. 0,
nº 1; Pothier, vente, nº 475, sans distinctions. — (140) p. 164 (édit. Ge-
nève, 1641). — (141) Despeisses, 3, 122. — (142) p. 259. — (143) Des
offices, liv. I, ch. 13, nº 4. — (144) Cf. Catelan, 5, ch. 20. — (145) Institut. Argou., liv. 3, ch. 28; Ferrière, vº Emphyt. — (146) Cf. Merlin,
Répert. de jurisprud. vº Commise; Duvergier, I, p. 166.

TITRE I.

(1) D'Argentré, 336. — (2) Cᵃˡ Tuschi, 2ᵉ vol., vº Condit., nº 579;
Brussel, de condit., liv. 4, t. 5 — (3) Grég. de Toulouse, p. 467; Furgole,
2, des testam., p. 266. — (4) Chopin (édit. 1595) p. 105; Furgole, 2,
p. 266. — (5) Sauvageau, liv. 3, ch. 139, cité par Hévin, 2, p. 119. —
(6) Dumoulin, § 45, gl. 1, nº 29. — (7) Masuer, p. 359. — (8) Ricard,
traité 2, ch. 1, p. 101; D'Argentré, col. 937; Bourjon, 1ᵉʳ vol., p. 473. —
(9) Bourjon, loc. cit. — (10) Cᵐᵉ de Poitou, art. 371, cité par Hévin, 2,
443; Argou, cité par Bouhier, 2, 1021. — (11) Chopin, p. 105; Grég. de
Toulouse, p. 482, nº 3; Furgole, 2, testamᵗˢ, p. 266. — (12) Pothier,
douaire, 79. — (13) Cᵐᵉ de Normandie, art. 193, cité par Hévin, 2ᵉ vol.,
p. 561; Bouhier, 2, p. 79. — (14) Bouhier, 2, p. 180. — (15) D'Argentré,
336; Hévin, 1ʳᵉ col., p. 293; Henrys, 2ᵉ vol., p. 38. — (16) D'Argentré,
de Laudimiis, col. 2305; Henrys, 2ᵉ vol., p. 35. — (17) Hévin, 3, 821,
note 6; Pothier, fiefs, 309. — (18) Dumoulin, § 20, gl. 5, nº 22; Loysel,
2, p. 65, liv. 3, t. 5, art. 43; Hévin, 2, 392; contra G. Coquille, p. 139,
cité par Hévin, 2, p. 513. — (19) Louet, 2, p. 27; et 1, p. 51.

TITRE II.

(1) Cᵃˡ Tuschi, vº conditio, nº 579. — (2) Dumoulin, § 33, gl. 2, nº 9.
— (3) Henrys, s. Bretonnier, 2, p. 35.

TITRE III.

CHAPITRE I.

(1) C^{al} Tuschi, 3e vol., v° emphyt., n° 193; Pirhing, 3e vol., p. 270; Grég. de Toulouse, p. 482; Institutes de Littleton, p. 329; Furgole, 2, des testament^s, p. 315. — (2) C^{me} d'Auxerre, citée par G. Coquille, 2e partie, p. 120. — (3) Loi des Wisig., liv. 10, t. 1, n° 19, Canc. 4, p. 177; Arg. de Loi des Wisig., liv. 10, t. 1, n° 11, Canc. 4, p. 175. — (4) Ch. 4, de locato, Extra. — (5) Carondas, 1, p. 269, et surtout 2, p. 107. — (6) Petrus, liv. 2, ch. 8; Furgole, 2, testam., p. 169; Henrys, 2e vol., liv. 4, q. 41. — (7) Ch. 4, de locato. — (8) E. Gonzalès, s. ch. 4, v° dies statuta; Tuschi, v° emphyt, n° 101; v° dies interpellat, n° 408; Panormitanus, sur ch. 4 de locato, p. 112. — (9) Volenti, L. 2, C. de jure emphyt. — (10) C^{al} Tuschi, v° emphyt., 190. — (11) Jo. Andre, p. 84 *in fine*. — (12) Dumoulin, § 33, gl. 2, n° 10; Louët, lettre P., somm. 50; Soël, arrêt de 1656, t. 2, cent. 1, ch. 6. — (13) Décrets de l'Église gallicane, p. 276; décret du Concile de Bourges en 1584, Eveillon, p. 103. — (14) Capitul. de Charlemagne (802) cité par Lehuérou, p. 511. — (15) Capitul. de 829, cité par Lehuérou, p. 514. — (16) Ch. 4 de locato, Extra; C^{al} Tuschi, v° emphyt., n°s 101 et 193; v° an mora, n° 377; Panormitanus, p. 112, chap. potuit. — (17) C^{al} Tuschi, v° emphyt., n° 193; Pirhing, 3e vol., p. 284. — (18) Dumoulin, 4e vol., sur ch. 4 de locato, F   . p. 146; Vinnius, liv. 3, Instit., t. 25, § 3; Carondas, p. 181 (édit. 1612). — (19) Despeisses, 3, 120. — (20) Glos. et C^{me} d'Auxerre, citée par Coquille, p. 120; Tiraqueau, v° revertatur, n° 311. — (21) Andrea, loc. cit., p. 84. — (22) Flaminius, l. 6, q. 3. — (23) Annotateur des Décrétales, ch. de locato, v° celeri. — (24) Innocent IV, ch. 4 de locato (édit. Lyon, 1578). — (25) Tuschi, v° donatio, n° 631; Corvinus, liv. 3, t. 4, p. 158; Mornac, sur la loi 2, C. de jur. emphyt.; Despeisses, 3, p. 120; Carondas, p. 181. — (26) Glose, ch. quod sicut, T. de electione; Panormit., v° celeri, p. 112; Gonzalès, ch. 4, de locato. — (27) Panormit., p. 71, consil. 17; Durand de Maillane, D^{re}, v° pension; Ricard, 2e vol., p. 117. — (28) Balde, cité par Tuschi, v° an mora, n° 377. — (29) Rouss. Lacomb., Jurispr. civile, v° clause, n° 9, Jurispr. canoniq., v° pension; Henrys, 2e vol., liv. 4, q. 68; Denizart, v° résiliation, p. 271; Catelan, liv. 5, ch. 20, cité par Despeisses, t. 1,

sect. 6; Pothier, vente 459. — (30) Lettre P, somm. 50. — (31) Despeisses, t. 1., sect. 6. — (32) Houard, 1er vol., p. 537; Fleta, 3e vol., liv. 3, ch. 12, p. 418. — (33) Despeisses, 1, sect. 6. — (34) Rogue, t. 2, p. 78, n° 4. — (35) Innocent IV, ch. 4 de locato; V. Espen, pars 2, sect. 3, t. 2, ch. 8, n° 12; Bouteiller, somme rurale, p. 349; Cujas, 9, 442, sur loi 2, C. de jur. emphyt.; Em. Gonzalès, ch. 4 de locato. — (36) Bouhier, ch. 76, n° 86. — (37) Despeisses, 3, p. 120; Bourjon, 2, p. 54; Vinnius, liv. 3, Instit., t. 25, § 3; Pothier, vente, n° 459. — (38) Bouhier, 2, p. 200. — (39) Dumoulin, § 1, gl. 4, n° 11, et § 9, gl. 3, n° 17; Carondas (édit. de 1612), p. 63; Cal Tuschi, v° emphyt., n°s 190 et 191; Grég. de Toulouse, de locato, p. 239; Corvinus, p. 175, liv. 3, t. 9. — (40) Art. 7, titre 6, Cme de Nivernais. — (41) D'Héricourt, p. 565; Pérard Castel, quest. bénéf., 2, p. 204. — (42) Pothier, n° 459, vente. — (43) Barbares, diplômes de Breq., 2e vol., p. 375, n° 559; Canonistes, Tuschi, v° dies pro homine, n° 408; E. Gonzalès, v° dies statuta, ch. 4 de locato; Feudistes, Corvinus, p. 169, livre 3, t. 7, — (44) Donat. par un évêque de Landévennec, Preuves de Dom Morice, IIre de Bretagne, 3, p. 348; Godefroy, sur la loi 3, C. Théodosien. — (45) Dumoulin, § 43, gl. 1, n° 28; Bouhier, 2, p. 172; Bourjon, 1, p. 235; E. Gonzalès, v° celeri, ch. 4 de locato; Pothier, fiefs, n° 266. — (46 et 47) Pothier, vente, 475. — (48) Ricard, 1, p. 586. — (49) Pothier, vente, 474 et 175; Bourjon, 1, p. 501. — (50) Dumoulin, § 9, gl. 3, n° 17; Imbert, p. 24; Bouhier, 2, 203; Corvinus, p. 175, de jure feud., liv. 3, t. 9; Flaminius, liv. 6, q. 3.

(51) Bouhier, loc. cit. Arrêts de Tournet, 2e vol., 1347; Pothier, fiefs, n° 276; Tiraqueau, v° revertatur, n°s 20 et 400. — (52) Cal Tuschi, n° 238, quando pœna. — (53) Vente, pacte comm., 459 et 461; résol. légale, 475. — (54) Ferrière, cité par Bouhier, 2, p. 203. — (55) Pothier, fiefs, n° 315. — (56) Pothier, vente, n° 461. — (57) Pothier, vente, 475. — (58) Pothier, vente, 459. — (59) Pothier, vente, n° 475. — (60) Vente, n° 461. — (61) Vente, 461. — (62) Pothier, fiefs, 315. — (63) Vente, 461. — (64) 2, p. 503. — (65) p. 349. — (66) Liv. 1, tit. 2, sect. 12, n°s 12 et 13. — (67) Tom. 1, p. 486, note. — (68) Arrêt de la Grand'Chambre, cité par Denizart l'Ancien, v° vente. — (69) Ricard, 1, p. 586. — (70) Boutaric, comm. de fief. — (71 et 72) Furgole, arrêt Domergue, IV, 321. — (73) Bourjon, 2, p. 54; Houard, I, p. 468. — (74) 2, p. 136 et 138. — (75) Analyse, q. 1613. — (76) 2e vol., q. 55, p. 35. — (77) 2, p. 172 et 1020. — (78) Instit. au dr. français, 1er vol., liv. 2, ch. 11 et 3, 35; 3, 24; 3, 27. — (79) Expression de Furgole. — (80) 2, p. 169 et 4, p. 305. — (81) Argou, L. 2, ch. 11; Furgole, 4, p. 305. — (82) 4, p. 305. — (83) Vente, n° 475. —

(84) Pothier, vente, 459 et 475. — (85) Bourjon, I, p. 486, 2, note; Pothier, 458, 459, 474. — (86) Vente, 475. — (87) Carondas, Pandectes,
p. 294. — (88 et 89) 7 et 10, C. de revoc. donat. — (90) Loi des Burgondes, titre 40, § 2, cité par Pardessus, Loi Salique, p. 547. — (91) Dumoulin, § 43, gl. 1, n° 141; Carondas, Réponses, p. 338; Corvinus, liv. 4,
t. 4, p. 201; Claude Ferrière, p. 386; Pothier, fiefs, n° 276. — (92) Despeisses, 3, p. 121. — (93) Dumoulin, § 43, gl. 1, n° 52; Imbert, p. 179;
Ricard, I, p. 588; Lamoignon, tit. 38, art. 58. — (94) Imbert, p. 279. —
(95) Despeisses, 3, p. 120. — (96) Dumoulin, § 43, gl. 1, n° 143; Bouhier,
2, p. 200. — (97) Ricard, 1, p. 588. — (98) Corvinus, loc. cit.; Carondas.
p. 338. — (99) Tiraqueau, v° revertatur, n° 300; Panormitanus, ch. ult. de
donat. Extra; Ferrière, p. 386. — (100) Dumoulin, § 43, gl. 1, n° 141;
Flamin., liv. 3, q. 3.

(101) 3, col. 1383 et 1305 — (102) Furgole, IV, p. 284 et 321. —
(103) Tiraq., v° donation sur la loi si unquam, n° 183; Grég. de Toulouse,
liv, 3, t. 11, ch. 10, p. 231; Dumoulin, § 33, gl. 2, n° 8; § 43, gl. 1, n° 48;
Doneau, 3, 1287; Despeisses, 3, p. 120; Cochin, 6, 153. — (104) Flem., Dumoulin, § 43, gl. 1, n° 52, et n° 143; Bouhier, 2, 200; Pothier, des fiefs,
n° 276; Donat. p' ingratit., Petrus, liv. 1, ch. 10; Carondas. p. 130; Ricard, 1, 588; Lamoignon, tit. 38, art. 58; emphyt., Tuschi, v° emphyt.,
n° 190; Despeisses, 3e vol., p. 120. — (105) Tuschi, v° emphyt. nos 190 et
192; Flamin., liv. 6, q. 3. — (106) Dumoulin, § 43, gl. 1, n° 143. —
(107) Dumoulin, § 43, gl. 1, n° 53. — (108) Coquille, p. 132; — (109) Coquille, p. 132; Carondas, p. 130; Ricard, p. 704. — (110) Tiraq., v° revertatur, n° 296; Panormitanus sur le ch. propter de donat. Extra. —
(111) Doneau, 3, 1305 et 1306; Furgole, 4e vol., p. 321. — (112) Canc.,
2, p. 437, ch. 57 (an 851). — (113) L. 3, ch. 7, n° 5, p. 401. — (114) Tiraq., v° revertatur, nos 327 et 328; Dumoulin, § 43, gl. 1, nos 94, 97; § 51,
gl. 1, n° 19; Coquille, 2e partie, p. 143; d'Aguesseau, 7e vol. p. 540; Bouhier, 2e vol. p. 208. — (115) Cujas, 2, 734. — (116) d'Héricourt, p. 573.
— (117) Flaminius, liv. 6, q. 2. — (118) Tuschi, v° pactum legis comm.,
n° 10; v° dominium, n° 602; Dumoulin, § 33, gl. 2, n° 14, et sur le Code,
liv. 4, t. 51; Doneau, 8, 1139; 4, 900; Cujas, 7, 888. — (119) Beaumanoir, 2, p. 354 et ch. 24. — (120) Panormit., p. 77; Tuschi, v° emphyt.,
nos 191 et 196. — (121) Petrus, liv. 1, ch. 10; Panormit., ch. propter de donat., p. 136; Dumoulin, § 33, gl. 1, n° 57; Doneau, 3, 1309; Ferrière, n°lle
instit°n C°re, art. 107. — (122) Doneau, 3, p. 1313. — (123) Ricard, 2e vol.,
p. 118, nos 71, 75 et 81. — (124) Ricard, 1er vol., p. 592. — (125 et 126) Furgole,
2, p. 159. — (127) Despeisses, 1, p. 466. — (128) Furgole, 4, 289; 4, 309 et 316.
— (129) Furgole, 2, p. 159 à 141. — (130) Institutes Just. — (131) Fleta,

liv. 5, ch. 9, n° 1, tome 3; Britton, p. 301, ch. 71 dans Houard, 4° vol.;
Cujas, 8, 398; Carondas, Pand., 2° vol., L. 4, p. 186. — (132) Domat, dr.
public, liv. 4, t. 1, n° 10, p. 228; Paraphrase de Théophile, p. 809 sur le
§ 20; Voët, Instit., p. 58; Carondas, Pandectes, 2° vol., L. 4, p. 186; Hévin,
1, p. 55. — (133) Vinnius, sur le § 20. — (134) Schneidwin, Instit., action,
§ omnium, 1, n° 8; Cujas, 8, 1220; Bourjon, 2° vol., p. 520; Pothier, 121,
introd. à la Cme d'orléans. — (135) Loyseau, Déguerpiss. (action irrégulière),
ch. 1, liv. 2; Pothier, introd., n° 122, introd. à la Cme d'Orléans; Fevret,
1, p. 436; Hévin, 1, p. 53; Argentré, col. 1254, art. 273, A. C. —
(136) Loyseau, loc. cit.; Pothier, vente, 465. — (137) L. 9, § 8, quod metus
causa D. — (138) L. 7, C. de hered. petit. — (139) Esbach, 3° édit., p. 263.
— (140) Loyseau, *supra*, loc. cit.; Tiraqueau, v° revertatur, n°s 327 et 328;
Dumoulin, § 43, gl. 1, n° 175; § 43, gl. 2, n° 58; 2° vol., de usurariis con-
tract., p. 168, n° 409, quest. n° 41. — (141) Guy Coquille, 2° vol., 2° partie,
p. 119; Pothier, 122, introd. à la Cme d'Orléans, de la révoc. des don.,
Cme d'Orléans, p. 385, n° 107; vente, n° 464. — (142) Loyseau, loc. cit.;
D'Argentré, sur l'art. 9, A. C., n° 8. — (143) Argentré, aitiologie sur
l'art. 9, N. C. § 3; Despeisses, 1, p. 466; Furgole, 4° vol., p. 290. —
(144) Argentré, col. 1256. — (145) Furgole, 4° vol., p. 325. — (146) Argentré, aitiologie sur l'art. 8 N. C., et sur l'art. 273, col. 1256, § 1; Furgole,
2° testam., p. 164; Despeisses, 1, p. 466. — (147 et 148) Furgole, 2° testam.,
p. 162 et 164. — (149) Loyseau, liv. 3, ch. 2, Déguerpissement. — (150) Pothier, Cme d'Orléans, tit. 20, n° 52.

(151) Pothier, n° 464. — (152) N°s 166 et 167. — (153) 3, Cme de
Bretag.; Loyseau, V, Déguerp., ch. 7, n° 4; Imbert, Enchirid., à la fin de
ses œuvres, p. 23. — (154) Van Espen, 2° vol., p. 185. — (155) Carondas,
p. 457; Domat, 2° partie, liv. 4, t. 1, n° 9. — (156) Ord. de 1274 et 1371;
ordce de 1274; arrêt do 1385 relaté dans le Stylus parlamenti (édit. Dumoulin, p. 551); ordce de 1539. — (157) Fevret, I, p. 434 et 435; Van
Espen, 2° vol., p. 185; d'Héricourt, E, 19; Fevret, 4, ch. 5; Loyseau, liv. 2,
ch. 7; Coquille, 2, p. 113, 2° partie. — (158) I, 120. — (159) Cf. la rédaction de l'art. 9, A. C., et l'art. 9, N. C. — (160) sur l'art. 273, col. 1254,
A. C.; reales aut personales non facit materia, sed causa petendi, col. 1253.
— (161) Cujas, 8, 1229; Loyseau, Déguerp., liv. 2, ch. 1. — (162) Furgole,
2, testam., p. 162-164; Pothier, n° 52, tit. 20, C. d'Orléans. — (163) D'Argentré, sur l'art. 273, col. 1256. — (164) Altaserra, liv. 3, ch. 10, p. 55. —
(165) Pothier, fiefs, n°s 332 et 334; Hévin, p. 143, 3° vol., note P; Dumoulin, § 43, gl. 1, n°s 128-130. — (166) Dumoulin, § 51, gl. 1, n° 75. —
(167) Loi si unq., v° donatione, n° 182. — (168) Grég. de Toulouse,
p. 482, n° 3. — (169) Dumoulin, Code, liv. 4, t. 54, de pactis inter,

p. 683, 3e vol.; Gouzalés, sur tit. de locato, p. 307. — Despeisses, I, p. 71.
—(170) Furgole, 4, 281.—(171) Carondas, rép., p. 106.—(172) Dumoulin,
§ 43, gl. 1, n° 62. — (173) Dumoulin, § 43, gl. 1, n° 62. — (174) Bouhier;
2, 199. — (175) Flaminius, liv. 6, quest. 3. — (176 et 177) Dumoulin,
§ 33, gl. 2, n° 16; Doncau, 2, 1283; Furgole, 4, 282 et 321. — (178) Panormitanus, ch. 4, de locato, v° celeri. — (179) Doneau, 2, 1283; Panormitanus, loc. cit.—(180) Carondas, Pand., 2e vol., L. 4, p. 108; Dumoulin,
4e vol, p. 147, ch. 4, § Emphyt.—(181) Despeisses, 3, 120; Bouhier, 2, 198;
Flaminius, liv. 6, q. 3, in fine; Carondas, Pandectes, 2e vol, L. 4, p. 108;
Vinnius, sel. quest. 2, 3.—(182)Pothier, fiefs, n°331.—(183) Ricard, I, 578;
Bouhier, 2, p. 203; Dumoulin, § 43, gl. 2, n° 58.—(184) Dumoulin, § 13,
gl. 7, n° 7; Despeisses, 3, p. 37; Bouhier, 2, p. 203; Bourjon, 1, p. 236.—
(185) Durand de Maillane, v° regrès; d'Héricourt, p. 562. — (186) Despeisses,
I, p. 71. — (187) Furgole, 4, p. 341. — (188) Bourjon, 2e vol., p. 140;
Cf. Despeisses, I, p. 454. — (189) Bourjon, 2e vol., p. 140; Furgole, 4e vol.,
p. 341. — (190) Despeisses, I, p. 71, 2e partie. — (191) Tuschi, n° 998. —
(192) Furgole, 2, p. 169. — (193) Furgole, 2, p. 157. — (194) Imbert,
p. 165; Dumoulin, § 43, gl. 1, n° 5; Ferrière, Inst., art. 367. — (195) Cujas, 9, 442, sur la Loi 2, C. de jure emphyt.—(196) G. Coquille, art. 4 et 5,
tit. 6, C. du Nivernais. — (197) Despeisses, 3, 120. — (198) Furgole, 2,
testam., p. 370. — (199) Confer Bouhier, 2, p. 192; Dumoulin, § 43, gl. 1,
n° 71. — (200) Des fiefs, n°s 268, 269 et 322. — (201) Cujas, 9, 442. —
(202) Dumoulin, § 43, gl. 1, n° 71.

CHAPITRE II.

(1) Tuschi, 2e vol., n° 599; Tiraq., v° quidquid, n° 1; v° revertatur, 275
à 279. — (2) Carondas, Rép., p. 30. — (3) Pothier, vente, 465. — (4) D'Argentré, col. 1245; Hévin, 2, p. 281. — (5) Dumoulin, § 43, gl. 1, n° 116;
Dumoulin, § 1, gl. 5, n° 115; Confer Bouhier, 2, p. 210; Pothier, fiefs,
n° 280; Pothier, contrà, vente, n° 403.—(6) Henrys, 2, p. 30, liv. 3, q. 54.
(7) Grégoire de Toulouse, p. 231, ch. 10, tit. 14; Tiraqueau, v° revertatur,
n° 278; Dumoulin, sur le Code, liv. 4, t. 54, p. 683; D'Argentré, col. 937;
Doneau, 4, col. 900, et arg. de col. 894; Carondas, Rép., p. 30; Pand.,
1er vol., L. 2, p. 294; Despeisses, 1er vol., p. 86; Henrys, 2, p. 30; liv. 3,
q. 54; Pothier, vente, n° 465. — (8) 2, p. 1001. — (9) Carondas, Rep.,
p. 30. — (10) Grég. de Toulouse, p. 483, n° 3; Pothier, vente, n° 466. —
(11) Déguerpiss., p. 171. — (12) Dumoulin, § 1, gl. 9, n° 7, et § 42, gl. 1,
n° 6. — (13) Ricard, 1, p. 595. — (14) Tiraqueau, v° revertatur, n°s 271,
272; Imbert, Enchirid., p. 26. — (15) Tuschi, v° emphyt., n° 190; C. Fer-

rière, art. 387; Pothier, des fiefs, n° 285, Dumoulin, § 43, gl. 1, n°ˢ 45 et 46; Bourjon, 2, p. 110; Despeisses, 1, p. 466. — (16) Cf. Tiraq., v° revertatur, n° 273; Doneau, 4, col. 891 et 900; Covarruvias, p. 336, liv. 3, ch. 9. — (17) § 43, gl. 1, n° 46. — (18) § 43, gl. 1, n° 48. — (19) 2, testam., p. 156 et *passim.*—(20) Tuschi, v° emphyt., n° 191; Bouhier, fiefs, 2, 211; Ricard, 1, p. 595; Despeisses, 1, p. 451; Bourjon, 2, p. 110. — (21) Tiraqueau, v° revertatur, n° 274. — (22) Dumoulin, § 43, gl. 1, n°ˢ 48 et 49. — (23) Bouhier, 2, 211; Ricard, 1, 595; Pothier, donat. entre vifs, n° 169. — (24) § 20, gl. 1, n° 60; Cf. Pothier, de la garde noble, n° 71. (25) Dumoulin, § 20, gl. 1, n° 61; Conf. Hévin, 2, p. 421, note c.—(26) Pothier, vente, n° 468. — (27) Grég. de Toulouse, p. 483, n° 3; Doneau, 4, col. 898; Pothier, vente, n° 266. — (28) Vente, n° 401. — (29) Tuschi, v° emphyt., n° 192; Panorm., v° celeri, ch. potuit de locato; Doneau, 2, col. 1283; Despeisses, 3, 122. — (30) Carondas, Rép., p. 30. — (31) Dumoulin, § 20, gl. 5, n° 30; § 20, gl. 1, n°ˢ 59 et 62. — (32) Ricard, 1, p. 595. — (33) p. 143. — (34) Cujas, 8, 819. — (35) La Thaumassière, cité par Bouhier, 2, 207. — (36) Pothier, fiefs, n°ˢ 291 et 330; Bouhier, 2, 207. — (37) D'Argentré, art. 62, note 3 de Laud., § 15; Hévin, 1, p. 425. (38) § 43, gl. 1, n° 104; conf. Pontanus, cité par Bouhier, 2, 207. — (39) *Supra,* n° 133. — (40) Rejeté par Dumoulin, § 33, gl. 1, n° 57. — (41) D'Argentré, sur l'art. 219. — (42) Despeisses, 3, 112.—(43 et 44) Déguerp., liv. 6, ch. 3, et citations. — (45) § 33, gl. 1, n° 57. — (46) Dumoulin, § 43, gl. 1, n° 98; Hévin, 2, p. 666. — (47) Loyseau, liv. 6, ch. 3. (48) Loysel, 2, p. 180; Masuer, p. 359; Bourjon, 1, 217. — (49) D'Aguesseau, 7ᵉ vol., p. 510. — (50) Carondas, Rép., p. 137.

(51) D'Aguesseau, loc. cit.; Houard, 1, 687. — (52 et 53) D'Aguesseau, p. 560. — (54) 2, p. 159 et ch. 7, sect. 3. — (55) Dumoulin, § 20, gl. 1, n° 58. — (56) Liv. 6, ch. 10. — (57) T. 26, art. 1. — (58) 2, p. 141. — (59) Dumoulin, § 33, gl. 1, n°ˢ 12, 14 et 15. — (60) Loyseau, Déguerp., liv. 6, ch. 3. — (61) D'Aguesseau, p. 510; Pothier, donat., n° 201. — (62) Chopin, p. 64. — (63) Ricard, 1, ch. 5, p. 723. — (64) Tuschi, v° emphyt., n° 192; Bouhier, 2, p. 205. — (65) Ricard, 2, p. 119. — (66) Tuschi, v° emphyt, n° 193; Bouhier, 2, p. 205; contra, Bourjon, 1, liv. 2, t. 3; fiefs, 1ʳᵉ part., ch. 1, sect. 1, n° 12. — (67) Henrys, 1, liv. 3, q. 8, p. 661; Bouhier, loc. cit.; Pothier, fiefs, n° 287. — (68) Furgole, loc. cit.; Dumoulin, § 43, gl. 1, n° 99; Loyseau, liv. 6, ch. 3, Déguerp.; Henrys, loc. cit.; Hévin, 2, p. 667, note. — (69) Henrys, 1ᵉʳ vol. liv. 3, q. 8, p. 661. — (70) Hévin, 2, p. 667, arrêt de Bretagne de 1573; Dumoulin, § 43, gl. 1, n° 98. — (71) Jo. Andr. 3, p. 84 *bis*; Doneau, 2, 1281. — 72) Dumoulin, § 45, gl. 1, n° 22. — (73) § 45, gl. 1, n° 29. — (74) Tus-

chi, vᵒ emphyt., nᵒ 193; Panorm., vᵒ celeri, ch. potuit de locato; Doneau,
2, col. 1283; Despeisses, 3, 132; G. Coquille, 2, p. 167 et 2, p. 109
(1ʳᵉ partie). — (75) Dumoulin, § 1, gl. 5, nᵒ 76. — (76) Dumoulin, § 1,
gl. 5, nᵒˢ 80-83, et § 43, gl. 1, nᵒ 116. — (77) Grég. de Toulouse, p. 258;
Dumoulin, § 1, gl. 5, nᵒ 76; Bouhier, p. 209 et 210; Pothier, vente, nᵒ 469.
— (78) Dumoulin, § 1, gl. 5, nᵒ 114. — (79) Tiraqueau, vᵒ revertatur,
nᵒ 290; Dumoulin, § 1, gl. 5, nᵒ 92; arg., Coquille, 2ᵉ vol., 2ᵉ partie,
p. 167. — (80) Dumoulin, § 1, gl. 5, nᵒ 91. — (81) § 1, gl. 1, nᵒ 99. —
(82) Loi des Bavarois, t. 15, ch. 10, citée par Savigny. — (83) p. 482. —
(84) Édit. de 1612, p. 30. — (85) Pothier, vente, 466. — (86) Furgole, 2,
testam., p. 268; Cujas, 5, 550. — (87) Loi des Wisig., L. 5, t. 3, l. 1,
antiqua, cité par Lehuérou, p. 148. — (88) Loi des Wisig., L. 5, t. 3, l. 8,
cité par Lehuérou, p. 154. — (89) Pirhing, 3, p. 279. — (90) 2, 68. —
(91) V. Espen, 2ᵉ part., 3, t. 11, ch. 8, nᵒ 12; Flaminius, liv. 6, q. 6. —
(92) Fevret, 1, p. 180; Flaminius, liv. 1, q. 13; Tournet, arrêts, p. 1535;
Despeisses, 3, p. 560. — (93) Fevret, 1, p. 180. — (94) Coquille, p. 58,
art. 23, arg. du réméré; Duparc-Poullain, 6, p. 209. — (95) Bouhier, 2,
p. 79; Pothier, Intᵒⁿ au tit. 1 des fiefs, Cᵐᵉ d'Orl., nᵒ 15; vente, nᵒ 430;
contra, des fiefs, nᵒ 11. — (96) Despeisses, dr. seign., p. 81; Henrys, l. 3,
q. 73, p. 127 et 129; l. 3, q. 54, p. 30; Bourjon, 1, p. 191 et 278; Lamoignon, tit. 12, art. 41; V. Espen, t. 10, ch. 8, nᵒ 18; Dumoulin, § 17 et
18, gl. 1, nᵒ 29; § 33, gl. 1, nᵒˢ 33, 57; Ferrière, art. 107; Hévin, 1,
p. 238; Carondas (édit. 1612), p. 30; A. Deniz., vᵒ vente, p. 73. —
(97, 98 et 99) Dumoulin, § 33, gl. 1, nᵒˢ 13 à 15. — (100) Restitution,
Pothier, fiefs, nᵒ 400; Carondas, 2, pand., p. 109; Lemaître, tit. 2, p. 101,
Cᵐᵉ de Paris; Boniface, 1, L. 3, t. 4, ch. 2, cité par Henrys, liv. 4, q. 41;
Coquille, 2ᵉ partie, p. 23; Cujas, 1, p. 647; de feudis, liv. 2, t. 1, in fine;
Tiraqueau, retr. conv. § 6, gl. 2, nᵒ 19. — (101) Dumoulin, § 78, gl. 1,
nᵒ 162. — (102) Dumoulin, § 33, gl. 2, nᵒ 11. — (103) Dumoulin, § 33,
gl. 2, nᵒˢ 12 et 13. — (104) Dumoulin, § 33, gl. 1, nᵒ 57; § 33, gl. 2,
nᵒˢ 9 à 15. — (105) p. 2304. — (106) Lange, p. 309. — (107) 1, p. 661.

DROIT MODERNE.

TITRE PRÉLIMINAIRE.

CHAPITRES I ET II.

(1) Art. 1183, C. N. — (2) Art. 711, 1583, C. N. — (3) Demol., 9,
516. — (4) Discussion au Conseil d'État, Locré, XV, p. 119; Aubry et Rau,

3, p. 425, 3e édit. — (5) Art. 1654, C. N. — (6) Art. 733, Pr. Civ. —
(7) Art. 1610, C. N. — (8) Art. 1636, C. N. — (9) Art. 1705, C. N. —
(10) Art. 1719, C. N. — (11) Art. 1738, C. N. — (12) Art. 1752, C. N.
— (13) Art. 1871, C. N. — (14) Art. 1912, C. N. — (15) Confer Aubry et
Rau, 3, p. 443, note 7; Duranton, 18, 122; Mourlon, Rép. écrites sur l'art.
1912. — (16-17) Sur le titre des rentes, passim. — (18) Discours sur le
titre des rentes. — (19) Confer Catelan, l. 5, ch. 20. — (20-22) Troplong,
sur l'art. 1912. — (23) Duranton, sur l'art. 1912. — (24) Troplong, loc.
cit. — (25-26) Aubry et Rau, loc. cit., et Jurisprud. citée. — (27) C.d Tuschi. — (28) Traité de la rente, no 122. — (29-31) Discours des orateurs du
gouvern. sur le titre des rentes. — (32) Troplong, loc. cit. — (33) Sur
l'art. 1978. — (34) Confer Bugnet sur Pothier, rentes, 3, p. 463, note 3.
— (35) Art. 1188, C. N. — (36) Art. 2037, C. N. — (37) Art. 2082, C. N.
— (38) Art. 1443, C. N. — (39) Art. 618, C. N. — (40) Demol., 6,
no 600; Valette sur Proudhon, 1, p. 65. — (41) Art. 1244, 1184, C. N. —
(42) Pothier, 636, oblig.; 48, rente; Demol., sur l'art. 618, et loc. cit.

TITRE I.

(1) Aubry et Rau, 3, p. 53. — (2-4) Rolland de Villargue, vo condit.,
no 258. — (5) Demol., serv., 745. — (6) Art. 2125, C. N. — (7) Sir.,
1830, 2, 376. — (8) Valette., Priv., no 137.

TITRE II.

(1) Aubry et Rau, 3, p. 54.

TITRE III.

CHAPITRE I.

(1) Aubry et Rau, 3, p. 283; Sir., 1843, 1, 282. — (2) Sir., 1828, 1,
200. — (3) Art. 1184, 1654, 953, C. N. — (4) Art. 1184, C. N. —
(5) Bugnet sur Poth., vente, p. 189, note 1. — (6) Art. 1244, 1184, 1655,
C. N.; Aubry et Rau, 6, p. 103; Sir., 1844, 2, 27; 1852, 1, 495; 1853, 2,
312. — (7) Aubry et Rau, 3, p. 286, note 38. — (8) Marcadé, 6, p. 291,
art. 1656, no 4. — (9) Grenier, Fenet, t. 14, p. 200. — (10) Art. 1653,
C. N. — (11) Aubry et Rau, 3, p. 55. — (12) Fenet, t. 14, p. 200. —
(13) Vente, 475. — (14) Beaumont, 2e examen, p. 26. — (15) Art. 1179,
C. N. — (16) J. du P., q. 746; Marcadé, sur 1184, no 1. — (17-18) Mar-

cadé, sur 1657, n° 2. — (19) *Supra*, n° 274. — (20) Art. 1139, C. N.
— (21) Marcadé, sur 1184, n° 2. — (22) Art. 1139, C. N. — (23) Aubry
et Rau, 3, p. 56, note 49. — (24) Revue critique, t. 5, p. 464, et Jurispr.
citée. — (25) Vente, 475. — (26) Gronier, Fenet, t. 14, p. 200. —
(27) Aubry et Rau, 3, p. 56; Troplong, vente, 667; Sir., 1841, 2, 563;
1839, 1, 341; 1825, 1, 49. — (28) Art. 1656, C. N. — (29) *Supra*,
n° 274. — (30) Fenet, t. 14, p. 162. — (31) Aubry et Rau, 3, p. 56. —
(32) Art. 956, C. N. — (33) Coin-Delisle, sur l'art. 956, n° 1. —
(34) Furgole, 5, p. 322, sur l'art. 39, ord. des donations. — (35) Coin-
Delisle, sur l'art. 960, n° 46. — (36) Art. 617, C. N.; confer Demol., 10,
677, et 6, 596. — (37) Art. 1290, C. N. — (38) Fenet, t. 14, p. 200. —
(39) Fenet, t. 14, p. 162. — (40) *Supra*, n° 38. — (41) Sur l'art. 956,
n° 4. — (42) Du louage, 1, n° 46, p. 200. — (43) Confer Troplong, 2,
645; Duvergier, 1, 436 et suiv. — (44) Contra, Sir., 1843, 2, 259. —
(45) Sir., 1852, 1, 737. — (46) Aubry et Rau, 6, p. 103, note 4; Marcadé, 956, n° 1. — (47) Art. 956, C. N. — (48) 4, p. 284-286. —
(49) Arg. de 1656, C. N. — (50) Toullier, comm. de 1656.

(51) *Supra*, n° 48. — (52) Art. 1157, C. N. — (53) Pothier, vente, 459.
— (54) Locré, t. 12, p. 312, n° 70; Aubry et Rau, 3, p. 55, note 47. —
(55) Pothier, vente, 475. — (56) Buguet sur Poth., n° 474, vente; p. 188,
note 1; Pothier, donat., n° 187. — (57) Sir., 1855, 1, 417. — (58) Aubry
et Rau, 3, p. 314, note 17; Duvergier, vente, 2, 222; Troplong, vente, 2,
016; Pont, priv., n° 238; Roll. de Vill., 1° résolut., § 3; Sir., 1833, 2,
p. 57; 1844, 2, 115; Contra Marcadé sur l'art. 1692, n° 1. — (59) Mourlon, Ex. critiq., p. 969; arrêt de Bourges, 19 juin 1836; Contra Sir., 1854,
1, 423; Coin-Delisle, Revue critiq., avril 1854. — (60-62) Sur l'art. 1692,
n° 1. — (63) Aubry et Rau, 3, p. 314-315. — (64) Art. 1184, C. N. —
(65) Demol., success. n° 289. — (66) Art. 59, Pr. Civ. — (67) Projet de
Code judic., t. 2, art. 6. — (68) Séance du 28 frimaire an IV, M. Cornil-
lau au Corps-Législatif. — (69) Locré, 2ᵉ partie, p. 197. — (70) Locré,
2ᵉ partie, p. 254. — (71) Locré, 2ᵉ partie, XI, p. 528. — (72) Chauveau,
Lois de procéd., p. 281, q. 253. — (73) Demol., de la prop., I, n° 464. —
(74) Carré, lois de procéd., tome 1, p. 286, q. 259; lois de compétence,
art. 237; Benech, trib. de première instance, p. 295; Henrion de Pansey,
ch. 11, p. 81. — (75) Rép., 1° act., § 1, n° 5. — (76) Rodière, explic.
raisonnée, tome 1, p. 116. — (77) Revue de droit français et étr., I, p. 449.
— (78) Carré, lois de compét., 3, p. 262; Poncet, tit 2, n° 119, ch. 9, p.
166; Aubry et Rau, 6, p. 301, note 8, et 303, note 15. — (79) Sir., 9,
1, 4. — (80) Merlin, v° servit., § 35, Répert; Carré, lois de la compét.,
tome 3, p. 262; Berriat-Sᵗ-Prix, Procéd., I, p. 117, note 2 et p. 106. —

(81) Berriat-St-Prix, loc. cit. — (82) Berriat-St-Prix, I, p. 117, note 1 et 2;
Boitard, sur Pr. Civ., 59; Aubry et Rau, 6, p. 302, note 9; Demol., 9,
n° 467; Boncenne, introd., ch. 5, p. 5. I, p. 72. — (83) Art. 59, Pr. Civ.
— (84) Carré, compét., I, 219; Duvergier, I, 467; confer Bugnet, sur Pothier, vente, p. 139, note 2, et I, p. 45, note 2. — (85) Instit. Justin., de
actionibus, § 1. — (86) Bonnier, I, p. 491. — (87) Boncenne, I, p. 75;
Rodière, explic., p. 113; Troplong, vente, 625; Pigeau, Procéd., I, p. 81;
Henrion de Pansey, ch. 11, p. 81. — (88) Pothier, introd. aux Cours, 193,
et vente, n° 461. — (89) Pothier, vente, 453 et 465. — (90) § 33, gl. 1;
n° 12. — (91) Aubry et Rau, 5, 302, note 11; Pigeau, I, 81, Procéd.,
Foucher sur Carré, 3, p. 381; Duvergier, vente, I, 167, et II, p. 93; Sir.,
1817, 1, 802. — (92) 8, p. 4, n° 1; Carré, compét., I, p. 476. — (93) Aitiologie, p. 5. — (94) Rodière, explic., I, 115. — (95) p. 113. — (96) p.
170. — (97) C. N., art. 954, arg. — (98) Quest. de droit, v° résol. —
(99) Procéd. Civ., I, p. 138, édit. 1809. — (100) Boitard, sur art. 171,
Pr. Civ.; Dalloz, Nelle Coll., v° except., n°s 195 et 207; Contra, Arrêt d'A-
miens, cité par Dalloz.

(101) Dalloz, v° excep., n° 201; Cassat., 17 nov. 1830, cité par J. du P.,
n° 39. — (102) Chauveau, 2, p. 192. — (103) Duvergier, I, p. 467; Chauveau, I, p. 280; Bonjean, 2, p. 235; Bonnier, I, n° 491. — (104) Livre 2,
ch. 1. — (105) Vente, n° 451. — (106) Aitiologie, sur art. 8 et 9. — (107) Pirhing, 3, p. 281; Tuschi, v° emphyt., n° 192; Dumoulin, de individuo,
2e partie, 2e sect., n° 395; Bourjon, I, p. 501; Furgole, 2, test., p. 315. —
(108) Carondas, rép., p. 352. — (109-110) Rolland de Villargue, v° condition, 296; v° résolution, § 3; pour la divisibilité, Sirey, 1839, 2, 102; et
arg., Demolombe, 13, n° 286; pour l'indivisibilité, Sirey, 1839, 1, 180; Aubry et Rau, 3, p. 283. — (111) Rivière, sur l'art. 520, C. Com., et auteurs
cités. — (112) Demolombe, 9, n° 350. — (113) Zachariæ, t. 1, p. 344,
2e édition, cité par Demol. — (114-115) Demolombe, 9, 354. — (116) Demolombe, 9, 356. — (117) Rolland de Vill., v° résolution, § 4. — (118) Troplong, priviléges, 224 et 225. — (119-121) Revue pratique, E. Ollivier, I,
541. — (122) Journal des Assurances, 1852, p. 213. — (123-124) Revue
pratique, loc. cit.

(125) Sirey, 1832, 1, 290. — (126) Aubry et Rau, 6, p. 103; arg.
Bugnet sur Pothier, 3, p. 463, note 1. — (127) Aubry et Rau, loc. cit.;
Troplong, Donat., 3, 1298. — (128) Mourlon, examen critique, p. 507. —
(129) En ce sens, Merlin, quest., v° option, § 1, n° 10; Sirey, 1837, 1, 650;
1840, 1, 322; 1850, 1, 651, confer le réquisitoire de M. Nicias-Gail-
lard; 1855, 1, 270; Mourlon, Examen critique, p. 514. — En sens contraire, Duvergier, vente 1, n° 441; Marcadé, sur l'art. 1658, n° 4; Sir.,

1811, 2, 115. — (130) Mourlon, op. cit., p. 515. — (131) Aubry et Rau, 3, p. 281, et 6, p. 103, note 6. — (132) Valette, p. 107; Aubry et Rau, 3, 281, note 21, et jurisprudence citée. — (133) Marcadé, sur l'art. 1656, II. — (131) Mourlon, examen critique, p. 161; contra, Sir., 1836, I, 177. — (135) Duranton, 16, nos 201 et 380, et 19, no 120. — (136) Valette, des priv., p. 118, note 1, et jurispr. citée. — (137) Troplong, priv., I, 193. — (138) Supra, no 403. — (139) Supra, no 535. — (110) Valette, priv., p. 120; Pont. priv., no 155; Aubry et Rau, 3, p. 288. — (111) § 41, de divis. rerum, Iustit. — (112) Notæ solemnes, tome 2, p. 696, édition de 1681. — (143-111) Sur l'art. 176, Cme de Paris; Pothier, Cme d'Orléans, art. 158, note 1; Bourjon, t. 3, p. 689, édition de 1770; Loisel, 2, p. 36, Inst. Cout. confer arrêtés de Lamoignon, t. 21, art. 95, Duparc-Poullain, 7, p. 210. — (115) Pothier, loc. cit. — (116) Sir., 1811, 2, 115; Aubry et Rau, 3, p. 287. — (117) Sir., 1835, 2, 230; 1812, 2, 119. — (118) Rolland de Vill., vo résolut., § 5; Aubry et Rau, 6, p. 521, et 3, p. 288; Troplong, vente, 2, 663; Marcadé, sur l'art. 1656, no 5; G. Demante, Revue critique, mai 1851, p. 455; Sir., 1827, 2, 75; 1829, 2, 81; 1811, 1, 521. — (119) Taulier, 7, p. 472; Marcadé, sur l'art. 2257, no 2; G. Demante, loc. cit.; Sir., 1832, 1, 81; 1836, 1, 496; confer Demol. Serv., 1052; contra, 1816, 1, 482. — (150) Valette, priv., p. 121; Pont., priv., no 161.

(151) Rolland de Vill., vo résol., § 5; Sir., 1812, 1, 16. — (152) Sir., 1835, 1, 311. — (153) MM. Martin (du Nord) et Mauguin. (Séance des 4 et 5 février 1833.) — (151-157) M. Lherbette. (Séance, 5 fév. 1833.) — (158) Duvergier, lois annotées, 1811, p. 216. — (159) En janvier 1810. — (160) Ch. des Pairs, 31 mars 1810, Moniteur. — (161) Ch. des Pairs, M. Persil, 31 mars 1810. — (162) Ch. des Pairs, Moniteur du 26 avril. — (163) Ch. des Députés, le ministre des travaux publics. — (161) Ch. des Pairs, M. Persil. — (165) Ch. des Pairs, MM. Laplagne-Barris et Boyer (avril 1810). — (166) Ch. des Députés, M. Em. Poulle (janvier 1811). — (167) Ch. des Dép., M. Matter. — (168) Ch. des Dép., M. Poulle. — (169) Ch. des Pairs, M. Laplagne-Barris. — (170-172) Ch. des Dép., M. Hébert. — (173) Ch. des Dép., M. Matter, janvier 1811. — (171) Ch. des Dép., objection de M. Thil. — (175) Ch. des Dép., rép. de M. Matter. — (176) Ch. des Dép., object. de M. Thil. — (177) Ch. des Dép., rép. du garde-des-sceaux, M. Martin (du Nord). — (178) Ch. des Dép, garde-des-sceaux. — (179) Ch. des Dép., le ministre des travaux publics. — (180) M. Colmet Daage, édit. 1851, 3, no 316. — (181) M. Colmet Daage, 3, no 396; Sirey, 1811, p. 391. — (182) M. Bouzique (15 déc. 1850). — (183-181) MM. de Vatimesnil et Pougeard. — (185) M. Dupont (de Bous-

sac). — (186) M. Fourlanier. — (187-189) M. Rouher. — (190) MM. Dupont (de Boussac). Michel (de Bourges). — (191) M. de Vatimesnil. — (192-193) M. Dupont (de Boussac). — (194) M. Valette. — (195) M. Legrand, séance 19 janv. 1855. — (196) 18 janv. 1855. — (197) 19 janv. 1855. — (198) Cf. Pont, priv., n° 261. — (199) Mourlon, Examen critiq., 263; Rivière, quest., 331. — (200) Troplong, transc., 294. — (201) Rivière, quest. 367. — (202) Mourlon, 378. — (203) Pont, priv., 273. — (204) Rivière, explic. 116; et quest. 368. — (205) Costard, Revue pratiq., 4, p. 204. — (206) Rivière, quest. 373. — (207) Troplong, 295; Mourlon, 379. — (208) Troplong, 291; Mourlon, 378; Rivière, quest. 362. — (209) Troplong, 301. — (210) Troplong, 300; Rivière, explic. 117. — (211) Rivière, quest. 360.

CHAPITRE II.

(1) Rivière, explic., n° 62. — (2) Rivière, quest. 259; Mourlon, n° 363. — (3) Rivière, explic., n° 63; et rapport de M. de Belleyme; *contra*, Duvergier, coll. des Lois, 1855, 3ᵉ cah., p. 67. — (4) Confer Mourlon, n° 366. — (5) Marcadé, prescr., p. 101; Roll. de Vill., v° résol., § 7. — (6) Arg., Demol., 10, n° 96; Marcadé, sur 1673, n° 2. — (7 et 8) Dugn., sur Poth., 3, p. 168, note 1. — (9) Arg., Poth., vente, 359; retraits, n° 415. — (10) Arg., Demol., 13, n° 46 *ter;* Aubry et Rau, 3, p. 291, note 14; *contra*, Bugnet, sur Pothier, vente, p. 169, note 1; et Pothier, vente, n° 404. — (11) Toullier, 6, 563; Troplong, vente, n° 60; Roll. de Vill., v° résol., § 7; Delvincourt, 2, p. 127; Sir., 1834, 1, 620. — (12) Arg., Demol., 9, n° 689, p. 647; Delam. et Lepoitv., 6, n° 52. — (13) Arg. de Demol., 9, n° 691. — (14) *Contra*, Duparc-Poullain, 7, p. 77; Delam. et Lepoitv., 3, 644; arrêt de 1832, 2, 344, critiqué par l'annotateur. — (15) Marcadé, art. 1656, n° 4. — (15 *bis*) Sur l'art. 953, n° 23. — (16) Duranton, n° 513, donations. — (17) Demol., 9, 632. — (18) Marcadé, prescr., p. 224. — (19) Arg., Aubry et Rau, 6, 526, et 5, p. 75; Demol., 13, n° 309. — (20) Loyseau, Déguerp., L. 5, ch. 14. — (21) Pothier, vente, 470. — (22) Troplong, sur l'art. 2125, n° 468. — (23) Quest. de droit, v° résolut., 1. — (24-25) Ollivier, Revue pratique, tome 5, p. 555. — (26) Demol., 9, 691. — (27) Demol., 9, 690. — (28) *Contra*, 1843, 2, 231. — (29) Arg., Demol., 9, n°ˢ 689-691. — (30) Marcadé, sur l'art. 1656, n° 4. — (31) Pothier, rente, n° 230; Merlin, rep., v° rente viagère, n° 4; Aubry et Rau, 3, p. 425; Demol., 9, 624; Sir., 1843, 1, 892; 1848, 2, 206. — (32) 1, n° 481 et seq.; Revue étrang., 1843, p. 283.

———

TABLE

—

DROIT ROMAIN.

TITRE PRÉLIMINAIRE.

TITRE I.

La condition résolutoire est pendante.

ANCIEN DROIT.

TITRE PRÉLIMINAIRE.

DROIT MODERNE.

TITRE PRÉLIMINAIRE.

TITRE I.

La condition résolutoire est pendante.

TITRE II.

La condition résolutoire ne s'accomplit pas.

TITRE III.

La condition résolutoire s'accomplit. . . . 171

ERRATA.

—

Page 28, ligne 32, *au lieu de :* frances,   *lisez :* francs.
      53, — 29,   —   *prætium*   —   *pretium.*
      75, — 30,   —   emphitéose, —   emphytéote.
      84, — 13,   —   à-comptes,   —   à-compte.
     148, — 16,   —   acte,   —   actes.
     164, — 19,   —   *nundum*   —   *nondum.*
     179, —   1,   —   Furgole,   —   Bourjon.
     190, — 32,   —   détails,   —   délais.
     192, — 13, *supprimez :* générale.

———

POSITIONS.

—

Droit Romain.

1. Il y avait à Rome, relativement à la condition résolutoire, non pas deux, mais trois systèmes distincts au point de vue théorique et pratique.

2. La chute des droits réels, conférés par l'acquéreur intérimaire, peut s'expliquer autrement que par la rétroactivité de la résolution.

3. Paul était le jurisconsulte romain qui avait, en matière de résolution, les théories les plus avancées; seul, il déclare la résolution rétroactive.

4. Les actions résolutoires *venditi, præscriptis verbis, condictio ob rem dati re non secuta,* dirigées contre le défendeur qui possède, sont arbitraires.

5. Il y a une action *depositi directa* arbitraire.

6. La nullité de la convention relatée au § 283 *fr. vatic.* est inexplicable. On eût dû effacer le terme et maintenir la convention.

7. On peut justifier l'avis de Pomponius, annulant la constitution d'usufruit déduit sous condition résolutoire dans une *mancipatio* ou une *cessio in jure.*

8. Il n'y a pas de contradiction entre la loi 8 au C. *de contrah. empt.,* et la loi 6 C. *de pactis inter...*

9. Les explications présentées pour justifier la loi 38 § 2 *ad. leg. falcid.* ne sont pas suffisantes. Il en faut chercher une autre.

10. Dans la *lex commissoria*, l'acheteur perd les à-compte qu'il a payés.

11. Les contrats consensuels sont d'anciens contrats réels.

Droit Civil Français.

I. — ANCIEN.

12. Les mots *cum stipulatione subnixa*, placés à la fin des chartes, font allusion à la stipulation aquilienne et à la loi 41 *de transactionibus* combinées.

13. Dès le xiii⁵ siècle, la résolution légale existe dans la vente pour défaut de paiement du prix.

14. L'ancien droit émet sur le caractère de la sentence de résolution des idées contradictoires.

15. Il y a identité de théorie entre le lief de comminatoire breton et les comminatoires français en matière de résolution.

16. Il y a eu dans l'ancien droit deux courants de doctrine en ce qui touche le caractère plus ou moins rigoureux de la résolution.

17. Le droit canonique a largement influé sur le caractère de la résolution civile.

18. Le dogme de l'action mixte était déjà rejeté par certains jurisconsultes.

19. Les lods et ventes ne doivent pas être perçus pour la résolution, suivant l'opinion générale; et suivant quelques-uns, il y a même restitution des lods et ventes perçus pour l'aliénation.

II. — MODERNE.

20. Le délai concédé une fois expiré (1184), un second délai ne peut plus être conféré; la *purgatio* n'est plus admissible.

21. La sentence est attributive dans l'hypothèse de l'art. 1184.

22. La sentence est déclarative, lorsqu'elle intervient dans l'hypothèse de l'art. 1656.

23. L'art. 1656 est un article qu'il faut généraliser. Il ne contient rien d'exceptionnel.

24. Les rédacteurs du Code n'ont pas d'idées bien arrêtées sur le caractère théorique de la sentence; de là des inconvénients dans les hypothèses qui ne rentrent pas directement sous les dispositions des art. 1184 et 1656.

25. Il faut appliquer les règles ordinaires de la résolution aux rentes perpétuelles constituées, lorsque le débiteur manque à ses engagements (1912).

26. La propriété d'un meuble déterminé est, en droit civil, transmise vis-à-vis des tiers par le seul effet de la convention.

Procédure Civile.

27. L'action résolutoire n'est jamais mixte.

28. Dirigée contre l'acquéreur, en tant qu'acquéreur, elle est personnelle. L'acquéreur peut être tenu d'une action réelle.

29. L'action que l'aliénateur dirige contre le détenteur est réelle.

Droit Criminel.

30. L'ivresse peut être une cause justificative de l'infraction; c'est une question de fait.

31. La jurisprudence, poursuivant le duelliste devant les tribunaux correctionnels, ne peut se justifier.

32. Le médecin qui commet une tentative d'avortement n'est pas punissable.

Droit Administratif.

33. La société formée pour l'exploitation d'une mine, sous quelque forme qu'elle se produise, est une société civile.

34. En cas d'expropriation pour cause d'utilité publique, les baux sans date certaine sont opposables à l'expropriant.

RENNES. — IMP. DE CH. CATEL ET C⁰,

SECTION III.

Fins de non-recevoir contre l'action.

536. — Le droit moderne n'a pas gravement modifié les fins de non-recevoir que l'ancien droit avait connues. Il en est une cependant qui naît et grandit de nos jours. [*] La résolution, par ses effets, opérant même vis-à-vis des tiers détenteurs, entrave la circulation des biens. Le crédit s'en ressent; la propriété est toujours dépréciée quand on craint la fragilité des titres translatifs. Depuis longtemps les économistes avaient signalé ces dangers, et attaqué l'étendue et même la légitimité de l'action résolutoire. Les jurisconsultes défendirent pour la plupart l'action résolutoire au nom de la volonté des parties et de la liberté des conventions. Le débat s'agita pour la première fois, avec une véritable solennité, en 1841, à l'occasion de la loi sur les saisies immobilières. On cherchait, par tous les moyens possibles, à assurer la sécurité des adjudicataires de biens saisis. La cause la plus fréquente de dangers, l'action du vendeur, fut l'objet d'une discussion très-vive. On finit par décider que le vendeur serait mis en demeure d'exercer son action avant l'adjudication, sous peine de forclusion.

Lors des projets de réforme hypothécaire, la question de l'action résolutoire fut reprise. On circonscrivit encore le débat sur l'action spéciale du vendeur.

Toutes ces critiques éclairèrent, en 1855, les rédacteurs de la loi sur la transcription. Ils adoptèrent un moyen terme, ne supprimèrent pas l'action, comme le voulaient quelques-uns; ne la maintinrent pas occulte, comme on l'avait fait jusque-là : ils la lièrent au privilége. Le privilége et l'action résolutoire sont donc

---

[*] L'étendue de ce travail est déjà telle, que nous craignons d'avoir fatigué l'attention de nos juges : nous entrons ici dans un nouvel ordre d'idées, et si nous ne devons plus trouver de points de droit nouveau, nous devons du moins rencontrer à chaque pas des aperçus économiques dont l'exposition agrandirait par trop le cadre de cette dissertation. Notre sujet ne serait cependant pas complétement élaboré, si cette dernière partie n'était traitée avec tout le soin qu'elle comporte; mais, d'un autre côté, nous ne voulons pas abuser d'une patience que nous avons déjà si largement mise à l'épreuve. Je résume donc succinctement le tableau dont je me réserve de fournir, sous peu, tous les développements.

aujourd'hui solidarisés. La publicité du premier est la publicité de la seconde; si l'un s'efface, l'autre s'évanouit en même temps.

Mais cette innovation se restreint à l'action résolutoire du vendeur.

Le système est donc encore loin d'être complet.

CHAPITRE II.

EFFETS DE LA RÉSOLUTION ACCOMPLIE.

SECTION I.

Situation de l'acquéreur.

Article I. — Vis-à-vis de l'aliénateur.

537. — Il est réputé n'avoir jamais été investi du droit. Donc il est tenu de restituer l'objet, les fruits, à moins que le juge, par une interprétation équitable de la volonté des parties, ne l'en dispense. Il est tenu des dégradations qu'il a pu faire par sa faute sur le bien qui lui avait été transmis.

Article II. — Vis-à-vis des tiers.

538. — La distinction des actes d'administration et des actes de disposition est très-nettement établie. Les premiers tiennent; les seconds, en principe, tombent. Les baux sont validés dans l'intérêt de l'agriculture et même dans l'intérêt bien entendu des deux parties. Les constitutions de droits réels sont effacées. (*Supra*, n° 352.)

SECTION II.

Situation de l'aliénateur.

Article I. — Vis-à-vis de l'acquéreur.

539. — Il doit lui restituer — les dépenses que celui-ci a pu faire, au moins jusqu'à la concurrence de la plus-value; — les

prestations partielles qu'il a pu recevoir, car il les retiendrait sans cause.

Article II. — Vis-à-vis des tiers.

510. — Les actes de disposition qu'il a pu faire de son droit sont validés. Les hypothèques qu'il a conférées sur l'immeuble aliéné sous condition résolutoire sont maintenues.

Sur tous ces points, le droit moderne n'a en rien innové, et son meilleur commentaire se trouve dans les développements que fournit l'ancien droit.

POSITIONS.

Droit Romain.

1. Il y avait à Rome, relativement à la condition résolutoire, non pas deux, mais trois systèmes distincts au point de vue théorique et pratique.

2. La chute des droits réels, conférés par l'acquéreur intérimaire, peut s'expliquer autrement que par la rétroactivité de la résolution.

3. Paul était le jurisconsulte romain qui avait, en matière de résolution, les théories les plus avancées; seul, il déclare la résolution rétroactive.

4. Les actions résolutoires *venditi*, *præscriptis verbis*, *condictio ob rem dati re non secuta*, dirigées contre le défendeur qui possède, sont arbitraires.

5. Il y a une action *depositi directa* arbitraire.

6. La nullité de la convention relatée au § 283 *fr. vatic.* est inexplicable. On eût dû effacer le terme et maintenir la convention.

7. On peut justifier l'avis de Pomponius, annulant la constitution d'usufruit déduit sous condition résolutoire dans une *mancipatio* ou une *cessio in jure*.

8. Il n'y a pas de contradiction entre la loi 8 au C. *de contrah. empt.*, et la loi 6 C. *de pactis inter...*

9. Les explications présentées pour justifier la loi 38 § 2 *ad. leg. falcid.* ne sont pas suffisantes. Il en faut chercher une autre.

10. Dans la *lex commissoria*, l'acheteur perd les à-comptes qu'il a payés.

11. Les contrats consensuels sont d'anciens contrats réels.

Droit Civil Français.

I. — ANCIEN.

12. Les mots *cum stipulatione subnixa*, placés à la fin des chartes, font allusion à la stipulation aquilienne et à la loi 41 *de transactionibus* combinées.

13. Dès le xiii⁰ siècle, la résolution légale existe dans la vente pour défaut de paiement du prix.

14. L'ancien droit émet sur le caractère de la sentence de résolution des idées contradictoires.

15. Il y a identité de théorie entre le lief de comminatoire breton et les comminatoires français en matière de résolution.

16. Il y a eu dans l'ancien droit deux courants de doctrine en ce qui touche le caractère plus ou moins rigoureux de la résolution.

17. Le droit canonique a largement influé sur le caractère de la résolution civile.

18. Le dogme de l'action mixte était déjà rejeté par certains jurisconsultes.

19. Les lods et ventes ne doivent pas être perçus pour la résolution, suivant l'opinion générale; et suivant quelques-uns, il y a même restitution des lods et ventes perçus pour l'aliénation.

II. — MODERNE.

20. Le délai concédé une fois expiré (1184), un second délai ne peut plus être conféré; la *purgatio* n'est plus admissible.

21. La sentence est attributive dans l'hypothèse de l'art. 1184.

22. La sentence est déclarative, lorsqu'elle intervient dans l'hypothèse de l'art. 1656.

23. L'art. 1656 est un article qu'il faut généraliser. Il ne contient rien d'exceptionnel.

24. Les rédacteurs du Code n'ont pas d'idées bien arrêtées sur le caractère théorique de la sentence; de là des inconvénients dans les hypothèses qui ne rentrent pas directement sous les dispositions des art. 1184 et 1656.

25. Il faut appliquer les règles ordinaires de la résolution aux rentes perpétuelles constituées, lorsque le débiteur manque à ses engagements (1912).

26. La propriété d'un meuble déterminé est, en droit civil, transmise vis-à-vis des tiers par le seul effet de la convention:

Procédure Civile.

27. L'action résolutoire n'est jamais mixte.

28. Dirigée contre l'acquéreur, en tant qu'acquéreur, elle est personnelle. L'acquéreur peut être tenu d'une action réelle.

29. L'action que l'aliénateur dirige contre le détenteur est réelle.

Droit Criminel.

30. L'ivresse peut être une cause justificative de l'infraction ; c'est une question de fait.

31. La jurisprudence, poursuivant le duelliste devant les tribunaux correctionnels, ne peut se justifier.

32. Le médecin qui commet une tentative d'avortement n'est pas punissable.

Droit Administratif.

33. La société formée pour l'exploitation d'une mine, sous quelque forme qu'elle se produise, est une société civile.

34. En cas d'expropriation pour cause d'utilité publique, les baux sans date certaine sont opposables à l'expropriant.

Cette thèse sera soutenue le 18 août 1858, à deux heures de l'après midi.

Suffragants : MM. Richelot, doyen; Lepoitvin, De Caqueray, Bodin, Blondel, profess.

Rennes, le 12 août 1858.

Vu par le Doyen,

H. RICHELOT.

Permis d'imprimer,

Le Recteur de l'Académie,

A. MOURIER.

Nota. — Les numéros qui se trouvent dans le texte entre parenthèses renvoient aux citations placées à la fin de la thèse.

* 9 7 8 2 0 1 4 4 4 7 0 5 7 *